그린
이코노미

ETHICAL MARKETS

그린
이코노미

ETHICAL MARKETS

헤이즐 헨더슨 | 정현상

이후

그린 이코노미
―지속 가능한 경제를 향한 13가지 실천

지은이 | 헤이즐 헨더슨
옮긴이 | 정현상
펴낸이 | 이명회
펴낸곳 | 도서출판 이후
편집 | 김은주
표지 · 본문 디자인 | Studio Bemine

첫번째 찍은날 | 2008년 3월 15일

등록 | 1998. 2. 18(제13-828호)
주소 | 121-836 서울시 마포구 서교동 325-1 원천빌딩 3층
전화 | 대표 02-3141-9640 편집 02-3141-9643 팩스 02-3141-9641
홈페이지 | www.e-who.co.kr
ISBN | 978-89-6157-008-4 03320

이 도서의 국립중앙도서관 출판시도서목록(CIP)은 e-CIP 홈페이지
(http://www.ni.go.kr/cip.php)에서 이용하실 수 있습니다.
(CIP 제어번호: CIP 2008000764)

값 17,000원

차례

1. 인명이나 지명, 그리고 작품명은 될 수 있는 한 '외래어 표기법'(1986년 1월 문교부 고시)과 이에 근거한 『편수자료』(1987년 국어연구소 편)를 참조했다.

2. 주석에는 '저자 주'와 '옮긴이 주'가 있다. 저자의 주석일 때는 따로 표시하지 않고 괄호 안에 넣었으며, 옮긴이의 주석일 때는 괄호 속에 '옮긴이'라고 써 주었다.

3. 단행본, 전집, 정기간행물에는 겹낫쇠(『 』)를, 논문이나 논설, 기고문, 단편 등에는 홑낫쇠(「 」)를, 방송에는 꺽쇠(〈 〉)를, 그리고 단체명에는 작은따옴표(' ')를 사용했다.

4. 사람 이름, 책 제목, 단체 이름 따위 명사들 뒤에 붙는 모든 영어는 '찾아보기'에만 표기했고, 본문에는 따로 표기하지 않았다.

5. 책에 나오는 주요 용어는 다음과 같다.

기업의 사회적 책임(Corporate Social Responsibility, CSR)
─기업이 이익 추구에만 몰두하지 않고, 사회에 대해 일정한 책임을 지고 있음을 뜻하는 용어다. 신뢰성 있는 상품을 만들고, 수익금을 기부하며, 환경정화 활동이나 봉사활동에도 신경을 써야 함은 물론 정당하게 세금을 납부하고, 노동자의 권리를 향상하는 일 따위가 모두 포함된다.

사회 책임 투자(Social Responsible Investing, SRI)
─기업의 수익은 물론 인권, 환경, 노동, 지역사회 공헌 따위의 다양한 사회적 성과를 종합해 기업에 투자하는 금융 활동을 뜻한다. 사회적·환경적·윤리적 회계 감사, 지역공동체 투자, 주주 행동주의 등으로 대표된다. 핵무기 관련 기업 등의 주식을 투자 대상에서 배제하여 시장에서 도태되도록 하는 것을 예로 들 수 있다. 미국 펀드 시장의 12.5퍼센트가 SRI 펀드일 정도로 보편화되어 있다.

윤리적 시장Ethical Market
─도덕적이고 친환경적인 시장을 가리키는 말로, 이 책에서는 텔레비전 프로그램의 제목이기도 하고, 저자가 설립한 단체의 이름이기도 하다.

그린 이코노미|Green Economy

—기업들이 친환경 경영에 관심을 가지고, 친환경 제품 생산이나 청정 기술 개발, 친환경 프로세스 구축을 통해 환경 규제 강화 시대에 대비하는 것을 뜻한다. 이에는 대체에너지와 재생에너지 개발과 투자 활동도 포함된다. 삼성경제연구소는 2008년 글로벌 기업의 7대 이슈와 글로벌 10대 트렌드에 각각 '그린 이코노미'의 확산을 선정했다.

이해관계자 분석가

—기업에 대하여 이해관계를 갖는 개인 또는 그룹을 말하며 주주나 사채권자 외에도 노동자, 소비자, 하청업체 등도 기업의 이해관계자로 본다. 이 책에서는 '피고용인, 제조업자, 소비자, 국가와 환경'을 그 축으로 들고 있으며, 자주 나오는 '이해관계자 분석가'는 이들 각각의 주체들의 관계들에 대해 연구하는 이를 가리킨다.

지속 가능성sustainability

—미국의 '아젠다 21' 계획에서 '지속 가능한 발전'이라는 용어가 채택되었다. 1987년의 브룬트란트 보고서에서는 "미래 세대의 가능성을 제약하지 않고, 현 세대의 필요와 미래 세대의 필요가 만나는 것"이 '지속 가능성'이라고 정의 내린 바 있다. 지속 가능성의 개념은 지역의 이웃으로부터 지구 전체에까지 모든 곳에 영향을 미친다.

사람과 지구를 동시에 살리는 비즈니스는 가능하다

경제 · 사회 · 환경 분야에서 전 세계적으로 새롭게 성장하고 있는 분야가 바로 '윤리적 시장'이다. 이 시장의 움직임은 인류 역사상 가장 크고 가장 중요한 운동이 될 수 있다는 점에서 첨단 벤처다. 윤리적 시장은 인류의 웰빙 well-being과 생태학적 통합을 동시에 고양시킬 수 있는 삶의 방식을 고안하려는 노력의 결과물이기도 하다. 헤이즐 헨더슨은 1970년대 초 시작된 이 운동에서 가장 주도적인 사상가 중 한 명이다. 그러나 어떤 이들은 이런 운동이 미국 정착 초기의 종교 지도자들이나 자연 사상가들의 생각으로 거슬러 올라가는 일련의 사상이라고 주장할 수도 있을 것이다. 소로(19세기 미국의 사상가, 『월든』의 저자. 옮긴이)나 존 뮤어(19세기 자연문학가, 환경단체 시에라클럽 창시자), 알도 레오폴드(19세기 환경운동가. 옮긴이), 그리고 더 최근의 인물들로는 레이첼 카슨(동물학자, 『침묵의 봄』 저자. 옮긴이), 데이비드 브로어(환경단체 '지구의친구들' 창시자. 옮긴이), 대너 메도스(환경운동가, 『성장의 한계』 저자. 옮긴이) 같은 이들의 사상 말이다.

헤이즐은 그런 유명 인사들과는 조금 다르다. 헤이즐은 살아 있고, 지금도 아주 다양한 사람들에게 말을 전달하는 창의적인 방식들을 계속해서 만들어 내고 있다. 물론 사회 기여도 측면에서도 그 중요성과 명성은 그들과 조금도 다를 게 없다.

이런 운동은 시간이 지날수록 더욱더 중요해지고 있다. 사실 비교적 최근에 갖게 된 인식이긴 하지만, 인류가 전 세계 환경을 파괴할 '능력'이 있음이 명확해졌기 때문이다. 1930년대만 해도 물리학자인 로버트 밀킨은 "지구는 너무 거대해서 인류가 치명적인 해를 가할 수는 없을 것이다."라고 말할 정도였다. 역설적이게도 그해는 엔지니어 토머스 미젤리가 지구 오존층에 구멍을 내는 염화불화탄소를 개발한 해다.

2005년 전 세계 95개국에서 모여든 1,360명의 과학자들이 만든 유엔의 '밀레니엄 생태계 평가' 보고서는 "인류의 활동이 생명이 의존하는 생태학적 시스템의 3분의 2를 오염시켰고, 지나치게 개발해 왔다."고 언급했다. 인류의 활동은 지구의 자연적 기능에 그 정도의 부담을 안겨 주고 있어서 지구가 미래 세대를 지탱할 능력이 있다는 것을 더 이상 당연한 것으로 받아들일 수 없게 됐다. 전 유엔 사무총장 코피 아난은 이 평가 보고서를 읽고 "지구 생명체가 살아가는 기본 터전이 놀라운 속도로 무너지고 있다."고 말했다.

냉정한 말이다. 무엇이 이런 상황을 초래했는가? 이에 대해 우리는 무엇을 해야 하는가? 파괴의 기본 도구는 비즈니스다. 비즈니스가 재화와 서비스에 대한 인류의 탐욕스러운 욕구를 충족시키기 위해 움직이고 있기 때문이다. 서구에서나 모든 나라의 특정 지역에서 늘어나고 있는, 전에 없이 풍족한 인구가 바로 기업 활동을 부채질하고 있다. 비즈니스는 또한 연설에 가장 적합한 수단이기도 하다. 비즈니스 리더인 레이 앤더슨은 "지구상의 생명을 끝장내는 데는 어떤 비즈니스가 좋을까요?" 하고 질문한 적이 있다.

헤이즐은 이익을 창출하면서 동시에 사람과 지구를 보호하는 방식으로 할 수 있는 아주 좋은 비즈니스가 있다는 것을 증명하는 지도자 가운데 한 명이다. '영국 서스테이너빌러티' 설립자인 존 엘킹턴의 말에 따르면 경제·사회·환경의 3대 축은 점차 하나로 통합되고 있다. 석유 생산 정점(peak oil, 원유 생산량이 최고점에 이른 뒤 급감할 것이라는 이론. 옮긴이), 기후변화, 생물종의 멸종, 생태계의 파괴, 사회적 불평등 심화 같은 난제들에 둘러싸인 세계에서 모든 생명체에 대해 책임 있는 행동을 하는 기업들은 바로 그 행동 때문에 더 많은 이익을 남길 것이라는 깨달음도 그런 연장선이다. 헤이즐이 보여 주었듯이 그 이유는 다양하다.

우선 남에게 해를 끼치지 않고 사실상 봉사하는 기업들이 있다. 수많은 주주들을 파산시킨 엔론(Enron, 분식 회계로 2001년 파산한 미국 최대의 에너지 회사. 옮긴이) 사태의 교훈을 잊지 않고 경영해 나가는 기업들이다. 이런 기업은 오염 같은 값비싼 실수를 저지르지 않는다. 이들은 기업 경영권을 거부할 수 있는 주주들을 화나게 하지 않는다.

둘째, 이런 기업들은 자원 소비를 책임 있게 줄여 나간다. 그것이 옳기 때문이다. 물론 이로 인해 비용 절감과 브랜드 가치 상승을 누리게 된다. 그런 행동은 일터에 새로운 동기부여를 하며, 높은 생산성을 갖게 된다. 더 중요한 것은 그 대가로 기업들은 최고의 인재를 불러들이고 보유할 수 있게 된다는 점이다. 탄소 사용이 제약받는 세상에서 쓰레기를 줄이는 것은 비용과 위험을 줄이는 것이다. 유럽의 유력 재보험사인 '스위스 리'는 최근 고객들에게 만약 탄소 발자국(carbon footprint, 인간이 발생시키는 이산화탄소의 양이나 자연에 영향을 끼치는 정도를 수치로 계산한 것. 옮긴이)을 심각하게 받아들이지 않으면 회사나 직원들의 보증을 서지 않겠다고 말했다.

영국의 작은 비영리 단체인 '탄소량 공개 프로젝트'는 '파이낸셜 타임스

500대 기업(세계에서 가장 큰 500대 기업)'에 기업의 탄소 발자국 수치를 공개하라는 요청서를 수년 동안 보냈다. 10여 년 동안 10퍼센트 이하의 기업이 대답했고 2005년에야 60퍼센트가 응답해 왔다. 기업들이 대답하기 시작한 데는 이유가 있다. 이 프로젝트가 이제 31조 달러가 넘는 기관 투자 펀드를 대표하고 있기 때문이다. 게다가 사베인즈─옥슬리법(2002년 7월, 미국에서 기업 회계 부정을 방지하기 위해 재정되었다. 옮긴이)에 따라 주식 가치에 영향을 미칠 수 있는 정보를 공개하지 않는 경영자는 개인적으로 처벌할 수 있게 되었다.

"당신의 탄소 발자국은 어느 정도인가?"

2006년 초 이 펀드가 전 세계 1,800개 대기업에 이런 질문지를 보냈다. 이 프로젝트의 재정적 후원자들을 감안하면 기업들은 이 질문지를 무시하기가 어려웠을 것이다.

공격적인 탄소 배출 감소 계획을 갖고 있는 기업들은 놀라운 비용 절감 효과를 보고 있다. 탄소 배출량의 65퍼센트를 줄여서 2010년 목표를 이미 몇 년 앞당겨 달성한 듀퐁 사는 20억 달러를 절약했고, 그런 프로그램들은 창의력을 이끌어 시장 점유율도 높이고 있다. 에스티 마이크로일렉트릭스는 그런 노력 덕분에 세계 12위의 반도체 제조 기업에서 6위로 올라섰으며, 거의 10억 달러를 절약했다는 것을 확인했다. 몇몇 금융 고문들은 이미 지속 가능성에 대한 약속은 훌륭한 기업 거버넌스의 인증서이며, 주식 가치를 지켜 줄 경영 능력의 지표라고 말하고 있다. 사실 '다우존스 지속 가능성 지수'는 일반 기업 시장 평균을 넘어서고 있으며, 사회 책임 기업의 '도미니 사회 지수'는 스탠더드 앤 푸어스 회사들을 거의 10여 년 동안 앞서고 있다.

2005년 봄, 사회 책임 투자 연구 회사인 '이노베스트 전략 가치 자문'은 숲 생산품과 종이에서 석유와 가스, 전기 설비에 이르기까지 모든 산업 부문에서 환경 지도자들이 환경 느림보들을 앞서고 있다는 것을 보여 주는 보고서를 발표했다.

지속 가능성을 지키겠다는 기업의 약속은 주식 가치의 모든 측면을 높인다. 위에서 언급한 것처럼 자원을 더 효과적으로 이용하고 자연을 흉내내는 방식으로 제품을 새롭게 디자인하고 인간과 자연의 능력을 고양시키고 회복하도록 하는 경영은 다음의 방법들을 제공한다.

비용을 절감하고 이익과 재정 실적 높이기

리스크 줄이기

법적 책임을 줄이고 회사를 운영할 권리 보유하기

최고의 인재 끌어들이고 보유하기

혁신을 이끄는 능력 고양하기

노동 생산성—노동자 건강 높이기

시장 점유율 높이고, 브랜드 가치 높이기

제품 차별화

공급 망과 이해관계자 경영 확보

이를 모두 갖게 되면 지속 가능성의 요소들은 미래에 최고기업이 될 수 있는 능력을 부여한다. 이런 방법을 실천하는 기업은 미래에 억만장자가 될 것이다.

2005년 5월, 잭 웰치의 제너럴일렉트릭 왕국을 넘겨받은 제프리 임멜트는 선도적인 환경 기관인 '세계자원연구소' 대표인 조나단 래시와 함게 제너럴일렉트릭 에코매지네이션(Ecomagination, 환경경영 정책, 67쪽 참조)을 발표하기 위해 사람들 앞에 나란히 섰다. 임멜트는 1900년에 '포춘 500대 기업' 이었고 앞으로도 그럴 것으로 기대되는 유일한 기업인 제너럴일렉트릭이 온실가스 방출을 줄이는 공격적인 계획을 실천할 것이라고 약속했다. 『워싱턴포스트』 의 기사와 스포츠면 하단 광고에서 "제너럴일렉트릭이 더욱 지속 가능한 방식으로 기업 활동을 전개할 것을 대대적으로 알렸다."고 보도했다.

　물론 어디를 통해 알렸느냐가 요점은 아니다. 듀퐁 같은 기업의 최고경영자 채드 홀리데이가 10여 년 이상 실행한 것에 비하면 별 것 아니다. 듀퐁은 2002년 온실가스 배출을 1990년 수준에서 65퍼센트나 줄여, 15억 달러를 절약한 것으로 알려졌다. 오히려 제너럴일렉트릭의 그런 공표가 하나의 분기점이 되었다는 점이 중요하다. 기업을 위기에서 구하는 것으로 널리 알려진 사람에게 당신은 무엇을 기대하겠는가? 당신이 이 세상을 구할 것이라는 사실을 알려라. 이 책은 전 세계 수백만의 기업과 시민들이 행하고 있는, 바로 그런 운동의 기록이다. 이 책을 읽는 당신이 그런 사람 중의 하나가 될 수 있다!

—헌터 러빈스

('자연 자본 솔루션' 대표, '서스테이너빌러티 스트랜드' 의장, 프레시디오 경영학교)

더 깨끗하고, 더 윤리적이며, 더 온화한 경제

이 책은 미국과 세계 여러 나라에서 일어나고 있는, 더 깨끗하고, 더 환경친화적이며, 더 윤리적이고, 더 여성적인 경제활동을 다루고 있다. 새롭게 성장하는 이러한 경제 부문은 일할 수 있는 모든 남성과 여성에게 고용 기회를 줄 것이며 인류를 위해 지속 가능하고 건강한 미래를 열어 가는 열쇠가 될 것이다. 이러한 사업 분야는 바로 지금, 이곳에 존재하며 25년 넘게 조용히 성장해 왔다. 하지만 주류 경제 미디어는 이런 분야를 사실상 무시해 왔다. 어떻게 그럴 수 있었을까? 미국 대통령은 왜 2006년이 돼서야 자국이 석유에 중독되었다는 사실을 마침내 시인했을까? 1980년대에 나는 화석연료에 의존하는 산업주의에서 재생에너지와 지속 가능한 기술 시대로 전환될 것이라는 희망을 품고 『태양에너지 시대의 정치』(1981년, 1988년)라는 책을 통해 이러한 문제들을 탐구했다. 그때 나는 이 필연적인 변화의 윤곽을 그렸고, 이런 기본적인 혁명을 이룰 수 있는 새로운 과학과 테크놀로지에 관심을 집중했다. 또 화석연료에 의존하는 경직된 산업과 강력한 이익집단, 그리고 상업적 대중매체의 판에 박힌 소비주의가 지속 가능한 시대로 전환하는 데 걸림돌이 될 것이라 경고했다. 또한 나는 눈앞에 닥쳐온 자원 고갈과 환경오염의 증거를 제시했고, 정책 입안자들과 개인의 판단을 흐리게 하는 불완전한 경제학에 대해서도 말하였다. 하지만 낙관주의에 빠져 있던 나는 이런 근본적인 사회변화를 이루는 데 한 세대는 족히 걸릴 것이란 사실을 깨닫지 못했다. 대중매체의 무지와 편견에도 새로운 지속 가능성(sustainability, 경제학적인 의미로는 미래에도 현재처럼 경제활동을 지속할 수 있다는 뜻이다. 미래 세대의 개발 능력을 저해하지 않는 '환경 친화적 개발'을 의미하며, '지속 가능한 발전'이라고도 표현한다. 1987년 세계환경개발 위원회가 발표한 브룬트란트 보고서「우리 공동의 미래」에서 처음 제시됐다. 이후 이 용어는 다양한 영역에서 두루 쓰이고 있다. 옮긴이) 부문이 여러 나라에서 등장하고 있다.

그린 이코노미를 향한 이런 변화는 크게 세 부문으로 나눌 수 있다.

1. 로하스(Lifestyles Of Health And Sustainability, LOHAS. 건강하고 지속 가능한 생활방식)

재생에너지와 자원 산업(태양열, 풍력, 바이오매스, 조력, 수소, 연료전지 등), 재활용 · 재제조 · 재사용 · 물물교환 · 중고품 경매(이베이 같은 산업, 예방의학과 대체 의학 · 웰빙 · 건강 산업, 청정 음식 · 유기농 기업).(www.lohas.com)

2. 사회 책임 투자(Socially Responsible Investing, SRI)

미국 자본시장에서 가장 빠른 속도로 성장하는 부분(대중 투자 11달러당 1달러에 해당). 미국의 비영리 기관인 '사회 투자 포럼'에 따르면 2조 3천억 달러에 해당.(www.socialinvest.org)

3. 기업의 사회적 책임(Corporate Social Responsibility, CSR)

기업의 사회적 책임에 중심을 둔 경영이 늘고 있다. 오늘날 대부분의 글로벌 기업은 아무런 규제가 없는 자유방임주의라는 보수적 경제 이데올로기를 버리고 있다. 이는 한때 밀턴 프리드먼을 비롯한 시카고 대학 경제학자들이 "기업의 유일한 목적은 주주를 위한 이익 창출이다."라며 주창했던 이론이다. 이 이론은 시장의 자체 정화 능력을 믿고 있으며 정부의 규제는 비효율적인 데다 의도한 대로 되지도 않을 뿐더러 필요하지도 않다고 여긴다. 역사는 벌써 이런 주장이 낡은 것임을 알려 주고 있다. 오늘날 기업들은 정보 기술의 세계화가 새로운 시대로 바뀌고 있음을 알고 있다. 사회와 이해관계자(피고용인, 제조업자, 소비자, 국가와 환경)에 영향을 미치는 그 어떤 기업 활동도 비밀로 남아 있을 수 없다. 기업 감시단체인 코프와치, 글로벌 익스체인지, 세계사회포럼(World Social Forum, 매년 스위스의 다보스에서 개최되는 '세계경제포럼'에 맞서 반세계화를 기치로 내걸고 출범한 전 세계 사회운동가들의 회의. 옮긴이) 같은 수천의 시민단체와, 유전자 조작 음식에서 지구 온난화에 이르기까지 구체적인 문제를 다루는 많은 단체들이 모든 기업의 일거수일투족을 감시한다. 이들의 인터넷 보도와 블로그는 소중한 기업 이미지와 주가를 실시간으로 뒤흔들 수 있다.

따라서 오늘날 기업의 최고경영자들은 사회 책임과 관련된 수많은 사내 프로그램을 만들고 있으며 기업 책임을 담당하는 부사장이 이것을 직접 지휘하는 경우가 많다. 이런 새로운 활동들이란 국제표준화기구의 환경경영 체제 국제 규격인 'ISO 14001'과 유럽 환경경영 감사 규칙(EMAS), 국제 노동 기준에 기초한 'SA-8000'이나 여러 다른 '성숙한 기업 시민의식' 인증 등을 지키려는 노력이나, 미국의 그린 실 환경 마크, 독일의 블루 엔젤 같은 라벨을 받으려는 움직임을 말한다. 2005년 세계경제포럼과 케이피엠지(KPMG)가 최고

경영자들을 대상으로 한 설문 결과에 따르면 최고경영자의 70퍼센트가 "성숙한 기업 시민의식이 이윤 추구에 중요하다."고 대답했다. 2006년에는 내가 개발한 '윤리 인증'이 인류의 정신과 사회를 고양시키는 미디어 캠페인과 광고에 이용되기 시작했다.

자, 그럼 미국과 세계경제에서 이렇게 급격히 성장하는 세 가지 분야가 주류 경제 미디어에서는 왜 가려지는지가 좀 더 분명해진다. 세계관에 대한 패러다임 전쟁이 지금 격렬하게 진행 중이기 때문이다. 대부분의 미디어는 소수의 거대 재벌이 소유하고 있다. 미디어 재벌 루퍼트 머독이 소유한 뉴스코프를 비롯, 타임-워너, 디즈니, 제너럴일렉트릭, 비아콤 등이 그런 예다. 이들은 반환경적이며 자원 소모적인 회사들이며 화석연료와 원자력 에너지에 의존하는 경제 부문, 그리고 그들의 확장을 지원하는 글로벌 은행과 기업과도 깊은 관계를 맺고 있다.

나는 『윈-윈 세상의 건설』이라는 책에서 이 새로운 형태의 지배 구조를 '평민 통치'라고 부른 바 있다. 우리가 이 책 『그린 이코노미』와 텔레비전 시리즈 〈윤리적 시장〉에서 다루는 이 새로운 세 분야는, 세계경제 도박꾼들의 시장 지배에 도전장을 던지고 있다. 그러니 이렇게 급성장하는 새로운 분야를 다루는 미디어 보도가 희박할 수밖에 없다. 이 분야에 대해 말하는 사람들은 비현실적이고 끈질긴 1960년대 히피 문화의 잔재로 하찮게 다루고 있으며, 신생 기업들을 돌연변이 취급한다. 심지어 뛰어난 운용 실적을 거둔 여러 사회책임 펀드(이런 펀드들은 종종 주류 펀드의 실적을 뛰어넘는다.)도 평가절하 되기도 한다. 지난 수십 년간 증권사들은 고객들에게 이런 펀드에 투자하다가는 무일푼이 될 거라고 말하곤 했다. 찰리 로즈, 빌 모이어스, 루 도브스 같은 유능한 언론인조차도 지배 패러다임에 너무 젖어 있어서 이러한 그릇된 신념을 버리지 못했다. 다양한 현상 뒤에 숨겨진 가설을 드러내면 토론의 질을 높이고, 많은 사회적 골칫거리를 줄일 수 있으며, 공공 정책과 우선 사항에 대해 더 현실적인 논쟁을 이끌 수 있다.

텔레비전 시리즈 〈윤리적 시장〉은 이처럼 더 깨끗하고 친환경적이며 투명하며 윤리적인 경제 부문을 다루기 위해 만들어졌다. 흥미롭게도 이런 부분에서는 여성들의 활약이 두드러지고 있다. 이제 교과서와 컴퓨터 모델에 남아 있는 18세기, 19세기 경제학적 사고는 버려야 한다. 경제학은 결코 과학이 아니다. 그것은 늘 정치학의 가면을 써 왔다. 나는 경제학 선언이 어떻게 공공 정책을 지배해 왔는지, 일상에서 다른 학문과 가치보다 우위에 서게 됐는지 탐구해 왔다. 경제학과 경제학자들은 현실을 돈이라는 렌즈를 통해 바라본다. 그들은 열대우림에서 노동력, 우리가 숨 쉬는 공기까지 모든 것을 돈으로 매길 수 있다고 믿는다. 경제 교과서, 국민총생산(Gross National Product, GNP), 고용과 생산성, 투자, 세계화에 관한 통계들도 모두 돈과 관련돼 있다. 그나마 다행스러운 것은 돈에 관한 이런 고찰들은 돈이 어떻게 디자인되고 만들어지고, 조종되는지를 알려 준다는 사실이다. 우리가 돈의 정치학에 관해 폭넓게 집중함으로써 마침내 수세기 동안의 미혹에서 벗어나고 있다.

지역 화폐 운동, 물물교환, 공동체 대출, 그리고 훨씬 더 애매한 디지털 사이버머니 같은 것들도 돈의 정치학을 알려 준다. 고전경제학은 사회를 이끌어 가고 있지만 흠이 많은 컴퓨터의 소스 코드(source code, 컴퓨터 프로그램을 사람이 읽을 수 있는 프로그래밍 언어로 기술한 글. 옮긴이)처럼 인식되고 있고, 지속 불가능성을 복제하고 있다. 예컨대 활황이나 불황, 거품, 경기 후퇴, 빈곤, 무역 전쟁, 오염, 공동체의 부패, 문화와 다양성의 상실 같은 것이 바로 그것이다. 따라서 전 세계에서 시민들이 이처럼 제 기능을 하지 못하는 경제 소스 코드와 세계은행, 세계통화기금(IMF), 세계무역기구(WTO), 그리고 전제적인 중앙은행 같은 작동 시스템을 거부하고 있다. 이제 기만적인 국민총생산 성장을 위한 '워싱턴 컨센서스(Washington Consensus, 미국식 시장경제 체제의 대외 확산 전략. 옮긴이) 처방전'이라고 놀림 받는 이런 프로그램들을 대신할 만한 것들이 등장하고 있다. 인간개발지수(HDI), 생태 발자국 분석, 살아 있는 지구 지수, 캘버트―헨더슨 삶의 질 지수, 진정향상계수, 부탄의 국내총행복량 등이 그것이다. 1983년 고 메리언 챔버스가 창안한 잭슨빌, 플로리다의 진보 지수 같은 셀 수 없이 많은 지역적 기준의 지수는 차치하고라도 말이다.

정치학과 마찬가지로, 돈은 지역적으로 사용되며 신용을 바탕으로 교환과 매매를 촉진하기 위해 사람들이 만든 것이다. 지난 20년 동안 겪은 사건들을 통해 이런 유용한 발명품인 돈이 어떻게 통치자와 중앙은행의 약속으로 뒷받침되는 추상적인 법정화폐(fiat currencies, 명시적으로 다른 자산을 담보로 하지 않는 화폐. 옮긴이)가 될 수 있었는지 확인할 수 있었다. 정보 기술과 1980년대의 은행·금융권 규제 철폐가 어떻게 지금의 국제 카지노 경제를 만들었는지 우리는 보아 왔다. 이 카지노 경제에서는 마우스를 클릭하는 것만으로도 매일 1조 5천억 달러의 법정화폐가 돌아다니고 있는데, 이 가운데 90퍼센트는 투기 목적으로 거래된다.

이러한 폐해를 볼 때 우리 앞에 놓인 임무는 엄청나게 변화하는 21세기 환경 속에서 성공과 부, 그리고 진보의 개념을 재정의하는 것뿐이다. 전 세계 인구는 60억 명이 넘고 그 인류가 지구상에서 광합성 작용에 의한 주요 농산물의 40퍼센트를 소비하고 있다. 생물권과 층이 얇은 다양한 생물종이 사상 최대의 멸종 위기를 맞고 있다. 이러한 변화에 대해 한때 회의적이었던 과학자들조차도 화석연료 소비와 인간 활동이 지구 온난화를 일으키고 있으며 그러한 기후변화가 최근 홍수와 가뭄, 더욱 강력하고 빈번해진 허리케인 같은 기후 재앙의 주된 원인이라는 것을 인정하고 있다. 2006년 5월 27일자 시사주간지 『타임』의 커버스토리와 전 미국 부통령 앨 고어의 다큐멘터리 영화 〈불편한 진실〉이 마침내 이산화탄소 방출을 줄이는 즉각적인 변화를 요구하며 지구 온난화를 외면하고 있던 언론에 경각심을 불러일으켰다. 금융가 월스트리트에서조차도 이제까지의 일상적 경제활동이 미래에도 여전히 유효한 것은 아니라는 사실을 체감하고 있다. 헤지펀드와 연기금도 자연재해 채권(catastrophe bonds, 보험사나 재보험사가 인수한 자연재해 위험을 채권을 통해 자본시장의 다수 투자자에게 전가하는 금융 상품. 옮긴이)처럼 위험성을 안고 있는 금융 상품들에 투자하고 있다. 이런 상품들은 자연재해가 생기면 급속하게 늘어나는 보험 손실과 반대의 개념이다. 자연 재난이 늘어나면서 생긴 희한한 현상이다.

영국 국회 다자간 기후변화그룹 의장인 콜린 챌런은 2006년 3월 28일 연설을 통해 영국에 기반을 둔 지구공동체(Global Commons Institute, www.gci.org.uk)를 축소하고 집중할 계획을 요구했다. 콜린 챌런은 남녀노소 할 것 없이 전 세계적으로 공유되는 탄소 배출권이 필요하다고 지적했는데 그 이유는 가난한 사람들이 자신의 권리를 부자에게 팔 수 있고, 그렇게 해서 이산화탄소를 공평하게 줄일 수 있기 때문이라는 것이었다. 이런 배출권 거래 방식은 자연재해 채권의 창시자인 아르헨티나 경제학자이자 수학자인 그라시엘라 치칠니스키의 제안과 비슷하다. 자연재해 채권은 세계은행이 이산화탄소를 공평하게 줄이는 데 기여할 수 있도록 전 지구적 차원에서 조정하려는 것이다. 기업들에게 오염시킬 수 있는 권리를 주는 것은 불공평하지만, 지금은 대부분 경매에서 판매되고 있다.

따라서 제1장 '성공을 새롭게 정의하기'는 이처럼 새로운 생각과 감성, 라이프스타일의 변화, 고용과 직업 목표, 그리고 투자 전략에 대한 이야기를 하기 위한 도입부라고 할 수 있다. 우리는 성공과 부, 진보와 생산성, 효율 등을 측정하는 새로운 방식에 주목하고 있다. 그리고 다양한 수준의 사회에서 폭넓게 나타나고 있는 여러 전문 분야의 지표들, 즉 인류를 더 밝은 미래로 이끌어 줄 지표들에도 관심을 기울이고 있다. 이런 새로운 세계관은 이 책에서 우리가 다루고 있는 회사들의 전략에 기초가 된다. 이 책은 사람과 지구, 이윤이라는 '세 가지 핵심'을 이용하고 있고, 인터뷰를 통해 80여 명의 비전 있는 최고경영자들과 지도자들을 소개하고 있다.

성공에 대해 새롭게 정의한 뒤에 우리는 2장에서 '기업의 글로벌 시민정신'을 다룰 것이다. 금융과 기술의 세계화, 확대돼 가는 다국적기업의 영향력은 이제 가장 강력한 국가의 통치권까지도 위협하고 있다. 항구 등 다른 국가 기반시설을 누가 소유하고, 작동시키고, 통제할 것인가에 대한 문제는 세계화에 대한 논란이 커져 가고 있다는 것을 상징하고 있다. 아웃소싱은 이민만큼이나 중요한 논쟁거리다. 주류 언론들이 이런 증후를 지적하지만 종종 기술의 세계화에 대한 더 깊은 함의를 무시하곤 한다. 규제 철폐, 민영화, 그리고 자유무역 등 자유 시장 개념들이 모두에게 득이 되는 것으로 장려한다. 이런 진부한 경제 공식은 광범위한 사회·문화·환경 파괴를 낳아 왔다. 오늘날 미국에 의해 주도되는 세계화 효과는 마침내 미국 본토에서 확인되고 있다.

상업 언론들은 세계화 현상을 분석하고 설명하려는 시도들을 별로 하지 않았다. 그것은 사실 언론이 이윤을 남기기 위해서 국제부를 줄이고, 사건을 짤막하게 전하는 기사나 뉴스 프로그램을 만드는 데서 기인한다. 그러나 이런 모든 트렌드는 그것이 좋건 나쁘건 사람들의 삶과 국가에 영향을 끼친다. 모든 웹 블로그를 통해 확인할 수 있듯 인권, 작업장의 안전, 적정한 임금과 작업환경, 환경보호 등 기업의 사회적 책임에 관한 전 세계 사람들의 관심은 아주 높다. 기업 스캔들이 늘어나는 동안 노동자들은 직장과 저축을 잃게 되고, 연금도 위험에 처하게 된다. 우리는 더 안전하고 건강한 대안을 제시하는 뛰어난 사회 책임 투자자, 뮤추얼 펀드와 연기금 매니저, 교회와 대학의 기부 담당자들을 인터뷰했다. 그들은 시민단체나 노동조합, 여성계와 환경주의자들, 그리고 사회정의와 인권에 관심 있는 이들을 모아서 기업의 사회적 책임을 더욱 강하게 요구하고 있다. 특히 이는 회계 부정으로 파산한 엔론이나 다른 기업들의 최후를 본 뒤에 나타난 현상이다. 우리는 또 주식 투자를 하고 있는 1억 명의 미국 성인 가운데 상당수를 '비자발적 투자자'로 간주하고, 최근 많은 손실을 본 연금제도와 401K(미국의 확정 기여형 기업 연금제도. 회사와 개인이 봉급의 일정 비율을 정년 때까지 갹출해 개인이 직접 투자 상품을 골라 노후에 대비한다. 미국 근로자 퇴직소득보장법 401조 K항에 규정돼 있어 이같이 불린다. 옮긴이)를 위해 더 좋은 아이디어를 내고 있다. 이런 '비자발적 투자자'들은 신뢰를 회복하고 기업의 목표와 가치를 증진시킬 수 있는 더욱 투명하고 윤리적인 기업을 요구하고 있다. 또 이 책에서는 기업의 사회적 책임에 관한 새롭고 독창적인 여러 방법과 사회 책임 투자, 로하스 부문을 다루고, 이와 관련 있는 유엔 글로벌 콤팩트(United Nations Global Compact, 유엔이 주도하는 CSR 기업 행동 규범. 2장 참조. 옮긴이)에 가입한 3천여 기업들이 어떻게 반응하는지 보여 줄 것이다. 한마디로 우리는 자본주의 그 자체의 진보를 목격하기 시작했다. 21세기 정보화 사회에서는 세계 여론과 같은 진실이 곧 가장 새롭고 강력한 슈퍼파워가 되는 시대이므로 윤리적인 시장이 더욱더 필요해졌다. 시장은 사회에서 고객이나 다른 이해관계자(근로자, 노조, 주주, 지역사회 등)에 대한 서비스뿐 아니라 계약도 신뢰와 투명성, 정직과 충실함이 있어야만 작동할 수 있다. 우리가 만난 경영자나 지도자들은 기업의 부정이 자사의 브랜드와 평판에 어떤 위험을 초래할 수 있는지 이해했다. 그 결과 그들은 사회적·환경적·윤리적 회계 방식을 채택하게 되었다. 즉 광범위한 사회적 맥락에서 성공과 진보, 효율성과 생산성을 다시 정의하고 있는 것이다.

대부분의 사람들이 잘 모르고 있는 부분이 있다. 그것은 바로 모든 금융과 비즈니스 뉴스나, 국가 혹은 지방자치단체의 경제 정책이 생산과 서비스, 투자, 거래의 범위를 절반 정도만 반영하는 경제 통계에 근거하고 있다는 사실 말이다. 사회의 절반만이 화폐로 계산되는 것이다. 똑같이 중요한 비화폐 부문은 사실상 사회생활의 중심 기반을 이루고 있다. 이는 많은 나라에서 국민총생산(GNP)이나 국내총생산(GDP) 혹은 다른 거시경제학적 방법을 통해 화폐로 계산되는 공식적인 영역보다 더 크다. 이러한 비화폐적 기여는 이른바 '사랑의 경제학'을 형성하고 있다. 이는 경쟁적이고 돈에 바탕을 둔 영역을 떠받치고 있는 가족과 커뮤니티, 협력과 자선 활동 등을 말한다. 우리는 이 부문에서 가장 영감을 주는 지도자를 소개할 것이다. 정책 입안자나 대중이 이 '사랑의 경제학'의 중요한 역할을 분명히 인식하지 않으면 그것은 제 가치를 인정받지 못하고, 무시당하며, 부서지고 말 것이다. 임금노동을 하는 순간 자원봉사자는 더 이상 자원 봉사자일 수 없다는 것과 마찬가지라는 것이다. 또 경제학자들은 가정주부나 가사 일을 전담하는 남편을 비경제적인 활동을 하는 이들로 잘못 분류하고 있다.

경제학에서 인간 본성의 표준 모델은 다른 사람들과의 경쟁에서 자신의 이익을 극대화하려는 '이성적이고 경제적인 인간'을 말한다. 그러나 현실에서는 사람들이 그런 면만 가진 것이 아니라 똑같이 협동적이고 나눔과 베풂을 즐긴다는 것을 우리는 알고 있다. 새로운 뇌과학과 미시생물학은 경제학이 타당하지 않은 일련의 가정에 근거를 두고 있다는 것을 알려 준다.(헤이즐 헨더슨 홈페이지 www.hazelhenderson.com 참조) 예컨대 워싱턴에 있는 비영리 그룹

자원 봉사 섹터Voluntary Sector는 8천9백만 명 이상의 미국인 자원 봉사자들이 일주일에 최소 다섯 시간을 자신의 커뮤니티를 위해 일하고 있는 것으로 추정했다. 1995년 「유엔 인간개발보고서」는 무임금 노동과 상품·재화 생산이 16조 달러에 이른다고 밝혔다. 24조 달러에 이르는 전 세계 국내총생산에서는 계산되지 않은 액수다. 따라서 세계 생산량 가운데 3분의 2는 계산되지도, 알려지지도, 진가를 인정받지도 못했다. 비록 계산되지는 않는다 하더라도 이 거대한 가치는 인류의 거대한 자산이다. 미래학자 앨빈·하이디 토플러 부부도 『부의 미래』에서 이 영역을 묘사하고 있다. 마찬가지로 자연의 부 역시 국민총생산에는 포함되지 않는다. 건강, 교육, 사회자본, 생태학적 자산에 대한 새롭고 광범위한 통계학으로 돈과 국민총생산을 넘어서는 부와 진보를 더 잘 측정할 수 있는 표가 만들어지고 있다. 삶은 다양한 영역으로 풍성해지는 것이며, 돈으로는 우리가 바라는 사랑과 행복 같은 것을 살 수 없다는 것을 우리는 잘 알고 있다.

건강은 또 모든 사람의 소망이다. 친환경적인 빌딩과 디자인은 환경에 세워진 건강한 미래의 희망에 대한 의지의 표현이다. 피비에스(PBS) 방송의 〈디자인 e-2〉 프로그램 시리즈에서 다뤄진 것처럼 효과적인 빌딩은 돈의 의미를 넘어선다. 자연은 중요한 자산으로 인정받지 못하는 경우가 많다. 윌리엄 맥도너 같은 비전 있는 건축가들은 공짜인 태양광과 신선한 공기가 사무실에 잘 들어가게 설계한다. 점차로 건축가들과 개발업자들은 지붕을 에너지 효율을 극대화하는 방식으로 짓고 농작물 생산을 위한 공간으로 제공한다. 석유 값이 오르고 화석연료가 대기 중 이산화탄소 비율을 높이면서 오래된 관행들이 바뀌고 있는 것이다.

삶의 질은 우리가 살고 있는 커뮤니티의 생명력과 깊은 관계가 있다. 건강한 커뮤니티에는 전형적으로 안정된 가족, 친절한 이웃, 지역 경제를 살리는 비즈니스가 있다. 경제학자들은 응집력 있는 커뮤니티와 가족의 가치, 지역 문화 등이 제공하는 더 깊고 폭넓은 효율을 측정하지 못했기 때문에 지역의 살아 있는 경제가 붕괴될 때까지 그 가치를 제대로 인식하지 못했다. 그리고 사회복지사업과 실업, 약물과 위기 카운슬링, 노숙자 돌보기 같은 것들은 많은 세금을 필요로 한다. 오늘날 많은 현명한 투자자들과 자산 매니저, 연금 펀드 같은 것들은 마이클 슈만이 『작은 가게의 혁명』(2006)에서 묘사했듯이 중요한 커뮤니티 재개발에 재투자하고 있는 지역 지도자들과 뜻을 같이 하고 있다. 일련의 새로운 회계학자와 통계학자들이 성공과 부, 진보를 새롭게 정의하면서 새로운 일자리와 비즈니스, 거주지 개발 등을 위해 숨겨진 부와 기회를 발견해 내고 있다. 성공과 부, 진보를 더 다양한 각도에서 이해하게 되면 지구적 차원에도 영향을 미치게 된다.

모든 나라는 성공한 수출국이 되고 싶어한다. 경제 교과서는 전 세계적으로 더 많은 무역이 모두에게 좋다는 주장을 하고 있다. 세계은행은 공급 과잉이 될 정도로 비슷한 제품을 세계시장에 수출하면서 경제를 키우는 방법에 대해 조언해 왔다. 1996년에 세워진 세계무역기구(WTO)는 이런 가정 하에 기본 규칙을 정했다. 그러나 자유무역에 대한 이처럼 낡은 모델은 자본이 국가의 국경 내에 머문다는 것과, 심지어 힘이 별로 없고 산업 발전도 뒤처져 있는 국가들조차도 무역을 하기만 하면 이익을 얻는다고 가정하고 있다. 그래서 경제개발(국내총생산 성장)을 위한 경제학자들의 처방은 문호를 더 개방하고, 관세를 줄이며, 화폐를 태환할 수 있고, 기간산업을 민영화하며, 외국 자본이 한 나라로 자유롭게 들락거릴 수 있도록 하는 것이다. 이런 조치는 곧 '워싱턴 컨센서스'로 알려져 있다. 이런 방식은 성공적인 대규모 산업화를 이룬 나라에서나 작동하며, 힘이 약한 개발도상국들은 잃기만 하고, 소규모의 힘없는 기업들이나 농업인을 실업자로 나앉게 할 수 있다는 것은 잘 알려진 일이다.

오늘날 이런 문제에 대한 다툼이 한창이다. 통화 거래와 온라인으로 주식을 사고파는 사람들이 매일 지구촌 곳곳을 돌아다니는 '핫 머니'의 거대한 물결을 이루고 있다. 그 결과 가장 민주적이고 강력한 지도자조차도 국내를 온전히 다스리지 못하며, 현지 사람들은 물 공급과 자연 자원, 생물학적 다양성 같은 것들이 외부에 매수돼서 민영화되지 못하도록 시위를 벌인다. 2006년 7월 도하라운드 이후 세계무역기구는 무의미해졌다. 이제 자원민족주의는 분명해졌다. 중국과 인도가 에너지와 자원을 사들이면서 세계를 찾아다니고 있기도 하다. 라틴아메리카에서 자원민족주의는 워싱턴 컨센서스를 거부하는 현상으로 나타나고 있고, 베네수엘라, 아르헨티나, 브라질, 볼리비아, 페루, 우루과이, 칠레 같은 나라의 지도자 그룹은 가난한 이들과 시골 사람들, 원주민을 위한 사회 평등과 정의에 초점을 맞추는 지속 가능한 형태의 개발을 분명히 하고 있다. 아르헨티나, 베네수엘라, 브라질 등은 워싱턴 컨센서스 처방에서 벗어나기 위해 국제통화기금(IMF)의 차관을 많이 갚아 왔으며, 이자를 갚기 위해 수십억 달러를 저축해 왔다.

공정무역 지지자들은 이처럼 개발에 대해 새롭게 접근해야 한다고 주장한다. 늘어나는 박애주의자들, 사회에 관심 있는 투자자들, 기업가들이 건강한 공정무역의 모델을 만들어 가고 있다. 이들은 지역 농부들과 소규모 생산자들을 규합해 지역공동체에 도움이 되는 친환경적이고 건강한 생산품을 만들도록 돕고 있다. 부와 진보, 삶의 질을 측정하는 새로운 기준이 생기면서 모든 영역의 정책 입안자들이 어떤 종류의 수출이 더 공정하게 이익을 퍼트리는지 다시 평가하도록 하고 있다. 세관이 있는 항구와 보조금을 지급받는 운송, 시설뿐 아니라 환경·사회 비용을 무시하는 에너지 가격 같은 것들이 오늘날 전통적인 세계무역을 떠받치고 있는 것들이다. 만약 세계 무역이 이런 거대한 보조금들을 감안한다면 국내 무역, 혹은 지역 무역이 더욱 효과적임을 알게 될 것이다.(www.Calvert-Henderson.com 참조)

여성들이 공정무역 업체나 환경 기업을 다수 소유하고 있다. 사실상 여성이 소유한 기업이 건설이나 과학 업체부터 건강과 환경 업체에 이르기까지 모든 형태의 기업 가운데 절반이나 된다. 여성들이 상업이나 산업에서 활약하면서 성공의 개념을 새롭게 정의하고 있다. 여성 최고경영자가 추구하는 것은 남성들의 삶의 목표와는 다르기 때문이다. 여성 기업 소유주들은 일반적으로 돈 버는 일을 최상의 목표로 상정하지 않는다. 여성 기업가들은 승진과 개인의 창조적 만족, 비즈니스만으로는 채워지지 않는 욕구를 처리할 자유를 위해, 여성차별이 엄연한 현실을 살아가기 위해 개인의 자율과 융통성의 필요성을 언급한다. 여성이 소유하고 운영해 가는 사업체는 미국에서만 천9백만 명 이상을 고용하고 있다. 자연 자산의 거대한 저수원이면서도 여성은 수십 년 동안 그 가치가 폄훼되어 왔다. 마침내 사회가 부를 창출하고 진보를 향한 활동에서 여성의 역할을 제대로 평가하기 시작했다.

여성이 소유했건 그렇지 않건 경제활동은 재생에너지 개발을 중시하고 있다. 에이머리와 헌터 러빈스, 존 토드 혹은 다른 세계적인 전문가들과 함께 우리는 화석연료에 근거를 둔 초기 산업화에서 재생에너지로 바뀌어 가는 과정을 면밀하게 다루고 있다. 줄어들고 있는 세계 석유 생산량이나 지구 온난화에 대한 대중의 관심은 더욱 커져 가고 있다. 석유 값 상승은 미국의 에너지 미래를 재고하게 하고, 외국 에너지 의존도를 어떻게 낮출 것인가를 심각하게 고민하게 했다. 그동안의 분석적 투자 습관은 모든 종류의 재생에너지와 효율적인 과학으로 축적한 거대 자본에 대한 투자의 진정한 가치를 간과해 왔지만, 이제 기업가들과 기술자, 발명가와 벤처 자본가들은 더 나은 세상으로 가는 길의 막힌 구간을 뚫고 있다. 더 깨끗하고 더 친환경적이며, 더 에너지 효율적인 미래가 다가오고 있는 것이다.

유럽과 중국, 일본은 태양열 에너지와 풍력에서 미국을 크게 앞질러 가고 있다. 중국과 인도는 자연 자원과 환경을 보호하면서 인간의 욕구를 충족시키는 전통적 방법에 대해 우리에게 많은 것을 가르쳐 주고 있다. 미국의 중서부 지역은 '풍력 에너지의 석유수출국기구'로 묘사돼 왔고, 국내 전기 요구량의 상당 부분을 충당할 가능성을 제공했다. 태양에너지 시대로 바뀌어 가면서 농업, 건축, 도시 디자인, 교통, 기반 시설, 화학제품, 제약, 농약, 심지어 새로운 전기 그리드 등 여러 부문에서 경제도 바뀌어 가고 있다. 이러한 에너지의 변천은 수백만 개의 일자리를 만들어 내고, 공기와 물을 깨끗하게 하며, 이산화탄소량도 낮추고 지구 온난화도 줄일 수 있다. 31조 달러를 굴리는 211명의 투자 매니저를 대표하는 '탄소량 공개 프로젝트'는 주요 기업들에게 이산화탄소 방출량과 그 대책을 공개하라고 요구하고 있다.(cdproject.net)

21세기 자본주의의 가장 놀라운 측면 가운데 하나는 관심 많고, 적극적인 주주들이 많아진 점이다. 그들은 경제적 이익뿐 아니라 더 나은 세계를 만들기 위해서 투자한다. 여러분들은 연례 주주총회에 참석해 많은 이슈에 대한 경영 정책을 캐묻는 이들을 만날 수 있을 것이다. 그들은 피고용자들에 대한 공평한 대우, 오염, 아웃소싱, 저임금 국가, 소수자의 권리, 이사회와 경영의 다양성, 기후 변화, 기업 지배 구조 등에도 관심이 많다. 우리가 인터뷰한 적극적인 주주들은 연기금 펀드, 대학 기부금, 재단, 사회적으로 책임 있는 뮤추얼 펀드 등의 투자에 대해서도 영향을 미치고 있다. 1970년대에 논란을 불러일으

컸던 '주주 행동주의'는 이제 더욱 윤리적인 21세기 자본주의 시장으로 진화하는 진보적인 움직임으로 널리 알려져 있다. 주주들은 대박의 가능성을 즐긴다. 또한 2조 3천억 달러어치의 활동적인 미국 투자자들의 힘은 주주의 이익뿐 아니라 노동자·고객·공급자 커뮤니티·환경 등 모든 이해관계자의 협력 모델을 만드는 데 중요한 역할을 담당하고 있다. '이해관계자 자본주의(고객, 노조, 거래 기업, 채권자, 정부, 사회 일반에 이르기까지 이해관계자 모두에게 신경을 쓰는 독일, 일본식 자본주의)'의 미래의 물결이다. 여러 나라에서 수백만의 주주 행동주의자들이 사회 진보와 인간 개발의 지표를 바꾸는 데 기여하고 있다.

상부에서의 변화는 노동자들에게도 영향을 미친다. 전통적으로 노동은 마을과 시골에서 대가 없이 이뤄졌다. 그곳에서 사람들은 협동해서 직접 농사 짓고, 집과 공동체 시설을 건설했다. 3백 년 전 영국에서 산업혁명이 일어나자 양 떼를 방목하고, 오두막에서 옷감을 짜고 옷을 만들어 입기 위해 마을 공동의 재산을 이용하던 이전의 농부들은 공유지 사유화법과 공장에 의해 밀려나게 됐다. 이전에는 공용 토지였으나 산업혁명 이후 사유화된 토지 사용을 거부했던 수백만 명은 가난해졌고, 굶주려야 했다. 산업화는 또한 믿을 수 없을 정도의 창의력과 기술 혁신을 낳았고 노동력을 절약할 수 있었다. 사람이 하는 일보다 기계와 에너지로 더 많은 일을 할 수 있었다. 세계화가 가속화될수록 이러한 기술적 변화로 우리의 노동 현장, 직업 경력, 기회가 크게 바뀌고 있으며, 직업 훈련과 교육의 필요성이 제기되고 있다. 아웃소싱은 미국에서 더욱더 활발해지고 있으며, 이로 인해 제조업과 서비스 영역이 축소되고 있다. 따라서 누구도 한 회사, 혹은 한 산업에서 평생 직업을 갖기를 기대할 수 없게 됐다. 우리는 평생 무언가를 배워야 한다. 물론 그로 인해, 또 정보화 기술로 인해 많은 사람들이 창업을 할 수 있게 된 것도 사실이다. 이 책에서 우리는 개인과 비즈니스, 공동체, 그리고 국가에 좋고 나쁜 뉴스가 무엇인지 살펴볼 것이다. 사실 그들 모두 이처럼 세계적인 변화가 무엇을 뜻하는지 탐색하고 있고, 제레미 리프킨, 패트리샤 켈소 같은 사상가나, 노동자 소유 회사의 최고경영자들에게 많은 것을 듣고 있다.

산업혁명은 우리의 일만 바꾼 게 아니라 음식을 포함해 우리가 사는 상품까지 바꿨다. 지난 25년 동안 산업화된 식량 공급의 위험성을 알려 주는 사례들이 많이 있었다. 그러면서 깨끗한 음식, 유기농산물 산업은 폭발적으로 성장했다. 광우병, 유전자 조작 식품의 효과, 맹독성 잔류 살충제 등에 대한 공포, 그리고 어린아이들의 비만 때문에 사람들은 현지에서 기른 신선한 농산물, 방목한 닭의 달걀, 알레르기를 일으키는 첨가제나 파괴적인 호르몬이 없는 음식의 중요성을 새삼 실감하게 됐다. 우리는 개척자인 '로데일 인스티튜트' 지도자나 자연식품 지도자들을 설득해서 연간 20퍼센트씩 성장하고 있는 이 새로운 시장에 대해서 언급하도록 했다.

지역에서 기른 유기농 식품을 좋아하는 최근의 유행은 건강관리에 대한 태도의 변화와 더불어 생겨났다. 산업화된 약은 환자와 의사, 간호사, 병원, 그리고 의약산업의 모든 측면에서 불만이 고조돼 위기에 봉착했다. 미국은 전세계에서 일인당 의료비가 가장 높은 나라로 국내총생산의 16퍼센트를 쓰고 있다. 그럼에도 사실상 의료비로 미국의 절반도 쓰지 않는 나라보다 만족도가 못한 편이다. 2006년 9월 25일자 『비즈니스위크』가 「무엇이 경제를 떠받치고 있나?What's Really Propping Up the Economy?」 기사에서 지적했듯이 나머지 민간 분야는 아주 적은 일자리를 만들어 오고 있지만 낭비적인 의료 산업 체계는 2001년 이후 170만 개의 새 일자리를 차지하고 있다. 의료 프로그램의 실패로 인해 예방의학과 저렴한 자연 의학에 기초한 새로운 영역이 빠르게 성장하고 있다. '성공'의 개념을 새롭게 정의하는 것에 이 부문만큼 상징적인 것이 없다. 왜냐하면 적은 것이 더 많은 것이 되고, 사랑과 개인적 간호가 첨단 기술에 의한 치료보다 더 가치 있게 평가되기 때문이다.

마지막으로 우리는 사회 책임 투자의 새로운 트렌드를 다룰 것이다. 주류 벤처 자본가들이 태양열, 풍력, 바이오매스, 연료전지, 수소, 그리고 모든 종류의 효율적인 기술을 다루는 회사에 돈을 대는 개척자들을 지원하고 나섰다. 캘버트 그룹의 창시자이자 대표인 웨인 실비, 아레트 코퍼레이션의 로버트 쇼, 클린테크 벤처의 닉 파커 등은 이처럼 지속 가능한 회사의 씨앗을 뿌리기 위한 열정을 전파하고 있다. 그들 중의 많은 기업이 21세기의 아이비엠(IBM)이나 마이크로소프트 같은 회사들이 될 것이다. 한때 회의적이었던 『이코노미스트』조차도 2006년 9월 9일자 「기후변화에 대한 조사Survey of Climate Change」 기사에서 전 세계적으로 녹색 산업과 녹색 기술이 번창하는 이유를 다뤘다. 같은 달 『비즈니스위크』는 「그린 비즈니스Green Biz」라는 새로운 섹션을 시작했다. 『포춘』은 2006년 10월 16일자로 「친환경 비즈니스가 살길이다It's Good to be Green」라는 16쪽짜리 부록을 발행했다.

01 성공을 새롭게 정의하기

GE

성공이란 무엇인가? 노스웨스트의 포틀래치 인디언에게는 남을 돕는 데 돈을 얼마나 내놓을 수 있느냐가 성공의 척도다. 일반적으로 월스트리트 금융인들은 상승하고 있는 주가 포트폴리오와 큰 차, 화려한 아파트의 소유 여부로 성공을 판단한다. 펜실베이니아의 아미시(새로운 문명을 거부하며 살아가고 있는 보수적 프로테스탄트 교파. 옮긴이) 농부에게 성공이란 잘 지은 집, 비옥한 농토, 첨단 기술과 대도시 삶의 사악함에서 벗어난 독립성을 의미한다. 중국 농부들에게는 저임금이라도 도시 공장에서 노동자로 일하는 것이 성공이다. 일반적인 사람들에게는 행복한 가정과 행복한 삶이 성공의 기본 척도다. 성공이라는 개념은 전 세계 경제에서 60억 명이 넘는 사람들이 제각각 정의하듯 기업과 국가도 성공과 부, 진보의 개념을 다르게 정의한다.

매일 모든 언론에서 수십만 개의 기사가 국민총생산(GNP)과 국내총생산(GDP) 상황을 다루고 있다. 이는 경제학자들이 국가의 발전을 측정하는 데 가장 즐겨 사용하는 지표들이다. 20세기에 새무얼 쿠즈네츠가 개정한 국민총생산과 국내총생산은 한 경제권에서 생산된 전체 재화와 용역의 총합을 돈으로 계산한 것이다. 제2차 세계대전 당시 영국은 나치 독일과 싸울 때 생산한 전쟁 물자를 측정하는 수단으로 국민총생산을 사용했다. 1945년 유엔과 세계은행, 국제통화기금이 창설되고, 유엔은 국민총생산과 국내총생산을 평화적 개념으로 도입해 유엔 국가 회계 시스템(UNSNA)으로 받아들였다. 이후 모든 언론에서 맹목적으로 보도하고 정책 입안자들이 이를 따라하면서 이 지표들은 전 세계적으로 성공의 척도가 되었다. 사회개혁가, 진보주의자, 보수주의자 모두가 이 지표를 따랐다.

국민총생산과 국내총생산은 한 나라 안에서 생산된 재화와 용역을 돈으로 계산한 것이기 때문에 누구도 한 사회 내에서 일어나는 진정한 가치를 이해하기 위해 경제학적 개념을 넘어서려 하지 않는다. 오늘날 더욱더 많은 사람들이 국민총생산과 국내총생산, 그리고 많은 경제 지표들을 비판하고 있다. 그

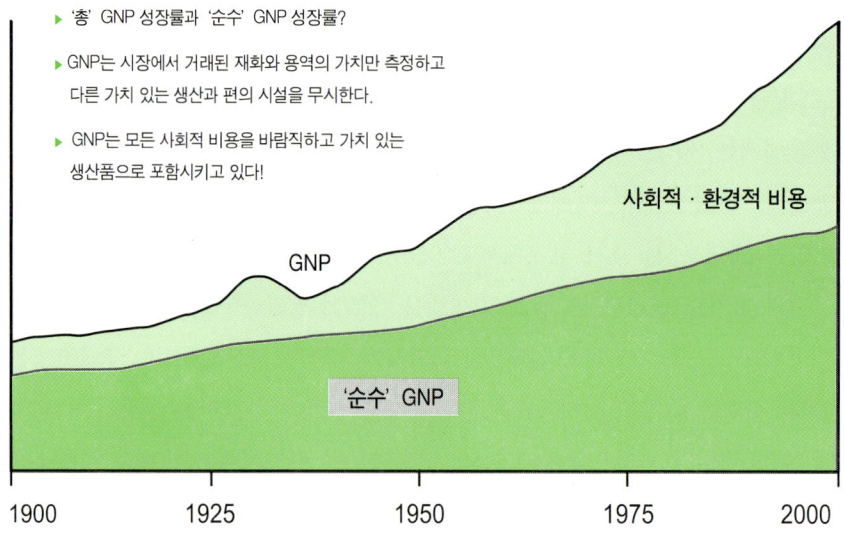

국민총생산(GNP)의 문제점

▶ '총' GNP 성장률과 '순수' GNP 성장률?

▶ GNP는 시장에서 거래된 재화와 용역의 가치만 측정하고 다른 가치 있는 생산과 편의 시설을 무시한다.

▶ GNP는 모든 사회적 비용을 바람직하고 가치 있는 생산품으로 포함시키고 있다!

사회적 · 환경적 비용

GNP

'순수' GNP

1900　　1925　　1950　　1975　　2000

© Henderson, 1979

들 가운데는 자연의 가치를 평가하려는 환경주의자, 이 세계에서 무임금 노동을 가장 많이 하고 있는 여성, 사회정의에 관심 많은 사람들이 포함돼 있다.

　이 사람들은 경제학자들이 받아들이기 어려운, 그러나 상식적인 질문을 하고 있다. 왜 경제학자들은 돈과 공장만을 자본으로 받아들이고 열대림이나 생물종 다양성 같은 생태학적 가치나 인간의 사회적 자본은 무시하는가? 왜 국민총생산은 교육을, 미래를 위한 중요한 투자가 아니라 단순한 비용으로만 처리하고 있을까? 그리고 교육의 질은 왜 고려하지 않는가? 아픈 사람이 많아져 의료비 지출이 늘 때 어째서 국내총생산은 증가하는 것일까? 왜 국내총생산은 행복(건강관리)을 측정하는 방법은 고려하지 않는 것일까? 국내총생산은 사람들의 평균 소득을 기록하기 때문에 빈부 격차는 덮어 버린다. 문제는 대부분의 사람들이 노숙자가 되어도 소수의 백만장자가 더 부유해지면 그 나라의 평균 소득은 상승한다는 데 있다. 왜 국민총생산은 사람들의 본래 가치와 환경은 '0'으로 계산하는가? 경제학자들은 이런 질문을 애써 무시하고 있다. 국민총생산은 사람들이 돈을 어떻게 쓰는지에 대해서는 명백히 하지만 실제로 삶을 가치 있게 하는 것들은 고려하지 않고 있다. 과거 몇 년 동안 이런 질문들은 경제학자들 사이에서 논쟁거리가 됐고, 단순히 경제학을 넘어서 건강관리와 삶의 질을 나타내는 다양한 지표들을 낳게 했다.

　그렇다면 우리는 어떻게 해야 우리가 살고 있는 곳을 건강하게 하고 생존할 수 있는 힘을 기르는 가치들을 폭넓게 통합할 수 있을까? 워싱턴에 있는 비영리 연구 그룹인 '새로운 아메리칸드림 센터'의 창시자 베시 테일러는 단순하게 살아야 한다고 주장한다.

　"우리 단체는 미국인들이 삶을 자각하며 살고, 현명하게 소비할 수 있도록 돕는 역할을 하고 있어요. 2004년 8월, 성인 남녀 천2백 명을 대상으로 설문 조사를 실시했는데, 아메리칸드림에 대해 어떻게 생각하는지, 물질주의에 대해 어떻게 생각하는지를 물었어요. 압도적으로 많은 사람들이 지쳐 있었어요. 설문 조사 결과 가운데 가장 흥미로웠던 것은 응답자의 절반이나 되는 사람들이 자기가 관심 있는 일에 더 많은 시간을 보내려고 임금 삭감에 동의했다는 사실이었어요." (www.newdream.org)

베시의 이야기는 '단순하게 살기' 홈페이지(www.simplelivingamerica.org)에서 '자발적으로 단순하게 살기Voluntary Simplicity'를 주창한 것과도 일치한다. 베시는 더 깊은 불안에 대해서 언급했다.

"사람들은 또한 가족을 위해서 더 많은 시간이 필요하고, 지역공동체를 위해서도 더 많은 시간을 보내고 싶다고 말했어요. '더 많은 것이 좋다more is better'는 아메리칸드림의 방식대로라면 그렇게 하는 데 너무 많은 비용이 들어요. 가장 중요한 것은 삶의 질입니다."

베시는 성공을 새로운 잣대로 판단하고, 경제 발달과 개인의 행복을 새롭게 정의 내리는 일은 아주 중요하다고 생각한다. 베시의 활동은 1992년 리우데자네이루에서 열린 유엔 환경회의에서 표면화된 세계적 운동의 일환이다. 즉 사회적 환경적 비용과 이익, 실업과 무임금 노동 같은 것을 측정할 수 있도록 국민총생산과 국내총생산 같은 경제 지표들을 정밀하게 보수하자는 것이다.

 새로운 아메리칸드림 센터 창시자
베시 테일러

"사람들은 가족을 위해서 더 많은 시간이 필요하고, 지역을 위해서도 더 많은 시간을 보내고 싶다고 말합니다. 가장 중요한 것은 삶의 질입니다."

170여 개 국가가 그 각국 정상회의에서 자국의 국민총생산, 국내총생산 지표에 그런 조항을 반영시키자는 '아젠다 21' 선언을 지키기로 서약했다.

1995년까지 세계은행은 『국가의 부』라는 보고서를 펴냈다. 이 보고서에 따르면 한 국가 자본의 20퍼센트는 금융자본과 공장이나 도로 같은 인프라 자본이라고 한다. 그리고 60퍼센트는 시민사회단체 같은 사회자본, 인력 자본이며, 20퍼센트는 삶을 유지시키는 자연의 시스템인 생태학적 자본이었다. 그러나 이 보고서는 '아젠다 21' 처럼 대부분 무시됐다. 국민총생산, 국내총생산은 언론에 의해 매일 다시 강화되고, 더욱 깊이 배어들었다. 새로운 지표 가운데 비교적 널리 사용된 것은 유엔이 1990년 시작한 유엔 인간개발지수(Human Development Index, HDI)였다. 이 지표는 국가 순위를 삶의 질에 따라 매겼다. 또한 평균수명 , 교육 정도, 군사 비용이나 빈부 격차 같은 기준을 포함시켰다.

작지만 맵시 있고 에너지가 넘치는 독일 경제학자 잉게 카울은 인간 개발의 지속 가능한 형태를 연구해 왔는데, 파키스탄의 전 경제장관인 마훕 울 하크와 더불어 인간개발지수의 중요한 주창자다. 잉게 카울은 지금도 개발 연구 분야 책임자로 유엔의 인간 개발 프로그램을 위해 일하고 있다. 잉게 카울은 이렇게 설명했다.

"인간개발지수가 우리에게 말하고 있는 것은 각 국가가 어떻게 자국의 경제

유엔 인간개발지수 주창자
잉게 카울

"인간개발지수를 통해 우리는 진보와 성공, 훌륭한 삶에 대한 사람들의 인식을 바꿀 수 있으리라 기대했습니다."

성장을 인류의 더 나은 삶으로 연결시킬 것인가 하는 문제입니다. 우리가 인간개발지수를 통해 말하려는 것은 '우리가 열심히 일하고, 온갖 경제적 노력을 다하고 있는데 결국 이전보다 더 잘 살고 있는가?' 하는 점이지요.

이 지수에서 눈에 띄는 것이 바로 오래도록 건강한 삶을 살 수 있는 기회인 평균수명과, 정보에 근거한 선택을 할 수 있도록 기회를 주는 교육입니다. 일정한 수입을 갖고 있다는 것은 적절하게 옷을 입고, 집을 소유하고, 더 안정적인 삶을 영위할 수 있는 수단을 갖고 있다는 뜻입니다. 그래서 우리는 이런 지표들을 활용해서 인간개발지수라는 하나의 인덱스를 만들어내도록 했죠. 우리는 무엇이 진보이고, 무엇이 성공이며, 무엇이 훌륭한 삶을 만드는지에 대한 사람들의 시각을 바꿀 수 있으리라고 생각했습니다."

인간개발지수는 전 세계적으로 인간 개발의 대안이 되는 수단이자 넓은 의미의 측정 수단으로 채택돼 왔다. 지난 40여 년 동안 각 국가는 인간개발지수를 자국에 맞게 변형해 왔다. 인간개발지수가 높은 나라들은 종종 관광 정보 부문에서 순위가 높은 것을 알 수 있다. 미국의 인간개발지수 순위는 종종 캐나다나 스칸디나비아보다 낮은데 그것은 높은 영아 사망률 탓이다. 2004년 인간개발지수 조사에서 가장 활기 있는 국가들은 노르웨이, 스웨덴, 오스트레일리아였다. 2005년에는 노르웨이가 다시 1위를 차지했고, 그 뒤는 아이슬란드, 오스트레일리아, 룩셈부르크, 캐나다, 스웨덴, 스위스, 아일랜드, 벨기에, 미국 순이었다.

부탄은 행복을 추구하는 사람들의 권리를 중요하게 생각한다. 아시아의 불교 국가인 부탄은 경제적 힘은 갖고 있지 않지만 내적 자원은 풍부한 나라다. 부탄은 국민행복지수(Gross National Happiness, GNH)를 발전시켜 왔는데, 부탄의 철학으로 볼 때 행복은 돈과 국내총생산 성장과 함께 간다. 평화롭고 명상적인 문화를 강조하는 부탄에서 많은 지표들이 인간개발지수와 비슷한 트렌드에 초점을 맞춘다. 반면 이런 지표들의 균형은 외부 투자와 선택적 경제개발의 영향을 받는다. 부탄의 국민행복지수는 많은 언론의 관심을 모았다. 런던에 있는 『이코노미스트』는 2004년 12월 18일자에 「행복의 추구The Pursuit of Happiness」라는 세 쪽짜리 기사를 실었다. 『테크놀로지 리뷰』는 2005년 1월호 「기술과 행복Technology and Happiness」이라는 기사를 통해 더 많은 가전제품이 우리의 행복을 증대시키지 않는 까닭에 대해 다뤘다. 부탄에 대한 이런 관심은 결국 관광객의 증가로 이어졌다. 인간의 '만족'에 대해 조용히 연구하고 있는 많은 경제학자들과 사회과학자들은 자신들이 주목받고 있다는 것을 발견했고, 행복 조사는 다행스럽게도 유행처럼 번지고 있다. 2006년 2월 27일자 『뉴요커』는 행복에 관한 책들을 면밀하게 리뷰하면서 조나단 헤이트의 『행복 가설』(2006)과 리처드 레이어드의 『행복, 신과학에서 배운다』(2005) 같은 심리학 연구서들을 포함시켰다. 그러나 긍정심리학의 출발을 에이브러햄 모슬로의 획기적인 책 『존재 심리학을 향하여』(1963)가 나온 1960년대보다는 1990년대에 두고 있다.

네덜란드 로테르담의 에라스무스 대학은 행복에 관한 전 세계적 데이터베이스를 운영하고 있는데 경제학자들은 스웨덴 은행상(1968년 스웨덴 중앙은행인 리스크방크가 만든 상으로, 노벨상 가운데 경제학상이 없어 이를 '노벨경제학상'으로 부르고 있다. 옮긴이)을 받은 대니얼 카너먼의 의견에 동의하려는 경향이 있다. 대니얼 카너먼은 사람들이 얼마나 자신의 삶을 즐기고 있는가와 소득 수준은 별로 상관이 없다는 것을 발견했는데, 대니얼은 미국에서 국내총생산을 보완할 수 있도록 공식적으로 국가 웰빙 지수를 측정하기를 바랐다. 이는 우리가 텔레비전 시리즈 〈윤리적 시장〉에서도 활용한 '캘버트-헨더슨 삶의 질 지수'의 목적과도 같다. 나는 캘버트 그룹과 공동으로 이 지수를 만들었고, 2000년에 처음 시작된 사회 책임 투자 펀드는 정기적으로 홈페이지(www.Calvert-

Henderson.com)에서 이를 갱신하고 있다.

경제성장은 단지 수단으로만 간주되어 왔고, '인간 개발'의 목적에 대한 이러한 뜨거운 관심은 인간적 삶을 지원하는 시스템에 초점을 맞추고 있다. 시스템이란 지구 그 자체와 생물권의 지속 가능성, 그리고 거대한 생태학적 자산을 말한다. 2005년 1월 17일자 『타임』은 그 사람이 어디에 살고 있느냐가 개인의 만족감에 중요한 영향을 미친다는 기사를 게재했다. 포틀랜드 주립대 심리학자 로버트 비스워스-디너와 일리노이 대학 데드 디너가 만든 '주관적 웰빙'에 대한 연구 조사를 바탕으로 한 기사다. 여러 연구 결과들은 라틴아메리카 사람들이 지구상에서 가장 행복한 사람들이라는 것을 보여 준다. 가장 불행한 사람들은 러시아인, 리투아니아인, 일본인, 중국인, 그리고 한국인들이다. 런던의 '새로운 경제학 재단'이 조사한 새로운 '행복한 지구 지수' 역시 비슷한 결론을 보여 주고 있다.

생태 발자국 분석 개발자인 스위스 경제학자 마티스 와커나겔 교수는 인간의 행복에 대해 환경적이고 자원 중심적으로 접근했다.

"문명에는 얼핏 모순처럼 보이는 두 개의 중대한 이야기가 있습니다. 한편으로는 더 많이 소유하고 더 나은 삶을 누리겠다고 더 많은 자원, 더 많은 초콜릿, 더 많은 집과 큰 차를 소유하려고 합니다. 다른 한편에서는 생태학적 능력이 줄어듭니다. 나무가 줄어들고 대기 중에 이산화탄소가 늘어나고, 물도 부족해집니다. 그래서 자원 요구량이 늘어나면서 동시에 생태학적 퇴보를 겪게 됩니다."

마티스는 세계야생기금(WWF)의 '살아 있는 지구 지수'를 위해 연례 조사를 준비하는데, 이는 모든 나라가 자국이 보유한 천연자원 한도 내에서 자원을 소비하는지를 감시하는 것이다. 그 결과는 지도상에 어느 나라가 자원 능력을 초과하고 수입에 의존하는지 보여 주는 방식으로 공표된다. 또 자국의 자원 보유 한도 이내에서 영위해 갈 수 있는 나라가 어디인지도 표시한다. 와커나겔은 지구가 지속 가능한 차원에서 제공할 수 있는 것보다 더 많은 자원을 인류가 소비하고 있다는 것을 발견했다. 와커나겔은 또 이렇게 덧붙였다.

"생태 발자국은 자원을 계산하는 아주 쉬운 도구입니다. 이는 한편으로 우리가 가진 자연이 어느 정도인지, 그리고 다른 한편으로는 우리가 얼마의 양을 사용하는지 측정하는 것입니다. 흥미롭게도 몇몇 대부 기관들이 경제학적 위험 측면에서 자국을 평가하는 데 생태 발자국을 활용하고 있습니다. 그 나라들이 생태학적 채무자일까요? 아니면 채권자일까요? 채권국은 러시아나 브라질처럼 삼림 자원이 풍부한 나라들입니다."

마티스는 이런 나라들이 자국의 자원을 매우 현명하게 사용하고 있다는 의미가 아니라, 그들이 사용하고 있는 양에 비해 더 많은 자원을 보유하고 있다는 뜻이라고 강조한다.

"생태학적 채무국은 제가 태어난, 가진 자원보다 더 많이 쓰는 스위스 같은 나라들이지요. 우리는 런던의 연구자들과 같이 연구하고 있습니다. 환경 단체는 아니지만 런던 비즈니스 회의는 사실상 런던이 어떻게 생태 발자국을 활용하면서 경쟁력을 가질 수 있을지에 대한 연구를 지원해 왔습니다. 왜냐하면 미래를 준비하지 않는 도시는 자원이 빈약해지면 어려워질 수밖

생태 발자국 분석 개발자
마티스 와커나겔

"생태 발자국은 자원을 계산하는 아주 쉬운 도구입니다. 우리가 가진 자연이 어느 정도인지, 우리가 얼마만큼의 자원을 사용하는지 측정하는 것입니다."

에 없기 때문입니다."(www.footprint.org)

자원과 에너지를 더 효과적으로 활용한다는 것은(4장과 8장에서 더 자세히 살펴보겠다.) 지속 가능한 인간 개발 차원에서 가장 중요한 열쇠다. 생태 발자국이 도울 수 있다. 가장 큰 생태 발자국을 가진 나라는 아랍에미리트연합이다. 이 나라는 에어컨을 너무 많이 사용하고 있다. 쓰레기를 줄이는 일은 삶의 질과 튼튼한 경제를 위한 중요한 열쇠다. 예컨대 「예비 전력에서 플러그 빼기 Pulling the Plug on Standby Power」(『이코노미스트』, 2006년 3월 11일자) 기사는 텔레비전에서 전자레인지에 이르기까지 수백 종의 미국 가전제품에 더 나은 기술과 고급 기준을 적용하는 것만으로도 전력 낭비를 막아 미국 가정 전기 소모의 5퍼센트와 소비자들이 연간 30억 달러를 절약할 수 있다고 밝히고 있다.

베네수엘라도 생태 발자국을 줄이기 위해 노력하고 있지만 석유산업이 여전히 이 나라의 환경문제에 커다란 위협이 되고 있다. 이는 전 인도 주재 베네수엘라 대사였고, 지속 가능한 개발과 세계화, 석유의 역할과 사회 자원을 태양열과 재생에너지로 바꿀 필요 등에 대한 여러 권의 책을 펴냈던 프랑크 브라초도 묘사했던 부분이다. 프랑크 역시 스페인어와 영어로 출간된 『개발을 측정하는 새로운 방법』이라는 논문에서 1989년 국민총생산의 대안이 될 수 있을 만한 획기적인 연구를 편집했다.

"석유와 베네수엘라의 관계는 '석유 중독'이라는 말로 정의할 수 있습니다. 즉 해로운 줄 알면서도 약에 의존해 살 수밖에 없는 환자들과 같은 상태입니다. 성공과 부, 진보를 다시 정의하는 일은 근본적인 일입니다. 장기적으로 보면 자멸로 가는 것이 분명한데도 당장은 진보가 부를 약속하는 것처럼 보입니다."

프랑크는 베네수엘라와 전 세계에서 펼치는 자신의 일에 대해서도 말했다. "나는 국내뿐 아니라 전 세계에서 부와 진보를 재정의하는 일을 돕고 있습니다. 이것은 삶의 질에 대해서는 별로 말해 주지 않는 국내총생산에 근거한 부의 패러다임에 대한 대안과, 혹은 당신이 하고 있는 일의 지속 가능성에 대한 대안을 찾는다는 측면에서 중요한 일입니다. 기존 패러다임은 하나의 경제권 안에서 무엇이 생산되는지를 돈으로만 계산하려 합니다. 그것이 파괴적인지, 환경과 인간의 건강을 잃는 대가는 아닌지 따지지 않습니다. 우리 삶에서 가장 중요한 것은 측정하려 하지 않는 것입니다."

베시 테일러와 마티스 와커나겔, 프랑크 브라초는 모두 국민총생산과 국내총생산이 반드시 수정되어야 하고, 더 새롭고 폭넓은 지표들이 포함돼야 한다고 주장한다. 이런 낡은 국가 회계 시스템에서는 인정하지 않는 모든 인류 생산의 50퍼센트나 차지하는 무보수(3장 참조) 노동과 사회적·환경적 비용도 같이 포함시켜야 한다. 도로, 병원, 학교 같은 공공 인프라는 부채가 아니라 자산으로 기록돼야 한다. 캘버트-헨더슨 삶의 질 지수에서는 정부가 연구, 개발에 지출하는 돈을 국내총생산의 '소비'가 아니라 우리에게 가장 소중한 자산인 아이들에 대한 '투자'로 분류해야 한다고 요구하고 있다. 『비즈니스위크』의 커버스토리 「경제의 가면 벗기기Unmasking the Economy」(2006년 2월 13일자)도 같은 점을 지적했다. 미국은 이제 지식 기반 경제이며, 지식은 생산의 핵심 요소라는 것이다. 문제는 잘못된 통계 방식이다!

나는 여러 해 동안 유럽, 일본, 중국, 라틴아메리카, 북아메리카 등 어디에서든 통계학자들을 만나기만 하면 이런 변화가 반드시 필요하다고 주장했다. 2003년 브라질 꾸리찌바에서 799명의 통계학자들이 대규모 국제대회를 열어 공공 인프라에 들어간 납세자들의 거대한 가치를 기록하는 자산 계정을 국내총생산에 포함시켜야 한다는 데 뜻을 같이했다. 흔히 이런 조항 변경은 발생주의 회계(인식 가능할 때 회계에 비용이나 이익으로 처리하는 방식. 옮긴이)라 불리는데 1996년 미국에서 시작됐다. 이는 미국 클린턴 행정부 재정 흑자의 3분의

1에 해당했다. 나머지는 군비 축소와 '닷컴 기업'의 거품에서 나온 높은 세수로 인한 것이었다. 캐나다도 1999년 이를 도입해 적자 재정을 5백억 캐나다달러 흑자로 돌려놓았다.

새로운 지표는 기업 대차대조표를 바꾸고 있다. 베르나 앨리는 고객들이 성공을 측정하는 게 손에 잡히지 않을 때 그것을 평가할 수 있도록 돕고 있다. 베르나는 '손에 잡히지 않는' 지식이나 선의, 특허권 같은 것을 측정하고, 『지식의 진보』(1997)와 『지식의 미래』(2003)에서 유럽과 북미에서의 새 회계 기준과 프로토콜을 디자인하는 데 신기원을 열었다.

베르나 앨리는 자신의 고객들에게 이렇게 말한다.

"회계 감사에 특별히 어려운 점은 없지만 당신이 좋은 시민인지 혹은 환경에 지속 가능한 방식으로 기여하고 있는지 여부에 대한 지표를 개발하려고 한다면 그것은 결코 쉽지 않습니다."

베르나는 또 소비자들이 날마다 무엇인가를 살 때마다 선택을 하고 있다는 것을 지적한다.

"티셔츠에 저 상표가 새겨진 옷을 내가 정말 사고 싶은지를 스스로에게 묻는 겁니다. 어떤 기업의 성공을 금융 시각에서만 말한다면, 그것은 아주 제한된 이야기가 될 것입니다."

베르나는 인구의 72퍼센트가 이익을 사회에 환원하는 기업을 위해 일하고 싶다고 느낀다는 2004년 딜로이트투쉬의 조사를 인용했다.

"그런 이야기는 돈으로 따지는 성공 이야기보다 훨씬 중요하지요."

앨리가 말하는 핵심은 이런 조사 결과들이 성공과 경제에 대해 완전히 다른 세계관, 다른 가정을 보여 주고 있다는 점에 있다. 이런 새로운 세계관과 가정들로 인해 국민총생산·국내총생산적 관점을 넘어서려는 진보, 부에 대한 국내외의 새로운 지표를 가져올 수 있었다. 기업들이 대차대조표에서 환경·사회 비용을 부담하게 되면서 이미 많이 알려지긴 했지만 좋은 소식은 저축을 더 많이 할 수 있고, 이익도 더 남길 수 있게 됐다는 점이다. 그런데 왜 기업들은 이를 더 일찍 시작하지 않았을까? 그것은 내가 다른 글에서도 상세히 언급했듯이 결함 많은 경제학이 장기적인 비용과 위험을 무시했기 때문이다. 2006년 6월호 『환경 금융』 기사에 따르면 기업의 친환경적인 실천을 처음으로 측정한 것은 영국의 프랭크 피기와 독일의 토비아스 한이 주창한 '지속 가능한 가치' 분석(www.sustainablevalue.com)이다.

뉴욕의 주식거래소와 런던의 에프티에스이(FTSE, 영국의 경제일간지 『파이낸셜타임스』와 런던 증권거래소가 1995년 공동으로 설립한 'FTSE 인터내셔널' 사에서 발표하는 지수. 옮긴이), 브라질 증권시장 보베스파(BOVESPA)는 모두 더 깨끗하고 친환경적이고 윤리적인 기업 지수를 갖고 있다. 경제학자들과 금융 분석가들도 놀라워할 정도로 이런 사회적 책임 지수들은 '스탠더드 앤 푸어스 주가지수 500'을 능가하며, 미국에서만 2조 3천억 달러에 이른다.

팀 스미스는 보스턴에 본사를 둔 '월든 자산 경영'의 부사장이며, 미국의 다른 자산 관리사들과 증권 브로커, 뮤추얼 펀드와 사회 책임 투자자들의 모임인 '사회 투자 포럼'의 대표다. 팀은 미국 자본 시장에서 이 영역이 놀라울 정도로 빠르게 성장하고 있다는 것을 목격하고 있다.

"우리는 난해한 사회·환경 문제에 대해서 말하고 있는 것이 아닙니다. 우리는 핵심적인 것에 직접적인 영향을 미치고, 매우 파악하기 쉬운 방식으로 주주의 이해관계에 영향을 미치는 문제에 대해 말하고 있습니다. 제가 정말 흥분하는 때는 열정적으로 기업의 일에 관여하고 변화를 주문하는 개인과 신실한 투자가, 뮤추얼 펀드, 기관, 주와 도시가 늘어나는 것을 볼 때입니다."

팀은 미국 예수회 국가위원회의 '기업 책임에 대한 종파초월센터'를 만들었으며, 활동적 투자자로 오랫동안 활약해 왔다.

"투자 기회는 많습니다. 특히 투자자에게 '환경을 오염시키는 기업에 투자하지 않기로 했다'고 말할 수 있는 기회 말이죠. 다른 말로 하면, 당신의 가치와 당신의 도덕을 반영하는 분산투자를 말입니다."

단순히 돈을 넘어서 더 중요한 가치에 대한 이런 논란은 미국의 정치적 지평까지 바꾸고 있다. 종교는 여러 방식으로 다시 정치에 영향을 끼치기 시작했다. 교회는 석유 소비량이 많은 수브(Sports Utility Vehicle, SUV) 차량에 대해 '예수님은 어떤 차를 운전할까요?'라는 광고 캠페인을 이끌기도 했고, 린다 서저는 자신의 책『예수님이 당나귀 타고 오셨네』에서 공화당 지지자인 텔레비전 설교자들의 근본주의와 생활의 문제까지 해결해 주는 대형 교회에 딴죽을 걸고 있다. 45만 개의 교회, 3백만 명을 대표하는 '국가 복음주의자 연합'은 기후변화와 전 세계 빈곤에 대한 더 깊은 관심의 필요성에 대해 목소리를 높이고 있고, 부시 행정부가 가입을 반대한 국제형사재판소를 지지하기도 했다. 반면 민주당은 이전의 현실주의를 수정하려고 하고, 새로운 가치를 받아들이기 위해 토론하고 있다. 캐나다의 여론조사자인 마이클 애덤스는 자신의 책『미국의 반동』(2004)에서 미국인의 가치와 라이프스타일을 여실히 보여 주고 있다. 캘리포니아에 본사를 둔 '세계 각성 촉구 재단'이 수행한 대규모 여론조사에서 대부분의 미국인들이 더 높은 도덕성과 행동 기준을 갖기를 원하는 것으로 나타났다.(「새로운 미국The New America」, 2004) 더 높은 목표와 가치에 대한 이런 열망은 세계화와 아웃소싱, 기업 범죄에 대한 우려, 기업 파산으로 인한 연금 손실, 의료 혜택 저하에 대한 불안을 키웠고 연금이 믿을 만한 착한 기업에 투자되고 있는지 등에 대한 관심과 더불어 커져 왔다.

일부 고용주들은 옵션을 제공하기 시작했다. '저축 플랜'이라 불리는 노동자들의 연방 고용연금은 다섯 개의 다른 투자 옵션을 제공하고 있는데, 그 가운데 사회적·환경적 책임 기준에 근거한 포트폴리오를 제공하는 게 하나만 있는 건 아니다. 미국 환경보호국(EPA) 또한 직원들에게 저축 플랜을 제공하고 있다. 환경보호국 직원인 브라이언 스웨트가 퇴직 계획의 일환으로 환경 책임 포트폴리오를 위한 다른 옵션권을 원하는 것은 자연스럽다.

"우리는 중요한 문제를 전달하려고 합니다. 우리에게는 우리가 지지하고 함께 나아갈 대의와 믿음, 가치가 있기 때문입니다. 당신이 믿고 있는 대의를 드높이기 위해 역효과를 낳는 방식으로 돈을 투자한다는 것은 위선적입니다. 공무원으로서 우리가 하는 일과 일치하는 곳에 사회적·환경적으로 책임 있는 방식으로 투자할 수 있게 하는 선택권을 연방 노동자에게 제공하는 것은 환상적이라고 생각합니다."

지금까지 저축 플랜은 그러한 분산투자 선택권을 제공하지 않고 있다. 그러나 많은 공공 연금 계획들은 캘퍼스(CALPERS, 캘리포니아 공무원 퇴직연금. 옮긴이)가 시범적으로 이끌고 있듯이 사회적 책임 옵션권을 주고 있다. 투자자들은 자신들이 투자한 기업들이 이산화탄소를 줄이고, 기후변화와 지구 온난화를 초래하는 다른 오염원을 줄이는 데 기여하는 계획을 공개할 것을 요구하면서 변화를 이끌고 있다. 팀 스미스는 이렇게 말했다.

"의식 있는 투자자들이 반복해서 맞닥뜨리는 잘못된 신화 중 하나는 돈을 잃게 되리라는 것입니다. 지금까지는 분명히 올바른 의식을 갖고 투자하면서도 더 적은 이익을 받았던 것이 사실입니다. 아쉽게도 수십 년의 역사는 그러했지만, 얼마 전부터는 책임 있는 투자자들이 또한 현명한 투자자들이라는 것을 보여 주고 있습니다."

다른 장에서 살펴보겠지만, 실제로 사회적으로 책임 있는 분산투자와 지표들은 전통적인 투자 방식보다 낫다. 많은 교회들도 사회적 투자의 길을 이끌어 왔다. 그들은 이제 큰돈을 돌려받게 될 것이라는 약속을 받고, 사회적으로 책임 있는 방식으로 자신들이 연금을 투자한 결과를 확인하고 있다. '연합감리교 의료 혜택과 연금 위원회'의 비데트 불록 믹슨은 이렇게 말했다.

"우리의 투자는 지속적으로 최고 투자의 4분의 1에 해당했습니다. 관계자들을 대신해 지속적으로 긍정적인 회계 흑자를 내 왔습니다. 이게 바로 연금 펀드의 목적입니다. 우리가 투자하는 기업이 더 나은 기업 시민이 될 수 있도록 영향력을 행사하고, 이익을 남기기 위해 투자할 것이라는 목표 말입니다."

연합감리교 연금 펀드는 유엔의 책임 있는 투자 원칙에 동의하고 있다.(www.ethicalmarkets.com 참조) 교회들은 또한 기업 연차총회에서 도전적인 기업 정책을 이끌고 있다.(이는 9장에서 다룰 것이다.) 전 세계적으로 6백 개 이상의 기업이 통합된 세 가지 원칙으로 성공했음을 설명할 수 있다. 그것은 바로 '사람, 지구, 이익'이다. 호주의 소아과의사인 주디 헨더슨 박사는 국제 기업 표준을 정한 지아르아이(Global Reporting Initiative, GRI. 전 세계에 통용되는 기업의 '지속 가능성 보고서'의 가이드라인을 입안하기 위한 연구 센터. 옮긴이) 의장을 맡고 있다. 주디 헨더슨은 그 자신을 포함해 사람들의 개인적 이행 선언에 대해 말했다.

"우리들 중 일부는 주주입니다. 우리는 주주 행동주의(주주들이 배당금이나

연합감리교 의료 혜택과 연금 위원회
비데트 불록 믹슨

"우리가 투자하는 기업이 더 나은 기업 시민이 될 수 있도록 영향력을 행사하고, 새로운 이익을 남기기 위해 투자하는 것이 우리의 목표입니다."

시세 차익에만 주력하던 관행에서 벗어나 소유권을 바탕으로 경영에 개입해 이익을 추구하는 행위를 말한다. 이는 주로 기업 부실 책임 추궁, 경영 투명성 제고 요구 등으로 나타난다. 옮긴이)를 통해 기업에 개입할 수 있습니다. 주주가 아니라 할지라도 우리는 기업의 고객이고 노동자이며, 가게에서 물건을 사는 사람들입니다. 사람들은 평판이 좋은 기업을 위해 일하고 싶어합니다. 어떤 방식으로든 우리는 일상생활에서 이런 과정에 개입돼 있는 것입니다. 기업의 상품을 사거나 기업을 위해 일하는 것을 기꺼워할 수 있는 좋은 평판을 가진 기업과 연결돼 있다는 것은 아주 중요합니다."

지아르아이 홈페이지(www.globalreporting.org)를 방문해서 '사람, 지구, 이익'이라는 감사 기준을 지키려는 새로운 국제 기업에 가입해서 그 과정을 지켜볼 수 있다.

지속 가능성과 삶의 질에 기준을 둔 새로운 지표들은 모두 경제 전문가들과 혁신가들에게 자기 성찰을 강요하고 있다. 여기서 경제 전문가란 새로 등장한 지표를 조롱하고 시장이 자정 능력이 있는 것으로 보면서 심하게 분열된 전통적 경제학자들을 뜻하고, 혁신가들은 환경경제학자들, 사회경제학자들, 진보적 경제학자들, 다른 과학 분야의 학자들을 의미한다.

직업 경제학에서 방법론에 대한 토론은 2004년 노벨경제학상에서도 나타났다.(www.hazelhenderson.com에서 Editorials를 클릭할 것) 노벨경제학상은 사실 노벨이 만든 게 아니고 스웨덴 중앙은행이 1969년에 만든 상이다. 정확한 명칭은 '알프레드 노벨을 기념하는 스웨덴 중앙은행의 경제학상'이다. 조지 메이슨 대학 과학사학자인 로버트 나디에 교수를 포함해 이 상이 노벨상과 연결을 끊고 제대로 된 이름을 찾아야 한다고 생각하는 몇몇 과학자들이 있다. 나디에 교수는 말한다.

"지금 노벨 가문의 좌장인 페테르 노벨이 경제학 분야에서 노벨 기념상은 노벨상의 트레이드마크를 침해하고 있다고 주장합니다. 그가 말하고자 하는 바는 사실상 스웨덴은행이 이 상을 만들었고, 노벨 위원회가 주는 다른 부문의 상들과 아주 다른 의미를 갖는다는 것입니다. 그리고 페테르 노벨은 개인적으로 시카고 학파(시장경제기구에 의한 자원 배분에 신념을 가지고 합리적인 경제 운영을 도모하며, 물가 상승을 억제하기 위해 자유로운 가격 기능을 부활시켜야 한다고 주장하는 신자유주의학파. 레이거노믹스의 토대가 되었다. 옮긴이)와 같은 주류 경제학자들이 사용하는 수학 이론이 과학적이라는 인식에 반감을 갖고 있습니다."

나디에 박사는 경제학에 종사하는 사람들에 대해 강도 높은 비판을 하는 책 『자연의 부』(2003)에서 자신의 견해를 피력했다. 또한 환경과학적 견해에서 경제학이 왜 과학이 아니고, 과학이 될 수 없는지도 밝히고 있다. 또 다른 비판자인 산타크루즈의 캘리포니아 대학 수학자인 랄프 에이브러햄도 같은 의견을 내비쳤다.

"노벨상이 늘 의심스럽고 이해하기 힘든 경제 이론을 가진 사람들에게 수여됐기 때문에 이에 대해 뭔가 의심스러운 뭔가가 있다는 것을 노벨 가 사람들이 알아차린 것이 틀림없습니다."

노벨은 원래 경제학상을 만들 의도가 없었고 그의 목적과도 일치하지 않는

 캘리포니아 대학 수학자
랄프 에이브러햄

"세계경제는 온전하지 않은 이론에 기대고 있는 직업 경제학자들의 형편없는 조언 때문에 커다란 고통을 겪고 있습니다."

다는 나디에의 견해에 에이브러햄도 동의하고 있다.

"노벨은 원래 편지에서 노벨상이 인간의 지식에 발전을 가져오고, 인류의 삶을 개선하며, 인간의 생존을 고양하는 사람에게 수여될 것이라고 말했습니다. 소위 노벨경제학상은 다른 이름으로 불리거나 폐지될 가능성이 많다고 생각합니다."

경제학자들은 대개 성공을 정의하고 계산하는 이들이다. 이제 경제학자들의 방법은 의문스럽다. 경제지 『이코노미스트』(2005년 12월 24일자)조차도 허버트 스펜서(Herbert Spencer, 1820~1903, 영국 철학자. 성운의 생성 원리에서부터 인간 사회의 도덕 원리까지 모두를 진화론적 원리에 따라 서술한 '종합철학체계'가 유명하다. 옮긴이)와 초기 경제학자들이 찰스 다윈의 것으로 흔히 연상되는 '적자생존 survival of the fittest'이라는 문구를 사실상 만들었다는 것을 인정했다. 찰스 다윈에 관한 새 연구가 그 기록을 분명히 하고 있다.(www.thedarwinproject.com) 다윈은 종 간의 경쟁이 진화에서 중요하긴 하지만, 서로 연결하고 협동하고 나누는 인간의 재능이 도덕관념의 진보와 이기주의를 포함해 생존의 핵심 요소라고 생각했다. 『이코노미스트』기사는 경쟁을 지나치게 강조하고 인간 협동의 중요성을 과소평가한 데 경제학의 모순이 있다는 것을 인정했다. 실제로 유랑하는 유목민 무리에서 마을과 소도시, 대도시, 그리고 다자간 기구, 유럽연합과 유엔에 이르기까지 인간 사회 진보의 증거는 모두 협동의 중요성을 확인하게 한다. 그러나 다른 데에서도 언급했듯이 경제학과는 여전히 힘겨운 경쟁과 단기간 이익 극대화에 대해서 가르치고 있다. 많은 학자들은 그런 것들이 엔론, 월드콤, 팔마라트 등과 같은 회사 경영진들의 회계 부정을 조장했다고 믿고 있다.

우리는 주류 경제학자들이 실제로 자신들의 이론이 과학적이라고 믿고 있다는 로버트 나디에의 의견에 동의한다.

"그들은 대부분 아주 이상적인 사람들입니다. 물론 훈련의 결과이겠지만, 그들의 이론이 과학적이지 않다는 사실을 깨닫지 못하고 있습니다."

랄프 에이브러햄은 이렇게 주장했다.

"세계경제는 완전히 입증되지 않은 이론에 자신들의 조언의 근거를 두고 있는 직업 경제학자들의 형편없는 조언들 때문에 커다란 고통을 겪고 있습니다."

나디에가 덧붙였다.

"세계은행과 국제통화기금, 그리고 각국 은행 경영자들이 과학적인 패러다임에 바탕을 두고 있다고 믿는 경제학자들에게 조언을 받고 있습니다. 그러면 경제학자들은 개발도상국과 저개발국의 경제를 다루기 위한 처방을 내립니다. 그들은 수백만, 아니 수십억 명의 사람들에게 커다란 해를 끼쳐왔습니다."

랄프 에이브러햄은 이 문제를 이렇게 정리했다.

"환경과 여성 노동 등을 존중한다는 것은 기존 경제학을 수정하는 것입니다. 이제 이러한 새로운 측정법과 친환경적인 사고를 대중들의 토론의 장으로 가져올 때입니다."

이처럼 광범위한 토론과 진정한 인간 개발과 삶의 질을 측정하는 새로운 방

조지 메이슨 대학 과학사학자
로버트 나디에

"세계은행과 국제통화기금, 각국 은행들이 경제학자들의 조언을 받고 있습니다만 그 처방은 수십억 명의 사람들에게 재난이 될 뿐입니다."

법에도 불구하고 월스트리트 금융가와 경제 언론은 어떻게 이러한 이야기를 빼놓을 수 있었을까? 왜 우리는 아직도 국민총생산 같은 낡은 경제 지표를 사용하고 있을까? 왜 대부분의 경제학 교과서나 컴퓨터 모델, 경영대학에서는 여전히 더 많은 이익만이 가장 중요한 요소라고 가정하는 걸까? 2003년 브라질에서 열린 제1회 '국제 지속 가능성과 삶의 질 수행 지표에 관한 국제회의'에 참가한 7백 명의 혁신적인 통계학자들뿐 아니라 상하이와 상파울루에서부터 캐나다의 '국가 웰빙 측정' 기관에 이르기까지 많은 사람들이 일을 진행하고 있다.

우리가 텔레비전 시리즈 〈윤리적 시장〉에서 사용한 '캘버트—헨더슨 삶의 질 지수'는 미국에서 삶의 질에 대한 열두 가지 다양한 요소를 측정한다. 즉 고용, 수입, 교육, 건강, 인권, 인프라, 공공 안녕, 국가 안전보장, 피난처, 환경, 에너지, 그리고 여가생활과 문화 등이다. 그런데 왜 낡은 방법이 지속되고 있는 걸까? 언론에 의해 강화된 비즈니스와 정부, 학교, 노동조합에서 굳은 낡은 세계관과 더불어 습관의 힘이 바로 그 원인인 듯하다. 경제학자들은 여전히 숨겨진 사회와 환경 손실을 '외부 효과externalities'라 부른다. 이는 기업들이 대차대조표에서 외적 요인으로 돌리고, 사회와 미래 세대로 전가하는 비용이다. '캘버트—헨더슨 지수'는 이처럼 우리 공동체에 숨겨진 비용과 숨겨진 부를 측정한다.

국민총생산 성장 지표는 여전히 월스트리트를 움직이고 있어서 기업들이 분기마다 성장세를 보이도록 강요하고 있으며, 종종 그 숫자를 속이는 기업까지 있다. 성장세가 둔화되면 주식 분석가는 이에 대해 부정적인 보고서를 내게 되는데, 그러면 주가가 폭락할 수도 있다. 1990년대에는 규제 개혁이 전 세계 금융시장으로 퍼져 투자 흐름에 속도를 내게 하고, 성장 지상주의자들을 모든 증권거래소로 흩어지게 했다. 저임금 국가로 생산과 일자리 터전을 옮기면 한동안 기업 이익을 낼 수 있다. 그러나 중국 제품의 가격과 경쟁하기 위해 가격을 낮추는 데는 한계가 있어서 미국에서 가장 낮은 임금으로도 맞설 수 없다. 미국의 공장들이 문을 닫으면서 중국은 세계에서 가장 주요한 제조업 국가가 되었다. 물론 중국도 임금이 오르고 있고 기업들이 더 싼 임금을 찾아서 베트남과 캄보디아로 옮기고 있는 실정이다.

이런 모든 문제는 상호작용을 한다. 노동자를 기계와 에너지로 대체하면 미국 조세법으로 보상을 받는다. 석유 가격을 생각해 보면 여전히 외국 석유에 의존하는 미국으로서는 국민총생산 경제의 7퍼센트의 무역 적자를 기록하고 있는 셈이다. 세금 낭비와 자원 고갈, 오염은 왜 측정하지 않는 걸까?『뉴욕타임스』의 칼럼니스트 토머스 프리드먼은 오염이나 자원 고갈 관련 세금도 만들자고 했고, 태양에너지와 재생 기술로 전환하는 '맨해튼 프로젝트'를 주창했다. 이런 기술들은 내가 1981년『태양에너지 시대의 정치』에서 기록했듯이 1980년대 이래 기회를 기다려 왔다. 석유와 석탄, 핵, 화석연료 산업에 대한 잘못된 보조금이 대안 에너지의 도입을 가로막아 왔는데도 미국 정부는 또다시 2005년의 미국 에너지법에 따라 보조금을 지속시켰다. 소득과 임금 대장, 직업에 부여하는 세금에서 낭비와 오염에 대한 세금으로 전환하는 것과 이런 낭비적인 보조금 지급을 중단하는 것이 결국 태양에너지 혹은 다른 재생 기술이 같은 수준에서 경쟁할 수 있게 할 것이다. 유럽이나 아시아, 라틴아메리카 나라들은 이러한 세금 전환과 보조금 지급 중단, 그리고 새 지표 채택 등에 대해 열띤 토론을 벌이고 있다.

또 내가『생산성 측정의 정치학』(www.Calvert-Henderson.com의 Current Issues 부분 참조)에서 확인했듯이 노동, 자본, 자연 자원 가운데 과거의 생산성 측정에 균형 감각을 되찾으면 창의력을 기를 수 있다. 생산에서 자연이 기여하는 것이 적절하게 계산될 때 우리는 자원을 절약할 수 있고, 산업을 더 효율적으로 디자인하고 운용할 수 있다. 이는 자연자본론과 다른 생태적으로 효율적인 학문들이 보여 준 것이다. 흔히 주식 투자자들은 데이트레이더day-trader나 고수익을 낳는 주가에 투자하는 투기자가 되곤 한다. 그처럼 단기간에 얻는 수익은 종종 환경적·사회적 비용이 대차대조표에 숨어 있든 말든 장기 채무를 가리게 된다. 운 좋게도 많은 새 지표들은 진실에 더 가깝다. '캘버트—헨더슨 지수' 같은 것들이 국민총생산으로 측정되는 것 이상의 진보와 진정한 부에 대한 우리의 시각을 확장하지만, 더 나은 측정법과 더 나은 비용 가격 계산을 통해 어떻게 회사와 투자가, 소비자들이 더 나은 결정을 내릴 수 있도록 이끌 것인가도 살펴볼 것이다. 전 세계의 통계학자들이 새로운 측정법, 즉 인간적·사회적·생태적 자본을 더하고 오염을 빼는 방식으로 국민총생산을 다시 계산함으로써 진정한 번영, 진정한 인간 개발을 다시 정의할 수 있다. 그렇게 되면 우리는 삶에서 성공이 뜻하는 것이 무엇인지 한층 명확하게 볼 수 있을 것이다.

환경 친화적 경영, 인터페이스 카펫

〈윤리적 시장〉 진행자 심런세티(왼쪽)와 인터페이스 카펫 CEO 레이 앤더슨

'말한 대로 행동하기Walking the Talk'는 기업의 성공에 대한 진정한 리트머스 시험지다. 윤리적 시장은 투명성을 요구하고, 우수한 사회적 · 환경적 · 윤리적 실천을 주장하는 어떤 기업이든 제대로 감시받아야 할 필요가 있다. 그래서 우리는 이런 측면에서의 기업 행동을 전문적으로 다루는 최고의 회계 기업을 선택했다. 기업 애널리스트들은 고급 실행 규범을 갖추고 그 규범을 준수하는 기업의 최고경영자들을 인터뷰했다.

조지아 주 애틀랜타에 있는 세계 최고의 공업 카펫 제조업체인 '인터페이스 카펫'은 하나의 표준 회사다. 최고경영자 레이 앤더슨은 지속 가능한 회사로 이끌어 가는 탁월한 지도자다. 기업 애널리스트이자 세계적인 윤리 회계 회사 아이에스비에이(Innovest Stategic Value Advisors, ISVA)의 사장인 휴슨 발첼이 심런 세티와 함께 레이 앤더슨을 인터뷰했다.

휴슨 발첼: 십 년 넘게 인터페이스는 지속 가능성 분야의 선두에 있었습니다. 석유 원료를 기본으로 하는 카펫은 환경에 영향을 많이 주는 분야인데, 이런 사실은 좀 놀랍습니다. 인터페이스는 유용한 에너지 효율을 위해 노력해 왔을 뿐 아니라 재료가 어디에서 왔는지, 그 재료를 어떻게 만드는지, 그리고 사용된 뒤에는 어떻게 처리되는지(단순히 매립되는지) 등에 대해 '요람에서 무덤까지' 지켜보는 것 이상을 해 왔습니다. 또 회사 주식은 2003년 중반에 주당 가치가 3달러에서 13달러로 뛰어올랐습니다. 물론 1990년대 후반의 20달러대에서 크게 떨어진 것이긴 하지만 어쨌든 이는 주식이 다시 크게 오르고 있다는 것을 의미합니다. 주식 가치와 지속 가능성을 위한 당신의 노력 사이에 어떤 관계가 있습니까?

휴슨 발첼

레이 앤더슨: 지속 가능성을 향한 기업 동기나 비용 절감 노력, 지속 가능성 관점에서의 상품 개발 노력, 그리고 시장의 선한 의지 등이 없었더라면 오늘날의 성장은

없었을 겁니다. 고객들이 우리 회사의 활동을 믿었기 때문에 우리와 계속 거래를 해 주었고, 그것이 직원들에게 커다란 자극이 됩니다. 그래서 450만 달러의 빚을 진 채 자본이 넉넉한 다른 회사와 일할 때도 살아남았고, 전체 시장이 나빠졌을 때도 시장 점유율을 높일 수 있었습니다. 카펫 부분 경기가 살아나면서 우리는 좋은 일을 하면서 영업도 잘하는 기업으로 자리 잡을 수 있었습니다.

심런: 인터페이스 카펫이 지속 가능성을 중요 가치로 받아들이게 된 동기는 무엇인지요?

레이: 무엇보다 직장에서의 안전성을 첫 번째 가치로 여기는 것에서 시작했습니다. 사실 어떤 기업이든 그것은 가장 중요한 문제이고, 또 그래야 합니다. 우리는 수년 동안 여러 번 합병하면서 유통 채널을 통합했습니다. 그러면서 사회적 평등이 가정에서부터 시작된다는 것을 어렵게 배웠습니다. 즉 우리는 여러 회사를 인터페이스로 통합했는데, 문화적 감수성이 얼마나 중요한지를 잘 모르고 있었지요. 여러 회사를 한데 묶고, 하나의 단일한 회사로 만드는 것이 생각보다 어렵다는 것을 깨달았습니다. 초기에는 그 비용이 상당히 많이 들었습니다. 결국 우리는 사회적 평등은 직원들을 어떻게 다루느냐는 문제와 같이 간다는 것을 깨달았습니다.

우리는 우리 기업 영역에서 좋은 기업 시민이 되려고 노력해 왔습니다. 이전에는 하지 않았던 일인데 재활용을 위해서 많은 노력을 기울였습니다. 사회적 평등 분야에서도 우리가 하고 있는 많은 일들이 환경적인 측면과 연결돼 있다는 것도 알았습니다. 환경 친화적인 윤리가 우리 기업 경영에 스며들어 있습니다.

02 기업의 글로벌 시민정신

GLOBAL CORPORATE CITIZENSHIP

　세계경제에서 한 기업이 작동하는 방식은 금융과 기업의 세계화로 인해, 기업의 힘이 커져 감에 따라 변해 왔다. '세계정책포럼'에 따르면 다국적기업은 세계 100대 경제체 가운데 절반이 넘는다. 월마트의 경제력은 이스라엘, 폴란드, 그리스 등 161개 국가보다 더 크다. 도요타는 남아프리카공화국보다 더 크고, 미쓰비시는 인도네시아 등 세계에서 가장 인구가 많은 네 나라보다 더 크다. 이런 다국적기업들은 여러 나라에서 수백만 명의 생활에 영향을 미친다. 인권과 안전한 작업환경, 적정한 임금, 그리고 환경보호를 위해 기업이 어떤 역할을 하고 있는지에 대해 대중의 관심이 늘어나고 있는 것이 바로 이를 입증한다. 14세기에 중국의 탐험가들이 다른 아시아 국가들을 평화적으로 방문했던 것처럼 역사적으로 봐도 세계화의 물결은 이미 여러 번 있어 왔다. 이후 유럽 사람들은 아프리카와 아메리카를 난폭하게 식민지로 만들어 버렸다. 또 내가 『세계화를 넘어』(1999년)에서 묘사했듯이 지금의 기술 세계화, 규제 없는 시장, 사유화, 자유무역, 그리고 하루 24시간, 1주일의 7일 내내 쉬지 않는 통화 흐름이 세계적 변화 과정을 가속화했다. 금융시장의 규제 없는 세계

카지노 경제는 국가 정치와 주권, 그리고 국제법도 앞질러 왔는데도, 직장과 인권, 환경 책임에 관한 세계적 기준을 만들려는 노력은 수십 년 동안 계속해서 그 속도를 늦춰 왔다.

다트머스 대학 환경학과 교수인 마이클 도시 박사는 이런 문제를 이렇게 요약했다.

"기업 범죄 가운데 가장 심각한 범죄는 환경 범죄입니다. 기업이 책임의식을 갖도록 두 가지 태도를 취할 수 있습니다. 첫째 주주 행동주의 전략으로 기업의 사회적 책임(CSR)에 임하도록 하는 것입니다. 이것은 기업들에게 법을 지키는 선한 기업 시민이 되도록 윤리적이고 도덕적인 요구를 하는 것이지요. 그리고 정말로 필요한 두 번째는 기업 범죄에 초점을 맞추는 것입니다. 미국에서 얼마나 자주 이런 일들이 일어났습니까? 뉴욕 검찰총장(2007년 현재 주지사) 엘리엇 스피처가 이 문제를 얼마나 많이 제기해 왔습니까? 기업 범죄에 대해서 말할 때 우리는 그것을 법원에서 형량을 받은 기업, 혹은 벌금이 부과되는 기업이라는 차원에서 정의합니다."

그런데 세계 4대 주요 회계 법인들(프라이스워터하우스쿠퍼스(PWC), KPMG, 딜로이트투쉬토마스(DTT), 언스트앤영(E&Y))도 범죄에 연루되었다는 사실을 기억해야 한다.

최근 미국과 유럽의 기업 범죄는 뿌리 깊은 조직적 차원에서 진행되어 왔다. 성장하는 미국에 대한 유명한 연구서 『미국의 민주주의』(1835년)를 쓴 알렉시스 드 토크빌은 기업 범죄가 '제조업 귀족정치'의 씨앗을 담고 있다고 경고했다. 기업 헌장은 국가가 제공하고, 기업들은 규제와 감독의 완화를 요구하며 경쟁해 왔다. 기업들이 독점을 추구하며 거대한 트러스트를 이뤄 연대하면서 돈의 힘으로 국회까지 장악하기 시작했다. 1886년까지 대법원은 기업이 (책임은 별로 없고) 시민의 권리를 누리기만 하는 자연인과 같다고 규정했다.

이미 언급했듯이 경영대학 역시 연루돼 있는데, 그것은 그들의 커리큘럼이 이런 시각을 강화하고, 기업들이 자신들의 대차대조표에서 사회적·환경적 비용을 외부에 전가하게 하는 정통경제학을 가르치기 때문이다.

이런 법적 틀 안에서 기업 지도자들은 주주에게 최대한의 이익을 돌려줘야 한다. 그렇지 않으면 길거리로 나앉을 수밖에 없다. 그러나 이런 이익의 최대화 법칙은 세계적 맥락에서 다른 이해관계자를 포함해 변화하고 있으며 장기적 관점으로 확대되고 있다.(9장 참조) 많은 기업들은 여전히 살아남기 위해 애쓰고 있다. 석탄 산업과 석유산업이 지구 온난화를 부인하는 것처럼 말이다. 그러나 시민단체들은 언론 캠페인으로 압박하고, 수백 개의 인터넷 사이트와 블로그에서 기업 헌장을 다시 만들고 기업 보호를 끝내도록 하는 등 사회적·환경적 영향을 감시하고 있다.

대기업의 금융 문제는 그 나라 주주에게만 영향을 주는 게 아니라 자신들의 연금 펀드를 통해 투자하거나 이런 기업에 투자하는 '401K 은퇴 계좌'를 가진 노동자들에게도 영향을 미친다. 우리는 이들을 '비자발적 투자자'로 부른다. 노동조합은 어린이 노동 등 여러 가지 문제에 대해 국제적으로 활동하고 있으며, 점차 자신들의 연금 계획에서 주식을 갖고 있는 기업들에게도 같은 문제를 압박하고 있다. 미국 최대 공공 서비스 노조에서 연금과 이익 정책 책임자로 일하는 리치 퍼로토는 엔론과 같은 파산 기업이 사람들이 열심히 일해 번 돈을 없애지 못하도록 일하고 있다. 전미지방공무원노조연맹(American Federation of State, Count & Municipal Employees, AFSCME)의 투자 정책 책임자이기도 한 리치는 이렇게 말했다.

"우리 기관에는 백5십만 명의 공무원들이 가입해 있습니다. 사서, 대중에게 서비스를 제공하는 지역자치단체나 환경 단체의 서기로 일하고 있는 사람들입니다. 그들의 은퇴 연금은 전국의 공공 연금 시스템을 통해 투자되

AFSCME 투자 정책 책임자
리치 퍼로토

"가장 큰 자본은 기관 투자가들과 연금 펀드에서 나옵니다. 지난 20년 동안 연금 자본이 퇴직 후 소득이 되는 동시에 사회·경제적 선이 될 수 있도록 했습니다."

고 있습니다. 만약 우리가 공공 연금 시스템의 2조 7천억 달러뿐 아니라 노동자 임금인 6조 달러도 마음대로 움직일 수 있다면 시장에 엄청난 충격을 미칠 수 있을 것입니다. 노동자들의 퇴직 재산은 모두 특정한 방법으로 운용하게 되어 있지만 말입니다. 우리 회원들의 펀드는 모든 곳에 걸쳐 있습니다. 사실상 보편적인 소유주인 셈이지요. 어느 기업이 지구 온난화로 이익을 얻게 된다면 농업에 영향을 미칠 것입니다. 캘리포니아 해변을 오염시키는 것은 관광산업을 망치게 될 것입니다. 모두 그렇게 연결돼 있습니다. 지금 가장 큰 투자 자본단은 기관 투자가들과 연금 펀드들입니다. 그래서 저는 지난 20년 동안 연금 자본이 퇴직 후 소득을 올릴 뿐 아니라 사회적·경제적 선을 실현할 수 있을지를 파악하기 위해 다양한 방법으로 개입해 왔습니다."

기업 책임에 관한 새로운 논쟁은 경영의 유일한 의무가 주주들의 이익을 극대화하는 것이라는 이전의 시각을 넘어 다른 차원으로 넘어갔다. 『이코노미스트』는 2005년 1월 22일자 「좋은 기업의 조건The Good Company」이라는 기사에서 사업은 주주에게 최대의 이익을 안겨 줘야 한다는 정통적인 시각을 되풀이했다. 『월스트리트저널』도 2005년 12월호 「기업의 사회적 관심―그들은 좋은 시민인가, 투자자들을 속이고 있는가?」라는 17쪽짜리 기사를 통해 같은 시각을 드러냈다. 이 논쟁에는 제너럴일렉트릭과 경쟁기업연구소, 시민단체인 열대우림보호네트워크 대표들이 참가했다. 시장 중심의 출판을 하는 위 두 매체의 독자들은 비슷한 반응을 보였다. 『이코노미스트』의 최고경영자 조사에서는 3분의 2 이상이 좋은 기업 시민정신이 기업 영업에도 좋다고 했고, 『월스트리트저널』 독자들은 77퍼센트가 사회적 관심은 기업에 다소, 혹은 아주 중요하다는 반응(2006년 1월 9일자 조사)을 보였다. 경제적 보수주의자들뿐 아니라 세계 100대 지속 가능 기업(2000년 아이에스비에이(ISVA) 여론조사 결과)처럼 기업의 사회적 책임을 실행하고 있는 많은 기업들은 가난을 줄이고 기아를 없애며, 건강과 교육을 개선하기 위한 유엔의 '밀레니엄 개발 목표'도 지지하고 있다. 워싱턴 D. C.에 있는 코업 아메리카 이사인 앨리사 그라비츠는 해마다 더 깨끗하고, 더 친환경적이며, 사회적 책임을 더 실행하려는 기업들을 소개하는 『내셔널 그린 페이지』를 발행하고 있다. 앨리사 그라비츠는 사회 투자 포럼에도 관여하고 있는데, 이렇게 말했다.

"만약 당신이 한 기업의 주식을 소유하고 있다면 우편으로 받는 위임장에 대해 알고 있을 겁니다. 그것을 면밀하게 한번 살펴보세요. 왜냐하면 거기에는 소위 사회적·환경적 기업의 지배 주주 결정에 대한 투표에서 여러분들이 투표할 권리가 있다는 내용이 들어 있습니다. 에컨대 세계 최대 석유

 코업 아메리카 이사
앨리사 그라비츠

"어떤 기업의 주식을 갖고 있다면 회사의 친환경적인 변화를 위해 직접 활동할 수도 있고 뮤추얼 펀드에 투자해 대신 활동하게 할 수도 있습니다."

업체 엑손 모빌 같은 회사가 위임장에 '이 회사가 기후변화 오염을 줄이고, 재생에너지에 투자해야 한다고 믿습니까?' 하고 묻는다면 여러분들은 '네, 그렇습니다.' 라고 말하고 싶을 겁니다. 그리고 이 회사의 그런 변화에 찬성하고 싶을 겁니다.

개입할 수 있는 다른 방법은 사회적으로 책임 있는 뮤추얼 펀드에 투자하는 것입니다. 사회적으로 책임 있는 뮤추얼 펀드는 여러분을 대신해서 역동적으로 활동해 줄 것이기 때문입니다. 어떤 펀드가 사회적 책임 투자를 하는지 알려면 www.socialinvest.org에 들어가 보세요. 여기에 소개된 사회적 책임 투자 펀드 회사들은 당신을 대리해 기업에게 사회적 · 경제적으로 책임 있는 활동을 벌이도록 지속적으로 요구합니다."

영국 비정부기구(NGO) 단체이자 비즈니스, 정부, 시민사회의 책임을 촉진하기 위한 뛰어난 국제 연합체인 '어카운트어빌리티'의 전무이사인 사이먼 자덱 박사는 기업의 사회적 책임 분야에서 세계적인 리더다. 자덱 박사가 기업이 책임 있는 활동을 한다는 것이 어떤 의미인지 설명했다.

"우리가 대부분 익히 알고 좋아하며, 때때로 싫어하기도 하는 나이키, 갭, 리즈 클레어본, 새러 리 같은 브랜드를 생각해 봅시다. 큰 공급망supply chain에서 문제점을 찾는 것은 어렵지 않지만 누군가 '그것들로 인해 사람들의 삶이 나아졌나요?' 하고 묻는다면 많은 경우에 '네' 라는 답이 나오리라 생각합니다. 누구도 1988년으로 돌아가 생각해 보지는 않을 겁니다. 지난 15년에서 20년 동안 전 세계 수십만 노동자들이 유명 브랜드 회사의 의류와 신발을 만들어 왔고, 이것이 국제노동기구(ILO)의 노동 규정과 관련된 문제를 낳았습니다. 이런 기준 혹은 인권을 석유와 에너지 회사에 적용하거나, 약품 가격과 비만에 관련된 문제, 금융 부문의 투자 기준을 다시 만드는 등의 문제를 살펴보면서 15년이 흘렀습니다."

그러나 내가 『세계화를 넘어』(1999)에서 묘사했듯이 이러한 진보는 전 세계를 불안정하게 하는 규제 없는 자본시장을 감독할 새로운 국제조약과 새로운 국제 금융 기구에 의해 크게 확대되고, 감시되고, 조절될 것이 틀림없다.

　사회 책임 투자는 국제적 배경에서 추동력을 얻고 있으며 전 유엔 환경계획 (UNEP) 의장이었던 엘리자베스 다우즈웰이 1990년대 아이디어를 실행에 옮기는 데 큰 몫을 했다. 다우즈웰 박사는 인내심 있게 전 세계 은행권과 금융권, 자산 매니저 분야에서 지도자들을 불러 모았으며, 그들과 그 지도자들이 주식을 갖고 있는 회사에 새로운 금융 위기와 이익을 이해시키는 데 도움을 주었다. 이런 개척자적인 프로그램은 금융가들이 자신들이 소유한 회사가 환경에 대해 더 무거운 책임감을 갖도록 압력을 행사하게 하는 데 중요한 지렛대를 제공했다.(www.unepfi.org) 1992년 지구정상회의 때 출범한 '세계 지속가능발전 기업협의회(World Business Council for Sustainable Development, WBCSD)' 또한 회원사들에 영향력을 행사했다. 에너지 생산에서 생태적으로 효율적인 방법이 어떻게 이익을 증가시킬 수 있는지에 대한 연구 결과를 갖고 있었기 때문이었다. 이러한 교훈은 이 책에서도 계속 살펴보겠지만 이제 더 이상 놀랄 만한 일은 아니다.

　가장 최근에 개종한 기업이라면 제너럴일렉트릭이다. 제너럴일렉트릭의 새 회장 제프리 임멜트는 에코매지네이션(Ecomagination, 친환경적 상상력이라는 뜻으로 ecology와 imagination의 합성어. 2005년 5월 발표한 '미래 전략 방향'의 핵심 용어. 이산화탄소 저감 노력 등의 내용을 담고 있다. 옮긴이) 전략을 선언했다. 에코매지네이션은 이 부문의 책임자이자 중요 엔지니어인 로레인 볼사인저가 생각해 낸 것이고, 마케팅 책임자인 베스 콤스톡이 운영하고 있다. 난타당한 기업 이미지와 커져 가는 적자 폭을 줄이기 위해 월마트조차도 '지속 가능한 월마트'로 개조할 것을 선언했다. 엄청난 양의 보고서가 수천 개의 기업 환경 성공 스토리를 기록하고 있다. 물론 헌터 러빈스, 에이머리 러빈스, 그리고 폴 호킨의 공저인 『자연 자본주의』도 그중 하나다.

이런 것들 덕분에 유엔 사무총장이 2000년에 유엔 '글로벌 콤팩트'를 출범하게 되었다. 글로벌 콤팩트란 기업과 공공 기관의 사회적 책임에 관한 국제 협약으로, 여기에 가입한 기업들은 열 가지 훌륭한 기업 시민정신을 지키겠다고 서약했다. 하지만 내가 처음에 글로벌 콤팩트를 캘버트 그룹에 소개할 때까지 가입 기업들에게 원칙을 지킬 것을 요구하거나 점검하지도 않았다. 캘버트 그룹은 사회적 회계 연구를 자발적으로 수행하고 있는 곳이다. 그러나 코프와치와 글로벌 익스체인지 같은 시민 감시 단체들은 변화를 요구하며 재빠르게 효과적으로 로비하는 데 성공했다. 기업들은 이제 글로벌 콤팩트 원칙을 얼마나 잘 수행하는지 점검받고 있으며, 이에 저항하는 기업들은 글로벌 콤팩트에서 퇴출시키고 있다. 이런 거대한 패러다임 전환이 진행되고 있지만 예외적인 것도 지속되고 있다. 29조 달러에 달하는 유엔의 연금 펀드 투자 때 글로벌 콤팩트의 원칙들을 무시하는 경우도 있다. 엑손, 리오 틴토, 앵글로아메리칸이나, 아처 대니얼스 미드랜드 같은 채광 기업, 월마트 등 많은 기업들도 대부분의 사회 책임 펀드들로부터 무시당해 왔다고 2005년 10월 31일, 블룸버그 통신이 보도했다.

『원칙 경영을 통한 가치의 창출』공저자
제인 넬슨

"글로벌 콤팩트는 유엔이 만든 아주 효과적인 틀입니다. 이를 통해 열 가지 비즈니스 원칙을 지킬 수 있게 되었고 정부나 기관도 공통 기준을 갖게 되었습니다."

『원칙 경영을 통한 가치의 창출』의 공저자인 제인 넬슨은 여전히 희망적이다. 제인은 전직 은행가였으며, 영국 황태자의 비즈니스 리더스 포럼의 준회원이기 때문에 이 문제를 잘 알고 있다.

"유엔은 효과적인 틀을 만들었다고 생각합니다. 그 틀 안에서 비즈니스가 세계적인 차원에서 일어나고 있고, 기업의 세계 운영이 가능하도록 하고 있습니다. 유엔의 두 번째 중요한 역할은 정부나 기관에도 세계적인 기준을 제공하고 있다는 것입니다. 노동, 인권, 환경, 반부패 등의 분야에서 이미 동의한 유엔 기준과 총회에서 동의한 유엔 글로벌 콤팩트의 열 가지 중요한 원칙은 비즈니스 분야에 적용되고 있습니다. 어떤 비즈니스건 이 열 가지 원칙을 채택해야 하며 이는 전 세계 모든 정부, 즉 유엔 회원국 대부분이 동의한 내용입니다."

글로벌 콤팩트 총책임자인 게오르크 켈은 이 내용을 좀 더 자세히 밝히고 있다.

"글로벌 콤팩트는 대화와 학습, 제휴 프로젝트에 바탕을 두고 있습니다. 이는 글로벌 콤팩트의 원칙에 맞는 비즈니스를 만들기 위해 열심히 노력해야 가능한 것들입니다. 세계의 금융분석가들도 열 가지 원칙을 지키려는 자세를 중시합니다. 일단 금융시장에서 이런 원칙이 말이 된다는 생각을 하게

**글로벌 콤팩트의 총책임자
게오르크 켈**

"금융시장에서 이 열 가지 원칙이 말이 된다고 생각하기만 한다면, 우리 목표는 달성된 것이나 다름없습니다. 그러기 위해 대화, 학습, 제휴 프로젝트에 애쓰고 있습니다."

되면 그때는 우리 목표를 달성하는 것이라고 생각합니다. 지금 저는 하루가 끝나면 그 원칙을 얼마나 이행했는지 사회에서 조사할 필요가 있는, 정말로 보편적인 원칙에 대해서 말하고 있습니다."

글로벌 콤팩트의 초기 가입사인 휴렛패커드의 전 부사장 데브라 던은 이렇게 덧붙였다.

"저는 글로벌 콤팩트를 통해 특정 영역에서 아주 중요한 진전을 이룰 수 있는 독특한 기회를 갖고 있다고 생각합니다. 즉 다음 십 년 혹은 이십 년 내에 이 지구상에서 어떤 곳이 살 만한 곳인지를 결정할 수 있을 것입니다."

제인 넬슨도 중요한 문제점 몇 가지를 지적했다.

"저는 책임 있는 비즈니스에 대한 토론은 두 가지 의문으로 나뉜다고 생각합니다. 규제냐 아니면 자발적이냐 하는 문제지요. 모두 찬반양론이 있고, 각기 역할이 있지요. 미국과 세계적인 차원에서 특정한 규제 문제를 제기할 필요가 있습니다. 정부는 마음대로 쓸 수 있는 수단이 있지만 우리가 보기에는 충분히 창의적으로 여겨지지 않습니다. 영국 정부는 연금 펀드를 위한 규제안을 통과시켰습니다. 이 법안은 연금 운용자가 펀드 매니저와 주식 선택 과정에서 사회적·환경적 문제를 고려할 것인지 여부를 말할 것을 요구하지만 연금 운용자들은 그것을 고려해야 한다고 말하지 않습니다. 다만 고려할 것인지 말 것인지를 공개하라고 말하고 있습니다. 그리고 그러한 절차는 연금 운용자들로 하여금 최소한 그러한 문제들에 대해 생각하게 하고 펀드 매니저들과 대화를 하게 합니다. 말하자면 '이봐, 우리가 그 문제를 어떻게 처리하고 있는 거지?' 같은 대화 말입니다."

사실 영국의 이런 법안은 유럽연합의 요구 조건 일부가 되었으며, 수십억 달러의 자산을 사회적으로 책임 있는 기업의 주식들에 투자하게 만들었다. 이는 암스테르담에 있는 브루클린브리지BrooklynBridge.org가 주장한 지속 가능 경영의 3대 축(Triple Bottom Line, 경제·사회·환경을 이른다. 옮긴이) 회의에서 다뤘던 문제다. 오늘날은 3조 달러가 넘는 연금 펀드가 기후변화에 앞장서는 주요한 활동가 역할을 하고 있으며, 주식을 보유한 기업이 기후 위험을 줄이기 위한 계획을 공개하지 않으면 연금 운용에서 제외시킬지도 모른다는 것을 공개적으로 알리고 있다. 스위스의 유명한 재보험회사 스위스 리는 보유하고 있던 화석연료 기업의 주식을 1993년부터 재생에너지 기업 주식으로 바꾸기 시작했다.

　세계적 사회 책임 투자 신용 평가 기관인 '이노베스트 전략 가치 자문'은 기업의 사회적 책임과 사회 책임 투자가 어떻게 기업의 실적을 향상시킬 수 있을 것인가를 기록한 보고서를 공개했다.(www.innovestgroup.com) 이노베스트의 공동 창업자이자 '윤리적 시장'의 기업 애널리스트인 휴슨 발첼은 이 보고서에서 기업들이 현재 직면한 사회적·환경적·윤리적 위험에 대한 이노베스트의 새로운 분석을 통해 이런 위험을 줄이고 있는 기업들은 실제로 금융 실적이 향상되고 있다고 설명했다.

　"이노베스트는 지속 가능성의 차원에서, 그리고 환경적이고 사회적인 차원에서 기업을 평가합니다. 그리고 이 평가에 따라 기업의 주식 포트폴리오를 짭니다. 공공 펀드인 '캘리포니아 연금 펀드'를 대신해서 그들의 자산 매니저들의 포트폴리오로 시뮬레이션을 한 적이 있습니다. 이 보고서에서 매니저 다섯 명을 자세히 보았는데 각 매니저들은 대기업주, 성장주, 지주회사주, 다국적주 등 선호하는 스타일이 각기 달랐습니다. 이 시뮬레이션은 2002년부터 2004년까지 지속됐습니다. 매분기 초에 그 매니저들이 짠 실제 포트폴리오가 연구 대상이었습니다. 우리는 그 주식들을 우리의 순위표에 대입시켜, 이노베스트 순위가 높은 기업의 주식을 더 샀고, 순위가 낮은 기업의 주식은 덜 샀습니다. 우리가 더 좋은 기업이라고 생각한 기업은 더 많은 가치를 부여했지요. 3년 동안 다섯 명의 포트폴리오의 결과는 우리가 가진 정보 그대로였습니다. 우리의 정보는 더 높은 실적으로 연결되었고, 그 포트폴리오에 더 많은 투자가 이뤄졌지요."

윤리를 강화하는 것은 종종 비즈니스에 실질적이고 훌륭한 도움이 된다. 기업의 채산성은 현지 공동체와 세계 공동체의 관계에 달려 있다. 영국의 '공동체 비즈니스'의 맬런 베이커는 이렇게 설명했다.

"비즈니스는 모든 측면에서 그 공동체에 영향을 미칩니다. 가장 눈에 띄는 것은 일자리 창출입니다. 노동자들은 그 공동체 안에서 일하고 살아갑니다. 희망적이게도 자금의 일부도 그 공동체로 귀속됩니다. 기업들이 하나의 공동체에 투자할 때 찾는 것은 대부분 지역공동체 사람들의 건강을 증진시키거나, 교육 시설이나 건강 시설 등을 개선하는 일이지요. 왜 그런 일을 하는지에 대한 이유는 많습니다. 그러나 원칙적으로 기업들이 붙잡고 싶어하는 노동자들이 그 지역에 살기 때문입니다. 노동자들은 기업이 지역에 관심을 보이고, 그 지역이 자기 아이들을 기를 만한 곳이라고 판단될 때 그 지역에서 기업을 위해 일하려 할 것입니다. 750개 기업의 모임인 '공동체 비즈니스(BC)'는 22년 전 영국에서 도시 폭동이 일어났을 때 기업의 사회적 책임을 서약했습니다. 고위 재계 지도자 그룹이 모여 자기 회사들이 건강

공동체 비즈니스
맬런 베이커

"재계의 지도자들은 회사가 건강해지려면 그 지역도 함께 건강해져야 한다는 것을 알았습니다. 그러면서 기업의 사회적 책임에 대한 관심을 키워 왔습니다."

해지려면 기업을 운영하는 지역의 건강에도 투자해야 할 필요를 깨달았습니다. 그 단계에서 '공동체 비즈니스'는 기업 자원을 공동체의 경제 부활로 연결시키는 것에 역량을 집중했습니다. 그때부터 재계 지도자 그룹은 기업의 사회적 책임의 모든 측면들을 눈여겨보는 일을 확대해 왔습니다."

영국은 이처럼 사회적·환경적 사명을 갖고 있는 기업들을 늘리기 위해 법적으로 사회적 기업을 만들어 왔다.(2005년 11월 26일, 『이코노미스트』)

회계 전문가들은 분석 방법을 바꿔서 지아르아이(GRI)를 통해 지속 가능 경영의 3대 축 통합 변수를 사용하고 있다. 지아르아이 의장인 주디 헨더슨 박사가 이를 자세히 설명하고 있다.

"지아르아이는 이제 세계 수준에서 지속 가능성 보고서의 틀로 인식되고 있습니다. 십 년 전에는 장기 가치 창조와 기업 지배 구조의 관계는 충분히 알려져 있지 않았습니다. 엔론과 월드컴 사건 이후 좋은 기업 지배 구조가 장기 주식 가치와 관련돼 있다는 사실을 누구도 부인하지 않습니다. 앞으로는 지속 가능성 실천이 같은 위치를 갖게 될 것이며, 이것이 주식과 공동체를 위한 장기적인 가치 창조와 관련 있다는 것을 누구도 부인하지 못할 겁니다."

스위스 다보스에서 국가 수장과 기업 최고경영자들이 참가한 세계경제포럼조차도 2005년 기업 책임 운동에 동참했다. 여기서 앞서 언급한 '세계 100대 지속 가능성 기업'(www.global100.org)을 장려하기도 했다. 물론 이 리스트를 회의적인 시각으로 보는 시민 감시 단체들도 있다. 반면 세계 10위의 경제 대국인 브라질에는 사회운동 지도자 오데드 그라주가 만든 독특한 개척자 기관이 있다. 오데드는 '비즈니스와 사회 책임을 위한 윤리 기관(EIBSR, Ethos Institute for Business and Social Responsibility, www.ethos.org.br)'의 창업자이자 기업가다. 나 역시 그 기관의 국제 자문 일을 맡고 있다. 오데드는 다보스 포럼에서 제안된 기업 세계화 모델의 균형을 잡기 위해 세계사회포럼을 창안했다. 오데드의 설명이다.

"비즈니스와 사회 책임을 위한 윤리 기관(EIBSR)의 사명은 사회적 책임 경영을 실행하는 데 방해가 되는 기업을 움직이고 문명화시켜서 지속 가능하고 정의로운 사회를 건설하도록 하는 것입니다. 이 단체는 비영리기관입니다. 우리가 '윤리 기관'을 만든 지 6년 만에 브라질 국내총생산의 33퍼센트나 되는 940개 기업이 가입했습니다. 우리는 변해야 합니다. 우리의 미래와 우리 아이들의 미래가 조만간 결정될 겁니다. 우리는 기업들이 사회적으로 더 책임 있는 기업이 되도록 하는 환경을 조성하기 위해 일하고 있습니다. 또한 이를 잘 이행하는 기업을 독려하고, 사회적 책임에 무관심한 기업에 비판적인 언론과 협력해서 활동하고 있습니다. 소비자와도 연대하고, 사회적으로 책임 있는 소비를 촉진하기 위해 아까뚜(AKATU)라는 다른 비정부기구를 만들기도 합니다. 대학과도 연대해 커리큘럼에 사회적 책임을 추가하도록 하고 있습니다."

이제 지속 가능한 비즈니스를 개발하는 데도 교육이 중요한 역할을 맡고 있다. 일류 경영대학에서도 기업, 사회, 환경 책임 분야의 강의를 시작하고 있다. 브라질의 '아마나 키 데신폴비멘토 & 에두카카오'나 케이스 웨스턴 대학

 비즈니스와 사회 책임을 위한 윤리 기관
오데드 그라주

"우리의 미래와 아이들을 위해 기업은 더 책임 있는 사업을, 소비자는 더 책임 있는 소비를 하기 위해 노력해야 합니다."

의 '세계 이익 대리인으로서의 비즈니스 센터', 프레시디오 경영학교의 지속 가능 비즈니스 엠비에이(MBA), 코넬 대학의 '지속 가능한 세계 기업 프로그램', 노스캐롤라이나 대학의 '피라미드 학습 연구실', 미시간 대학의 기업 환경 경영 프로그램, 보스턴 칼리지의 기업 시민정신 센터, 벤틀리 칼리지의 비즈니스 윤리 센터, 미국·유럽·일본·중국의 베인브리지 인스티튜트 등이 대표적이다.

제인 넬슨도 이 문제에 대해 보수적인 하버드 경영대학원보다는 하버드의 케네디 행정대학원에서 기업의 사회적 책임 이니셔티브를 지도하고 있다.

"우리는 학생과 기업, 교수와 대학이 같이 하는 프로그램을 계획하고 있습니다. 사회에서 차지하는 비즈니스의 역할과 민간 부문이 역할을 맡고 있는 공적 영역에 대해 진정으로 새로운 대화를 시작하기 위해서입니다. 그래서 이 프로그램은 케네디 행정대학원에 기반을 두고 있지만 학교 안팎의 다양한 센터들과 협력하고 있습니다. 공적 리더십 센터, 하버드 비영리센터, 비즈니스와 정부 센터, 언론과 정치 공공 정책을 위한 쉔스타인 센터 등이 분야에서 매우 중요한 역할을 수행해 온 곳들입니다. 오늘날 많은 최고 경영자들은 젊은이들이 정말 중요한 질문들을 한다고 말합니다. 기업의 사회적 책임 정책이란 무엇입니까? 이러한 사회적·환경적 문제에 대해 기업이 하는 일이란 무엇입니까? 우리가 이미 목격하고 있듯이 전 세계에서 최고의 대학을 나온 더욱더 많은 인재들이 취업 인터뷰 때 그런 질문들을 하고 있습니다."

넷임팩트NetImpact.org나 브뤼셀에 있는 아이섹AISEC.org 같은 학생 그룹들은 이런 문제들을 중요하게 여기고 기업에도 변화를 요구하는 새로운 세대라고 할 수 있다.

기업이 좋은 시민이 될 수 있다는 증거는 많다. 그런 기업들이 돈도 많이 벌고 있다. 좋은 일을 하는 기업이 돈도 잘 번다는 사실은 수백 개의 연구 결과가 입증하고 있다. 대부분 그것이 좋은 경영의 보증서라는 것에 동의한다. 사회적 책임 기업들의 주식 지수는 다우존스 지수(Dow Jones, 미국의 다우존스 사가 뉴욕증권시장에 상장된 우량기업 주식 30개 종목을 표본으로 하여 시장 가격을 평균하여 산출하는 세계적인 주가지수. 옮긴이)와 스탠더드 앤 푸어스 지수(Standard and Poor's, 세계적인 신용평가기관인 스탠더드 앤 푸어스가 뉴욕 증시 동향을 폭넓게 반영해 발표하는 주가지수. 옮긴이)를 넘어선다. 『이코노미스트』나 보수주의자들은 여전히 기업의 사회적 책임을 단지 홍보용으로 비웃고 있다. 이상한 것은 그들이 자본주의 그 자체를 비난하는 이들과 같은 편이라는 점이다. 그들은 역사의 잘못된 편에 서 있다. 주주의 이익을 극대화하는 기업들은 종종 다른 기업과 환경에 해를 입히고, 단기 이익 집착은 장기적 이익을 갉아먹기도 한다. 새로운 세기에는 기업이 더 나은 시민 정신을 갖는 게 트렌드지만, 다른 영역에서도 더 좋은 세계 기준과 법을 가져야 한다.

국제 커뮤니케이션과 24시간 움직이는 월스트리트 금융시장으로 인해 새로운 글로벌 슈퍼파워가 탄생했다. 그것은 바로 세계의 여론이다. 여론으로 인해 수백만 달러 가치의 브랜드와 주식이 실시간으로 평가절하 될 수 있다. 수백만 명의 투자가, 고용인, 소비자, 그리고 신념에 근거를 둔 인본주의 그룹들은 세계적인 기업과 정부 지도자들이 공적 이익을 위해 봉사하도록 연결하고 있다. 그들은 더 공정한 무역 규칙과 노동을 제안한다. 또한 인권과 환경보호를 요구한다. 바야흐로 민주주의가 전 세계로 퍼져 가고 있다. 이라크에서의 실패에도 인권감시단체인 프리덤하우스는 전 세계 86개 국가를 자유민주주의 국가로 규정하고 있다. 월드오디트닷컴은 미국을 민주주의 순위 15위로 꼽고 있다. 핀란드, 덴마크, 뉴질랜드, 스웨덴, 스위스, 노르웨이, 네덜란드, 호주, 영국, 캐나다, 오스트리아, 독일, 벨기에, 아일랜드 다음이 미국이다. 정부와 기업들이 여기에 대응하고 있다.

지도자들은 인도네시아의 지진해일 희생자들을 위해 경쟁적으로 기부하고 있다. 많은 나라들이 국제 문제와 기회를 동시에 맞닥뜨리고 있다. 또한 국민의 건강 문제, 자연 보전, 인본주의적 원조, 평화 유지 활동을 위해 협력하고 있다. 예컨대 로스앤젤레스—샌프란시스코 상공회의소는 2006년 '제안 82호'를 통과시키기 위해 60만 명의 서명을 모았다. 이 제안은 주 정부가 모든 아이들의 취학전 교육에 재정을 지원하기 위해 캘리포니아의 부유층 1퍼센트에게서 연간 24억 달러를 모으기 위한 것이다.(『비즈니스위크』, 2006년 3월 27일자) 아쉽게도 이 제안은 유권자들에게 외면당했다. 그럼에도 박애주의 수치가 높아져 마이크로소프트의 빌 앤 멀린다 게이츠 재단, 버크셔 헤더웨이의 워렌 버핏, 시엔엔(CNN) 창업자인 테드 터너 등 많은 사람들이 전 미국 대통령 빌 클린턴의 세계구상Global Initiative에 자극받았다. 미국 정부도 가난을 줄이고 교육을 장려하는 유엔 밀레니엄 개발 목표에 사인했고, 브라질 기업들은 '세계를 바꾸는 8가지 방법' 캠페인에 뛰어들었다. 3천 개 이상의 기업(2006년 현재)이 좋은 기업 시민 정신을 담은 글로벌 콤팩트에 가입했고, 천여 개 기업도 지아르아이 회계 기준을 활용하고 있다. 이제 이런 목표를 가진 기업들은 수백만 개의 일자리를 만들어 내고 있으며, 더 많은 사람을 위한 국제 경제를 만드는 데 일조하고 있다.

말한 대로 행동하기 2

소액 금융과 소액 신용 대출의 힘

알렉스 카운츠   심런 세티   앨리스 티퍼 멀린

기업들이 직면하고 있는 최고의 도전은 세계의 가난과 국가 내부와 국가 간 빈부 격차가 벌어
지고 있다는 점이다. 하루에 2달러 이내의 돈을 버는 20억 명의 가난한 사람들을 위해 어떤 일
을 할 것인가 하는 점이 중요한 과제가 되고 있다. 심런 세티가 미국 그라민 재단 대표인 알렉
스 카운츠, '사회적 책임 인터내셔널' 대표이자 '윤리적 시장' 기업 애널리스트인 앨리스 티
퍼 멀린과 함께 소액 금융과 소액 신용 대출이 가난한 이들에게 어떻게 힘을 주고 있는지를 알
아보았다.

알렉스 카운츠: 미국의 그라민 재단은 가난한 이들이 받는 압박을 줄이는 일을 하고 있습니다. 제3세계 국가들을 보면 대부분의 가난한 사람들은 일자리가 없고 소규모 상거래를 통해 스스로 일자리를 만들어야 합니다. 사실 상거래라고도 볼 수 없는 아주 소규모지요. 닭을 몇 마리 기르고, 그것을 7일장에 내다 파는 것 같은 것들입니다. 이런 비즈니스는 돈이 별로 안 되고, 비효율적이지요. 사람들은 밤낮으로 일해야 하고 겨우 몇 페니 정도 벌게 됩니다. 그래서 합당한 조건, 즉 일반 기업이 은행에서 빌려 가는 조건으로, 그들이 감당할 수 있는 5십 달러나 백 달러 정도를 빌려 주면 그들은 지금까지보다 훨씬 많은 이익을 낼 수 있고 가난에서 벗어날 수 있는 단계로 나아가게 됩니다. 방글라데시에서는 이런 전략으로 가난한 사람들을 돕는 소비자 금융 산업을 만들었습니다. 수십만 명의 사람들이 가난에서 벗어났습니다. 미국 그라민 재단이 하는 일은 그런 방법을 전 세계로 퍼뜨리는 것입니다.

앨리스 티퍼 멀린: 돈을 빌려 가는 이들 처지에서는 어떤 차이가 있습니까? 일반적인 은행에서라면 돈을 빌리는 사람이 얼마를 갚아야 하고, 소액 금융 프로그램에서 돈을 빌리면 또 얼마를 갚아야 합니까?

알렉스: 저는 방글라데시에서 6년간 살았습니다. 한 마을에서는 2년간 살았지요. 여러분도 아시겠지만 가난한 사람이 은행에 가면 대부분 거절당하고 맙니다. 사람들은 그들이 구걸하러 가거나 귀찮게 한다고 생각하고는 쫓아냅니다. 그들이 은행에 들어갈 수 있다면 방글라데시의 시중 금리인 15퍼센트의 이자를 내야 할 겁니다. 여기에 또 대부금을 받기 위해 20퍼센트의 뇌물을 줘야 하니 이율이 더 높아지겠지요. 사채를 끌어다 쓰는 것은 상대적으로 더 쉽기는 하지만 사채는 일주일에 10퍼센트의 이자가 붙습니다. 소액 금융 프로그램은 사채처럼 쉽게 빌려 주되, 은행이 시중 금리로 돈을 빌려 주는 것입니다. 물론 이자율은 나라나 인플레이션 등

에 따라 차이가 나겠지요.

앨리스: 돈을 갚는 비율은 몇 퍼센트이고, 은행과 비교하면 얼마나 차이가 납니까?

알렉스: 이 나라에서 소비자 대부의 채무 불이행 비율은 7퍼센트에서 10퍼센트입니다. 방글라데시 농촌은 그 비율이 60퍼센트에 이릅니다. 가난한 사람은 게으르다는 것이 이 나라의 신화가 되었습니다. 가난한 이가 열심히 일한다고 해서 이익을 가질 수 없어요. 그게 현실입니다. 만약 그들이 동료의 지원을 받는 체제 속에 편입되고, 정도의 차이는 있겠지만 소액 대부 시스템을 통해 마을에서 다른 여성들에 의해 신뢰를 받는다면 채무 불이행율은 4퍼센트 이하로 떨어집니다. 우리는 이런 프로그램이 가난한 이들에게 돈을 빌려 줄 수 있도록 돈을 모으고 있습니다.

100달러, 125달러만 갖고도 한 가정의 삶이 크게 달라지는 건 정말 놀라운 일입니다. 우리는 이 나라 사람들에게서 소액 신용 프로그램을 발전시켜서 대부금을 늘리려고 합니다. 또 은행 기술, 과학 기술, 경영 기술 등을 가진 자원 봉사자들을 모아서 이 프로그램의 역량을 높이는 데 도움을 주도록 하고 있습니다. 예컨대 미국 그라민 재단에는 베리즌 출신의 은퇴자가 있는데 그는 스페인어를 할 줄 알고 뭔가 의미 있는 일을 찾고 있었습니다. 우리는 그를 멕시코에서 가장 가난한 주인 치아파스로 보내서 소액 금융 프로그램을 맡도록 했습니다. 지금 그는 그 프로그램을 다시 조직해서 더 효율적이고 아주 낮은 이자로 가난한 이들에게 돈을 빌려 주는 일을 하고 있습니다.

심런 세티: 그라민 재단이 더 성장하기 위해 필요한 것은 무엇입니까?

알렉스: 우리는 소액 신용 프로그램을 통해 사람들이 얼마나 빨리 가난에서 벗어나는지를 측정하는 지표를 만들고 있습니다. 또 사람들이 더 빨리 가난에서 벗어날 수 있도록 대부금으로 건강과 교육 서비스를 묶을 필요가 있습니다. 돈을 빌린 사람들은 건강 문제로 힘들어하는 경우가 많습니다. 그들에게 돈을 빌려 줄 때 다른 것도 같이 줘야 합니다. 후원자들에게 더 책임 있는 재단이 되기를 원합니다.

03 대가 없는 사랑의 경제

THE UNPAID 'LOVE' ECONOMY

화폐는 인류의 중요한 발명품이다. 화폐 덕분에 우리는 물물교환 체계에서 가능했던 것보다 더 폭넓고, 복잡한 거래를 할 수 있다. 수세기 동안 화폐의 형태는 변해 왔다. 조개껍데기, 작은 석판, 금속(금화, 은화), 종이를 거쳐 이젠 순수 정보의 형태로 변하고 있다. 매일 수억 개의 컴퓨터 트레이딩 화면에서 쉴 새 없이 정보가 깜박이며 1조 5천억 달러가 전 세계를 오가고 있다. 인플레이션으로 인해 화폐 체계가 조작되거나 망가지지 않는 한 화폐는 교환의 단위, 가치 창고 역할을 한다. 경제학자들은 화폐라는 렌즈로 세상을 본다. 모든 것은 각자의 가격이 있다. 그리고 국가 통계, 국민총생산, 투자, 생산성, 이 모든 것이 화폐로 환산된다. 하지만 앞서 밝혔듯이, 산업사회에서 이루어지는 모든 제품 생산과 서비스의 최소 50퍼센트, 그리고 많은 저개발국가에서 이루어지는 활동의 65퍼센트에서 70퍼센트 정도는 공식적인 국민총생산 통계에 포함되지 않는다. 그 이유는? 무보수로 이루어지는 생산과 서비스가 있기 때문이다. 화폐 경제를 지탱해 주는 이러한 비화폐 분야는 '선물 경제gift economies' 라고 불려진다. 많은 분야의 학자들이 이 선물 경제를 연구해 왔다.

시인이자 저술가인 루이스 하이드는 1979년에 출판된 『선물』에서 선물을 인류 공동체의 거룩한 측면으로 보았다. 언어학자 제네비브 본도 이 점에 동의하며 자신의 저서 『선물: 페미니즘 비평으로 읽는 교환』(1997)에서 어떻게 가부장제 사회가 여성의 일로 간주되는 무보수 돌봄, 나눔, 보살핌의 가치를 깎아내렸는지 중점적으로 분석하였다. 양목업자이자 뉴질랜드의 최연소 국회의원 마릴린 워링은 자신의 책 『여성이 계산된다면』(1989)에서 경제학이 어떻게 여성의 노동을 무시하고 평가절하 했는지를 파고들며 국민총생산과 국내총생산 지수를 이용하는 모든 나라들이 어떻게 가사 노동과 공동체 봉사를 비경제적인 것으로 간주하고 있는지를 보여 주었다. 또한 『어머니의 값어치』(2001)의 저자 앤 크리텐든은 여성이 감당해야 하는 모든 불이익과 비용을 자세히 기록했다. 덕분에 주류 경제학자들조차 비로소 무보수 노동에 주목하기 시작했다. 버드 칼리지의 리비 경제학 연구소는 2006년 1월 '무보수 노동과 경제'라는 학회를 열어 젠더와 빈곤, 그리고 유엔의 밀레니엄 개발 목표를 다루었다.(www.levy.org)

컬럼비아 대학의 칼 폴라니 교수는 선물 경제와 그 거룩한 특성에 대해 연구하는 소수의 경제학자들 중 하나이며 그 주제에 관한 책 『원시경제, 고대경제, 근대경제』(1968)를 펴냈다. 이 책은 조지 달튼이 편집하였다. 미국 경제학회의 학회장을 지낸 경제학자, 케네스 볼딩 또한 인간관계와 깊숙이 얽혀 있는 경제의 도덕적 토대에 대해 언급한 바 있다. 케네스는 자신의 저서 『경제학을 넘어서』(1968)에서 세 가지 기본적인 인간의 상호작용 형태는 협박, 교환, 선물이라고 말하였다. 사람들은 주류 경제학을 가치중립적 학문, 심지어 과학이라고까지 생각했다. 화폐 시스템이 조작되고 금융 도박꾼들이 농업과 제조업, 그리고 공공 분야를 지배하는 이 시점에 우리는 무보수 재화와 용역이 개인과 공동체, 국가의 건강과 복지에 없어서는 안 될 부분이라는 걸 기억해야 한다. 한 사람의 개인으로서 우리는 우리의 시간이 돈만큼 가치 있음을 알고 있다.

내가 '관심의 경제학'이라고 부르는 북미, 유럽, 일본의 성장을 가능하게 한 것이 시간이다. 또한 비키 로빈과 조 도밍후에즈의 베스트셀러, 『돈이냐 인생이냐』(1992)를 탄생시킨 것도 시간이다. 많은 경제학자들과 사회과학자들은 많은 여성이 직업 세계에 발을 디딜수록 가족의 삶과 아이들이 힘들어지고 출산율이 떨어질 것이라 걱정해 왔다. 하지만 『이코노미스트』(2006년 4월 15일자)에 따르면 미국은 여성 취업률이 상대적으로 낮은 독일, 이탈리아, 일본보다 더 높은 출산율을 보였다고 보고했다. 또한 육아는 직업 베이비시터가, 가사는 전문 파출부가 담당하면서 고용은 더 증가했다.

대부분의 사람들은 지역과 국가 차원에서 이루어지는 경제 분석과 정책이 화폐에 근거한 통계이며 이러한 통계는 전체 생산과 서비스, 투자, 교역의 반 정도밖에 반영하지 못한다는 사실을 인식하지 못한다. 화폐경제와 다름없이 중요한 비경제 분야는 사회의 주요 자산을 이룬다. 이러한 비경제 분야에는 육아, 가사 노동, 지역사회 돌보기, 신용조합, 협동조합 등이 있다. 또한 여기에는 자원 봉사 활동도 포함한다. (미국에서는 대략 8천9백만 명이 매주 최소 다섯 시간 동안 자원 봉사를 한다.) 화폐 체계가 위기에 처한다면, 예를 들어 2001년 아르헨티나의 경제 위기나 미국의 경제대공황 후처럼 수천 개의 은행이 파산한다면 사람들은 스스로 비상 화폐를 만들거나, 신용조합, 벼룩시장, 공동체 크레딧 시스템을 구성하여 지역의 교역과 생산을 가동시킬 수 있다. 지역 통화에 관한 사진 수천 장이 『미국, 캐나다, 멕시코의 대공황 비상 화폐』(1984)에 잘 정리되어 있다. 랄프 미첼과 닐 섀퍼가 사진을 정리했으며 위스콘신에 있는 크라우스 출판사가 자체 출판한 책이다.

〈달라스 모닝 뉴스〉의 경제부 편집장이자 『가정경제』(1977)의 저자 스캇 번즈는 평균적인 미국 가정을 집중적으로 연구하였다. 스캇은 이 책에서 국세청이 인정하지 않는 미국 가정의 다양한 생산성에 대해 집중적으로 다루었다. 번즈는 그 책을 집필할 당시를 이렇게 회고한다.

"내가 『가정경제』를 쓴 이유는 경제학자들이 화폐 유통과 관련된 부분에만 관심을 갖는다는 사실이 마음에 안 들었기 때문입니다. 눈에 보이지 않으면서 경제적인 것들이 많이 있지요. 연구를 하는 동안 저는 여성의 무보수 노동의 가치가 미국의 그 어떤 제조업 회사의 임금보다 더 높다는 걸 발견했습니다. 당시는 1970년대였고 여성의 노동이 가진 가치에 대해 사람들이 별로 귀담아듣지 않을 때였죠."

번즈는 시간이 돈보다 더 가치 있으며 결코 돈으로 환산될 수 없다는 것을 발견했다. 왜냐하면 인간의 수명은 한정돼 있기 때문이다. 1장에서 소개된 베시 테일러의 연구가 보여 주듯이 오늘날 많은 사람들은 시간을 많이 갖기 위해 돈을 적게 버는 걸 선택한다. 스캇 번즈는 현재 남성보다 여성들이 더 많이 대학을 졸업하기 때문에 앞으로 십 년 후에는 남자 주부들이 많아질 거라 생각한다. 스캇은 이렇게 덧붙인다.

"지금 우리는 사랑의 경제에 대해 말하고 있죠. 더 넓은 의미에서 이야기를 해 봅시다. 우리는 어디에서 아이들을 양육합니까? 우리는 지금 가족과 가

『가정경제』의 저자
스캇 번즈

"여성의 무보수 노동은 미국의 어떤 제조업 회사의 임금보다 그 가치가 더 높습니다. 경제학자들은 도통 관심이 없지만요."

정에 무슨 짓을 하고 있습니까? 우리는 가족을 비워 내고 있어요. 요즘 제조 업체는 존재하지만 제조 과정은 다른 곳에서 이루어지는 텅 빈 제조 업체에 대한 얘기를 많이 듣습니다. 우리가 모든 것을 화폐의 가치로 환산하면서 가족에서 이루어지는 양육의 가치를 무시한다면 우리는 다음 세대로 문화를 전수하는 데 필수적인 도구를 내팽개치는 셈입니다."

스캇의 최근 연구는 미국, 유럽, 일본의 연령대별 인구 구성 변동에 초점을 두고 있다. 미국에서는 그동안 사회보장, 연금, 은퇴 제도가 두터운 노년층을 적절하게 보조하고 있는지에 대한 많은 경고가 있었다. 이 점에 대한 스캇의 견해는 희망적이다.

"우리는 7천7백만 명의 베이비 붐 세대의 은퇴가 엄청난 재앙이 될 것이란 얘기를 계속 듣고 있어요. 화폐경제의 측면에서만 본다면 맞는 말입니다. 하지만 우리가 들고 있는 이 거대한 유리잔은 반쯤 비어 있는 게 아니라 반쯤 채워져 있다고 볼 수 있습니다. 7천7백만 명이 은퇴해서 그 사람들이 다른 일을 한다면 어떻게 될까요? 그들이 '나는 나 자신을 재창조하려는 거지, 은퇴하려는 게 아니야!' 라고 한다면? 만약 그들이 '미국 재창조자 협회' 라는 단체를 만든다면? 7천7백만 명의 사람들이 학교, 요양원 등에서 자원 봉사를 할 수도 있습니다. 그러니까 잠재력을 갖춘 경제가 온전히 우리 눈앞에 놓여 있는 셈이죠."

다행히 몇몇 주류 경제학자들은 베이비 붐 세대의 은퇴에 대한 종말론적 전망을 멈추고 있다. 건강하고 정력적인 은퇴자들이 온갖 종류의 자원 봉사 활동에서 새로운 경력과 의미를 찾아가고 있기 때문이다. 현재 연금에 관한 미국의 혼란은 회사들이 연금 부채를 납세자들에게 비양심적으로 넘기는 데서 생긴다. 그래서 연방 연금보증공사는 앞으로 십 년간 8백7십억 달러의 부채를 짊어지게 됐다. 많은 경제학자들의 불길한 예언과는 반대로 사람들은 더 오래, 더 건강하게 살아가며 평균적인 은퇴 연령이 훨씬 지난 후에도 일하거나 자원 봉사를 제2의 직업으로 삼으며 살고 있다. 『비즈니스위크』는 「사랑스러운 베이비 붐 세대의 은퇴」라는 표지기사(2005년 10월 24일자)에서 이러한 은퇴자들을 '활기 넘치는 7천7백만 명'이라고 일컬었다. 미국 인구의 27.5퍼센트를 차지하는 그들은 2조 천억 달러의 소비력을 갖추고 있으며 많은 사람들이 지역사회에서 새로운 의미와 봉사의 기회를 찾고 있다.

'제1세계 개발재단'의 창립자 레베카 애덤슨은 사랑의 경제와 화폐경제 두 가지 모두를 잘 이해하는 사람으로 건전한 공동체 발전을 위해 이 둘을 재연결할 창조적인 방법을 발견했다. 레베카는 이렇게 말했다.

"모든 전통 사회에는 실제로 '충만함'이란 개념이 있었어요. 저 먼 알래스카의 마을에서부터, 스칸디나비아 사미족의 캠프파이어에 이르기까지요. 저는 사냥으로 먹고사는 지역에서 지낸 적이 있습니다. 비버는 한번 짝을 지으면 평생을 함께 지냅니다. 한번은 우리가 있던 마을에서 어떤 사람이 비버를 잡았어요. 그 비버를 요리해서 먹고 있을 때 비버 한 마리가 죽은 자기 짝을 찾아 나타났더군요. 그런 순간엔 우리가 살기 위해 잡아먹은 생명체에 대한 감사함이 더한 법이지요. 그런데 이 비버가 짝을 찾는 동안 어린 소년 하나가 총을 들고 이 비버를 잡으려 했습니다. 그러자 그 마을의 모든

제1세계 개발재단 창립자
레베카 애덤슨

"우리가 배워야 할 것은 전통 사회에 있었던 '충만함'의 개념입니다. 수천 년을 지탱해 온 사회에는 지속 가능한 삶의 방법을 알려 주는 지혜가 있지요."

어른들이 '안 돼! 우리는 충분히 먹었다!' 라고 말하더군요. 이게 바로 제가 '충만함' 이라고 부르는 행동 원칙입니다. 이렇게 충만함이라는 지속 가능한 원칙을 가지고 20년, 30년, 40년, 수천 년을 지탱해 온 모든 사회에는 배울 만한 지혜가 있다고 생각합니다."

레베카는 라코타 펀드의 기획을 도왔다. 이 펀드는 상호 이익이 되는 네트워크와 교역의 형태로 투자자와 기부자들을 북미 원주민 공동체와 연결하는 펀드다. 레베카는 "우리는 할 수 있어요. 저는 지역 경제가 이 오래된 원칙들을 다시 이용해서 공동체와 중요한 연결고리를 찾을 수 있을 거라고 생각합니다."라고 말한다.

『성배와 칼』(1987), 『파트너십의 힘』(2002)의 저자인 사회과학자 리안 아이슬러 또한 우리 경제에 없어서는 안 될, 무보수로 남을 돌보는 분야에 주목한다. 리안은 켈리포니아에 있는 '파트너십 연구소' 의 공동 창립자다. 이 연구 재단은 여러 나라의 삶의 질을 연구하고 있다. 리안은 이렇게 설명한다.

"정책 입안자를 비롯한 많은 사람들이 삶의 질에 대해 생각할 때, 국내총생산이라는 수치를 넘어 생각한다고 해도, 여성에 대해서는 생각하지 않습니다. 여성은 그 사람들의 영역 밖에 있어요. 구조 밖에 존재하는 거죠. 이제 여성도 구조 안으로 들어올 필요가 있습니다. 파트너십 연구소에서는 크게

 파트너십 연구소 창립자
리안 아이슬러

"이제 여성도 구조 안으로 들어와야 할 때입니다. 여성의 지위가 국내총생산보다 더 나은 척도가 된다는 것을 우리는 알게 되었습니다."

두 차원의 연구를 합니다. 하나는 삶의 일반적 질에 대한 연구죠. 유아사망률에서부터 식수 이용도, 인권, 수입 격차 등 모든 것을 포함하죠. 그리고 또 하나는 여성의 지위를 측정하는 겁니다. 우리는 여성의 지위가 남성, 여성, 아동의 일반적 삶의 질에 대해서 국내총생산보다도 더 나은 척도가 된다는 사실을 발견했습니다."

리안은 자신이 발견한 것을 더 자세히 설명한다.

"예를 들면, 연구 당시 쿠웨이트와 프랑스는 거의 동일한 국내총생산을 가지고 있었지만 삶의 질을 말해 주는 가장 기본적인 수치인 유아사망률에서는 쿠웨이트가 프랑스의 두 배나 됐습니다. 당연히 여성의 지위는 프랑스에서 훨씬 높은 것으로 나타났죠."

리안은 또 다른 예를 들었다.

"미국에서는 돌봄과 관련 없는 직종들, 배관공이나 엔지니어들이 훨씬 더 많은 임금을 받습니다. 우스꽝스런 얘기죠. 우리는 파이프를 수리하면서 시간당 60달러를 내는 것은 아무렇지도 않게 여기면서 아이를 돌보는 사람들에겐 기껏해야 10달러에서 15달러를 주고 있습니다. 이런 돌봄 노동work of caring도 경제 생산성 수치에 포함돼야 합니다. 좋은 소식은 이제 그런 움직임이 일어나고 있다는 거죠. 북유럽 국가들과 캐나다가 돌봄 노동을 경제 생산성 수치에 포함하기 시작하고 있습니다. 하지만 큰 문제 중 한 가지는 돌봄 노동의 가치를 어떻게 수치화할 것이냐 하는 것이죠."

리안은 경제학이 기본적으로 우리가 가치를 두는 것에 관해 연구하는 학문이며 우리는 돌봄 노동을 가치 있게 여기고 돌봄 정책을 개발해야 한다고 생각한다. 이것이 리안의 책 『국가의 진정한 자산』(2006)의 주제다.

사랑의 경제 분야에서 영향력 있는 또 한사람의 선구자는 변호사 에드가 칸으로 타임 달러, 또는 타임 뱅킹의 창시자다. 타임 뱅킹은 에드가의 책 『이제는 쓸모없는 사람은 없습니다』(2004)와 『타임 달러 이용 설명서』(2004)에 설명되어 있다. 개인용 컴퓨터를 이용해 회원들의 상호 서비스 교환을 기록하면서 타임 뱅킹을 운영하려고 하는 전 세계의 여러 지역사회 단체들이 에드가의 책을 활용하고 있다. 에드가는 이러한 지역 교환 시스템의 특성과 이 시스템이 국가 경제에 미치는 엄청나지만 주목받지 못한 가치에 대해 농담 삼아 이렇게 말한다.

"이런 종류의 지역 경제는 그렇게 중요하다고 할 만한 것을 생산하진 못하죠. 단지 아이들을 키우고 건강한 가족과 안전한 동네를 만들고 노인을 보살피고, 민주주의와 시민권, 사회정의 운동 같은 걸 활성화시킬 뿐이죠. 이 시스템을 연구한 경제학자들은 그 가치가 적어도 국내총생산만큼 크거나 오히려 몇몇 나라에서는 훨씬 더 크다고 하더군요. 양로원 밖의 노인들을 보살피는 무보수 노동에 대한 연구를 보면 시간당 8달러씩, 해마다 1,960억 달러만큼의 가치가 있는 노동이라고 합니다. 이 수치는 시장 경제가 노인 서비스에 소비하는 돈의 여섯 배, 미 연방정부가 양로원에 투자하는 돈의 세 배에 해당하죠. 따라서 우리가 여기서 말하는 사랑의 경제는 미미하지 않습니다. 우리는 지도상에 표시되지 않은 주요 경제 시스템에 대해 말하고 있는 겁니다."

 타임 달러 연구소 설립자
에드가 칸

"우리가 얘기하는 사랑의 경제는 그 규모가 절대 미미하지 않습니다. 때로는 국내총생산을 웃도는 규모이기도 합니다."

근래에 경제학자들은 이런 사회 자본을 '핵심 활동core activities'이라고 부르기 시작했다. 그러나 우리는 '사랑의 경제'라는 용어를 선호한다. 경제학자들은 여전히 가정주부와 살림하는 남편을 '무직이며 경제 활동이 없는' 집단으로 여긴다. 하지만 1995년 유엔의 인간개발보고서는 이러한 무보수 노동이 16조 달러에 달하지만 세계 국내총생산 공식 수치인 24조 달러에 포함되어 있지 않다고 밝혔다. 여성의 무보수 노동은 11조 달러, 남성의 무보수 노동은 5조 달러에 이른다. 하지만 아직도 세계경제 통계는 전 세계 생산량의 3분의 2에 달하는 무보수 노동을 제외하고 있다. 많은 사회학자들은 시간과 돈을 들여 무보수 노동을 연구한다. 그러니까 식량 재배, 집짓기, 요리, 자녀 교육, 육아, 노인과 장애인 돌보기, 지역사회 봉사 활동, 우물 파기, 학교와 병원 등 돈을 받지 않는 전통적인 활동에 매일 들어가는 시간을 계산하고 있는 것이다. 가정에서 일하는 여성을 포함하여 수십억 명의 사람들이 아직도 이런 활동을 하고 있다.

에드가 칸은 어떻게 시간의 가치를 평가할 수 있는지 보여 준다.

"당신이 한 시간을 투자했다면 한 시간의 크레딧을 얻게 됩니다. 그러면 이 크레딧을 이용하여 당신 또는 당신 가족을 위한 도움을 얻을 수도 있고, 아니면 도움이 더 필요한 사람에게 줄 수도 있습니다. 우리는 타임 달러 중개인에게 전화를 할 수 있어요. 그러니까 절대 자선을 베풀어 달라고 하는 게 아니죠. 당신이 갚지 않으면 당신의 아이나, 가족 중 누군가가 갚을 수도 있어요. 우리는 이것을 '이웃과 이웃을 연결하는 모델'이라고 부릅니다. 사람들은 자신의 어려움을 털어놓는 걸 좋아하진 않지만 중개인에게 전화해서 '이번 주말에 우리 개를 돌봐 줄 만한 사람이 있나요?'라고 말하는 건 꺼려하지 않죠. 하지만 아무도 길바닥에서 '이번 주말에 멀리 가는데 우리 개를 돌봐 주시겠어요?'라고 물어보고 다니진 않습니다. 이렇게 일을 중개해 주는 중개인이 있기 때문에 우리는 서로 잘 모르거나 아니면 나쁜 구석만 알고 있는 이웃들 사이에 신뢰를 쌓아 갈 수가 있는 거죠. 이런 커뮤니티들에서 우리는 일종의 확대가족을 다시 만들고 있다고 보면 됩니다."

에드가는 시간을 어떻게 평가하고 보상하는지에 대한 또 다른 예를 들어 보인다.

"우리는 시카고 잉글우드에 있는 공립학교 가운데 최악이라는 다섯 개 학교를 맡게 되었습니다. '킬링 존a killing zone'이라고 이름 붙여진 곳이었죠. 우리에게 '그 애들을 공부시킬 수 있겠어요?' 하고 묻더군요. 그래서 저는 '네, 할 수 있습니다. 100시간을 투자하고 중고 컴퓨터를 받을 수 있는 5학년과 6학년 아이들을 좀 데려다 주시오.' 라고 했죠. 이렇게 동료 간 학습을 1년 하고 나니 아이들은 수학과 읽기에서 1년 평균치만큼 학습을 했더군요. 그 동안 4천5백 명의 아이들이 중고 컴퓨터를 받았어요. 우리는 노동을 새롭게 정의하며 아이를 양육하고, 가족을 돌보는 노동을 공경합니다."

이러한 타임 뱅킹의 예는 일본, 한국, 스페인, 그리고 다른 유럽연합 국가들에서도 찾을 수 있다.(www.timedollar.org). 세계 곳곳에서 시간의 가치와 시간으로 이룰 수 있는 사회적 가치, 만족, 행복을 목격할 수 있다. 1장에서 밝혔듯이, 행복을 연구한 사회학자들은 행복이 수입과 직접 비례하지 않으며 자기 충족감을 비롯한 다른 요소와 관련 있음을 발견했다. 예를 들면 영세농들은 화폐제도 밖에 존재하기 때문에 경제에 대한 그 기여가 무시되는 경우가 많다.

인도 나브다냐 운동의 창립자이며 물리학자인 반다나 시바는 수백만 명의 사람들에게 영향을 미쳤다. 반다나 시바는 인도의 시골 마을에서 여성의 인권을 보호하고, 영세 농부들과 함께 지역의 수로와 삼림, 토착 종자를 보호하는 일에 헌신했다. 반다나 시바는 전 세계적으로 위기에 처한 농민운동의 기치를 들었다. 시바 박사는 "나는 우리 시대의 가장 큰 착각 중의 하나가 인간의 복지, 참살이가 돈에서 나온다고 생각하는 것이라 여깁니다. 돈은 완전 허구이며 종잇조각에 불과합니다. 그 종이를 가진 사람에게 상응하는 물건을 주겠다는 약속이 담긴 종이죠."라고 말한다. 반다나는 『살아남기』(1989)를 비롯한 많은 책을 저술했다. 반다나는 자신이 이끄는 단체의 주된 일을 이렇게 설명한다.

"우리는 농민 공동체와 함께 생물학적 다양성, 즉 토착 종자를 지키기 위해 일하고 있습니다. 그리고 공동체 종자 뱅크를 만들고 있어요. 우리는 농민들이 유기농법을 쓰도록 장려하고 있죠. 저는 돈이 없어도 배고픔, 갈증, 가난 없이 잘 살아가는 마을들을 알고 있습니다. 돈이 없으니까 그들은 매우 매우 가난한 사람들이죠. 하지만 많은 현금이 유통되더라도 기아가 생길 수 있고, 현금 유통이 전혀 없더라도 기아를 경험하지 않을 수 있습니다. 이제는 자연과 살림의 경제로 눈을 돌려야 할 때입니다. 살림의 경제에서 매우 중요한 역할을 하는 사람은 바로 여자들이죠. 살림의 경제는 이 지구상에 생명을 유지하게 해 줍니다. 그리고 배고픔과 갈증과 소외와 불안을 없앱니다. 사람들이 스스로 생계를 꾸리고 자급자족하는 사회에서는 테러리즘도, 극단주의도 있을 수 없습니다."

인도 나브다냐 운동의 창립자
반다나 시바

"사람들이 스스로 생계를 꾸리고 자급자족하는 사회에서는 테러리즘도, 극단주의도 있을 수 없습니다."

많은 사람들이 이러한 지역 농민 공동체 운동을 문화와 생물학적 다양성을 보존하는 측면에서 지지하고 있다. 산업국가에서도 비슷한 노력을 후원할 수 있다. 스스로 지역의 종자를 보존하고 지역사회에서 농산물 직거래 장터를 활성화시키는 것이다.

수잔 위트는 매사추세츠에 자리 잡은 슈마허 재단의 상무이사다. 이 단체는 『작은 것이 아름답다』(1973)라는 베스트셀러를 쓴 영국의 경제학자이자 철학자인 슈마허를 기리기 위해 만들어진 단체다. 사랑의 경제 분야의 전문가로서 수잔은 '쉐어(SHARE) 마이크로 크레딧' 프로그램을 창시했다. 이 프로그램은 지역 경제를 위해 양질의 재화와 용역을 생산하려는 계획은 있지만 은행의 재정 지원을 못 받는 사람들에게 재정 지원을 해 주고 지역사회를 발전시킬 기회를 제공한다. 이 재단은 2004년에 '21세기의 지역 화폐' 라는 학회 (www.localcurrency.org)를 성공적으로 개최했다.

수잔은 "슈마허 학회는 지역에서 소비되는 상품은 지역에서 생산되어야 한다는 주장을 옹호합니다. 쉐어(SHARE)는 '지역 경제를 위한 자생연합Self-help Association For a Regional Economy' 의 약자입니다. 이 프로그램은 단지 담보 보증 대여 제도일 뿐입니다. 참여를 원하는 시민은 지역의 은행으로 가서 쉐어와 공동 예금 계좌로 연결된 예금 계좌를 열면 됩니다. 그러면 그 예금 계좌는, 쉐어 위원회가 승인하지만 은행에서는 보통 승인되지 않은 사업을 지원하는 보증 대여에 쓰이게 됩니다. 우리는 이를 일컬어 '할머니 원칙의 확대' 라고 합니다. 지역사회를 돌봐 주는 할머니의 숫자를 높여 간다는 뜻이죠." 수잔은 잊혀지지 않는 이야기를 예로 들었다.

"1989년에 그레이트 베링턴의 유명한 레스토랑, 델리의 주인이던 프랭크 토토리엘로가 임대차 계약이 끝나 다른 곳으로 가게를 옮겨야 했어요. 프랭크는 새 가게를 수리하기 위해 5천 달러가 필요했죠. 우리는 프랭크에게

'프랭크, 자네는 할머니 연합이 필요 없어. 자네 고객들이 있잖아. 그들에게 빌려 보게.' 라고 했답니다. 그래서 델리 달러가 탄생했어요."

프리사이클닷컴은 또 다른 방법을 택했다. 이 사이트는 수많은 쓸 만한 중고품을 공짜로 제공한다. 애리조나, 투손의 자선단체 일꾼인 데론 빌의 독창적 생각에서 비롯된 이 사이트는 50개 이상의 나라에 백3십만 명의 이용자를 가지고 있다.

수잔은 또한 "큰 착각 중 하나는 연방 달러를 제외한 나머지는 불법이란 생각입니다. 그건 사실이 아니에요. 지역 화폐는 달러와 호환 가능성만 있으면 됩니다. 그러면 거래가 기록되고 세금을 매길 수 있죠. 델리 달러에 착안해 뉴욕 주 북부에선 폴 글로버가 이타카 시간(www.ithacahealth.org)을 만들었어요. 폴은 이 제도를 지역 화폐에 바탕을 둔 건강관리 시스템으로 이어 갔어요. 지금은 지역 화폐를 시작하고 운영하는 것에 대한 모든 방법을 다른 지역에 팔고 있답니다." 하고 말했다.

폴이 이타카 시간을 창립한 1991년, 그는 식료품 가게에서 사람들에게 다가가 "내가 새로운 물물교환 프로그램을 만들려고 하는데요……. 시간에 바탕을 둔 통화예요."라고 말했다. (이타카에서는 전에 이런 물물교환 제도가 실패한 적이 있었다.) 사람들은 가입할 때 이십 달러 상당의 돈을 받았고 그 후 1년간 『이타카 시간』 신문에 실리는 쇼핑 목록이 꾸준히 증가했다. 곧 가게들이 이 화폐를 받기 시작했고 '이타카 시간' 은 효과적인 제도가 되었다. 왜냐하면 이 제도는 다른 화폐보다 더 오래 지역사회 안에서 유통되는 화폐를 만들었기 때문이다. 보통 우리가 돈을 쓰면 그 돈은 몇 번의 거래를 거친 후 지역을 떠나기 마련이다. 또한 '이타카 시간' 은 지역사회의 유대관계를 만드는 데도 도움을 주었다. 왜냐하면 이 제도로 인해 사람들은 서로 대화를 나누게 되고, 어떤 경우에는 무이자 대부를 얻거나 저당 융자, 또는 건강관리까지 얻을 수 있기 때문이다. 프로스퍼닷컴은 프렌드스타와 비슷한 사이트로 회원들은 서로 돈을 빌려 주거나 빌릴 수 있다. 액시온 은행과 여성 세계은행 같은 오래된 대안 은행(5장과 7장 참조)의 온라인 버전이라고 할 수 있다. 프로스퍼닷컴 사이트는 지금까지 천5백 번, 총 7백만 달러의 회원 간 대출을 통해 수많은 영세 사업을 탄생시켰다.(『비즈니스위크』, 2006년 7월 3일자)

경제학자들이 원시적이라고 비난하는 바터 제도(물물교환 제도)는 이제 최첨단 제도가 되었다. 세계에서 가장 큰 중고판매 사이트인 이베이는 어떻게 바

산업사회의 총생산 시스템
(얼음 레이어 케이크)

수치화한 GNP:
케이크의 2분의 1
상위 2개 층

'사적' 영역

'공적' 영역

지하 경제

GNP '사적' 영역

GNP '공적' 영역

GNP에 잡히지 않은 생산:
케이크의 2분의 1
하위 2개 층

사랑의 경제

어머니 자연

사회적 기업
사랑의 경제

자연 상태

© Henderson, 1981

터 제도가 주류 시장을 앞지를 수 있는지 증명해 보였다. 많은 개발도상국가가 기름, 트럭, 기계 등을 물물교환으로 교역하고 있다. 이런 교역에서 전통적 개념의 외국 통화의 필요성은 사라진다. 이러한 물물교환은 연계무역counter trade이라고 불리고 있다. 폼피리우 베자리우의 『연계무역, 물물교환, 상쇄무역』(1985)에 따르면 물물교환이 전 세계 교역량의 15퍼센트에서 25퍼센트를 차지하는 것으로 추정된다.

지금까지 우리가 살펴본 것은 경제학자들과 그들의 화폐 단위 통계에 의해 가려진 비화폐 경제의 일면일 뿐이다. 사회의 총생산은 당의가 입혀진 3층 케이크와 같다고 생각하면 된다. 이 케이크는 경제학자들의 화폐 파이보다 더 넓고 더 두껍다. 이 케이크의 당의는 민간 부문이다. 여기에는 새로운 사업을 창설하는 기업가와 시장 중심 기업과 산업이 있다. 당의 밑에 있는 층은 세금으로 충당되는 공공 부문이다. 도로, 학교, 하수도와 항공 관제사, 군대, 그리고 식량, 수질, 대기를 관리하는 정부 기관 같은 사회 기반 시설이 여기에 해당한다. 꼭대기에 자리 잡은 이 두 개의 층은 돈으로 이루어지는 생산 부문인데 보수를 받는 일자리를 창출하며 국내총생산이나 다른 화폐 기준 지수로 기록된다. 그러나 그 아래에 자리한 두 개의 층은 대체로 주목받지 못하며 국내총생산이나 기업의 대차대조표에 포함되지 않는다. 가정과 지역사회에서 이루어지는 사랑, 돌봄, 나눔의 노동, 이 수천의 찬란한 불빛이 한 나라의 생산과 교역에서 사라진 반쪽이다. 마지막 층은 자연의 생산성으로 인류의 경제와 기초 생존을 뒷받침해 준다. 정부 관료와 민간 정책 결정자들이 국내총생산을 뒷받침하는 이 두 개의 층에 무심하다면, 그들은 '더 적은 세금으로' 더 많은 일자리를 만들고, 사회 안전망을 강화하며, 범죄와 약물 사용을 줄이고, 소도시와 도심 빈민가에 활기를 불어넣을 기회를 놓치게 될 것이다.

돈과 풍요의 차이, 국내총생산 성장과 삶의 질의 차이를 기억하자. 모두가 중요하다! 이 모든 점을 연결해 보자. 타임 달러, 델리 달러, 이타카 시간, 바터 소식지는 모두 하나의 사실을 보여 준다. 바로 정보와 돈은 동등한 가치를 가진다는 사실이다. 나는 『윈-윈 세상의 건설』에서 정보가 세계의 새로운 통화이며 우리 주변에 이미 충분히 존재한다는 사실을 보여 주었다. 시티뱅크의 전직 회장조차도 1990년대에 "세상은 더 이상 글로벌 스탠더드에 의존하지 않으며 정보 스탠더드에 의존하다."고 말하였다. 정보에 근거한 교역이 새로운 미래의 물결이다.

지역의 라디오 방송국을 통해 농부들이 종자와, 트랙터 사용 시간을 비롯한 재화와 용역을 교환할 수 있다. 이게 바로 내가 2001년 칠레 산티에고에서 열린 미주개발은행 연례 회의에서 「가난과 불평등의 주요 원인을 치유하기 Addressing Key Causes of Poverty and Inequality」라는 제목으로 연설한 내용이다.

이제 더 나은 정보, 더 나은 경제 지표가 우리 경제를 건강하게 해 줄 것이다. 우리의 모든 가치가 살아 숨 쉬는 경제가 되도록, 모든 사람의 잠재력과 진정한 풍요를 드러내는 경제가 되도록 도와줄 것이다.

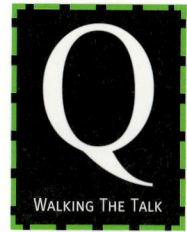

말한 대로 행동하기 3

물물교환이 지역과 국가 경제에 미치는 영향

심런과 밥 마이어   휴슨 발첼

심런 세티는 사랑의 경제에서 우리가 주목하는 것은 개개의 경제가 아니라 하나의 운동이라고 말한다. 우리는 여기서 '바터 뉴스'를 살펴보려고 한다. 바터 뉴스는 밥 마이어가 창립한 회사로 바터 운동을 조사하여, 세상을 움직이는 데 돈이 필요하지 않다는 것을 알려 주는 걸 사명으로 한다. 심런과 기업 애널리스트 휴슨 발첼이 지역과 국가 경제에 미치는 바터 즉, 물물교환의 영향을 알아보기 위해 밥 마이어를 인터뷰하였다.

밥 마이어: 미국에서 물물교환의 범위는 생각보다 큽니다. 연간 백5십억 달러에 해당하죠.

휴슨: 도대체 왜 현대의 화폐 중심 경제에 물물교환이 존재할까요? 무엇 때문에 물물교환이 필요하죠?

밥: 물물교환이 존재하는 이유는 또 다른 형태의 화폐 즉, 물물교환 화폐의 물꼬를 열어 주기 때문이죠. 현금 시장이 있다면 물물교환 시장도 있습니다. 이 두 종류의 시장은 서로 경쟁하고 있는 게 아닙니다. 일종의 부가물, 덤인 셈이죠. 자세히 얘기하자면 이런 겁니다. 우리가 물물교환을 할 때는 가변적인 비용으로 거래를 합니다. 왜냐하면 현금 사업이 모든 고정 비용을 처리하니까요. 그러니까 매우 이익이 많은 사업 방법이죠. 여분의 생산품이 있는데, 팔지 못해서 창고에 쌓여 있다고 합시다. 만약 이 제품을 필요로 하는 사람이 있고, 우리 역시 그 사람의 제품을 필요로 한다면 직접 교환을 할 수 있습니다. 아니면 간접적인 방식으로 교환을 할 수도 있겠죠. 이런 물물교환이 세계적으로 뿐만 아니라 미국에서도 성장하고 있습니다. 미국에선 현재 6백 개의 회사가 물물 교역을 하고 있어요. 이런 물물 교역은 자체 사업 카드를 갖고 있는데 그들만의 네트워크 안에서 효력을 갖고 있죠. 제가 살고 있는 캘리포니아 오렌지카운티에 있는 한 회사는 회원이 천5백 명입니다. 제가 무언가를 팔면 저는 물물교환 달러를 벌게 되고 이게 제 물물교환 계좌로 들어옵니다. 그러면 저는 이 물물 교역 회원의 식당에 가서 카드를 내밀고 제가 쌓은 물물교환 달러로 계산을 할 수 있죠.

심런: 국세청이 이런 물물 교역에도 과세를 하고 싶어할 것 같은데요. 이런 물물 교역에 대한 과세는 어떻게 되나요?

밥: 1982년 제정된 '조세 공평과 책임에 관한 법(TEFR Act)'에 따라 물물 교역 회사는 제3의 기록 관리자로 분류되기 때문에 은행이나 신용카드 회사 등 다른 제3의 기록 관리자가 제출하는 세금 신고 양식인 '1099 서류'를 국세청에 제출해야 합니다.

휴슨: 물물 거래되는 가장 큰 물품이 무엇인가요? 대체로 소매로 거래가 이루어지나요?

밥: 물물 거래는 소매를 원칙으로 이루어집니다. 현금으로 거래할 때와 같은 소매 가격을 원칙으로 합니다. 하늘 아래 어떤 것이라도 물물 거래할 수 있죠. 저는 두 아들 녀석의 치아 교정을 물물 거래로 했습니다. 만 달러 상당의 거래죠. 아들을 치료한 의사는 지역사회 신문에 광고를 낼 수 있는 물물교환 달러가 필요했어요. 그렇게 광고를 하면 현금 거래를 더 많이 끌어 모을 수 있죠.

심런: 이런 종류의 거래를 규제하는 윤리 규정이 있나요? 또는 사회적으로 책임감 있는 영업이나 기업 정신 같은 게 있습니까?

밥: 이런 물물 거래는 말한 대로 실천하는 회원 제도입니다. 이런 물물 교역을 규제하는 교역 협회가 두 군데 있습니다. 미국에 있는 6백 개의 물물 거래 회사를 규제하는 거죠. 그들은 윤리 규정을 가지고 있고, 의무 사항과 규칙도 가지고 있습니다. 만약 이런 규정과 규칙을 따르지 않으면 회원 자격이 박탈됩니다.

휴슨: 지역사회에 근거한 영세 사업체도 이런 물물교환으로 이익을 볼 수 있나요?

밥: 당연히 물물 교역으로 이익을 볼 수 있죠. 지역사회에서 약 2퍼센트 정도의 사업체가 물물 교역의 회원일 겁니다. 그리고 연간 평균 교역 규모가 6천 달러에서 1

만 달러 정도 되지요.

심런: 사업주가 아닌 사람들은 어떤가요? 그들도 물물 교역을 활용할 수 있나요?

밥: 만약 맛있는 파이 하나를 구웠다고 가정해 봅시다. 전국의 많은 도시에는 사회적으로 책임 있는 물물교환 단체라고 할 만한 지역 단체들이 있습니다. 이 단체들은 상당한 규모의 물물교환을 하는 물물 교역 네트워크 같은 체계는 아니지만 파이와 정원 관리를 교환할 기회 정도는 제공해 줄 겁니다.

휴슨: 당신의 회사는 물물교환에 얼마나 의존하고 있나요?

밥: 우리는 사업의 60퍼센트 정도를 현금이 아닌 물물교환으로 하고 있습니다. 제가 하는 대부분의 일은 우리 출판물을 외주 제작하는 거지요. 보통 일부는 현금으로, 나머지는 물물교환으로 처리합니다. 어떤 회사는 백만 달러 규모의 물물 교역을 하기도 합니다. 상당한 액수죠. 물물 교역으로 인한 이익이나 이점이 없다면 그렇게 많이 하지 않을 겁니다.

04 그린 빌딩, 그린 디자인

GREEN BUILDING AND DESIGN

현실 가능한 최고의 과학 기술을 동원해 지은 빌딩을 떠올려 보라. 그리고 이런 빌딩을 디자인해 보라. 산소를 발생시키고, 물을 증류하고, 수천 종의 동식물을 위한 서식지를 제공하고, 태양에너지를 연료로 쓰고, 농작물을 기르면서도 아름다운 빌딩을. 불가능할까? 결코 그렇지 않다. 월간지 『친환경빌딩 뉴스』 편집장인 알렉스 윌슨은 "5년 전만 해도 그린 빌딩을 말하고도 무슨 뜻인지 몰랐을 것입니다. 오늘날은 점차 많은 사람들이 그 뜻을 알아 가고 있습니다."라고 말했다. 알렉스는 '빌딩 그린'의 대표이며 누구나 자신의 집을 값싸게 친환경적으로 만들 수 있는 몇 가지 방법을 가르쳐 줬다. 그리고 이런 변화들로 돈도 절약할 수 있다고 알려 준다.(www.buildinggreencom)

사우스캐롤라이나 대학교는 최근 사우스캐롤라이나 주 컬럼비아 시에 세계 최고의 친환경 기숙사를 개장했다. 건축 자재인 시멘트 블록과 동금속 지붕에서 인테리어 카펫까지 재활용품들이다. 학생과 교수들은 물 공급 시스템의 일부분으로 가뭄을 견딜 수 있는 식물을 심고 가꾸는 것을 돕는다. 새로 지은 웨스트 쿼드 기숙사는 3천9십만 달러가 들었는데 이는 전통적인 방식으로

오벌린 칼리지에 있는 환경 연구소
애덤 조셉 루이스 센터

짓는 것보다 돈이 덜 들어간다. 또 5천 명의 거주자를 모을 수 있고, 잔디 지붕도 있으며 수소 연료로 난방을 할 수 있는 학습실도 있다. 건강에 좋은 음식과 환경 친화적인 제품을 파는 식당이 있다. 웨스트 쿼드는 다른 기숙사보다 에너지를 45퍼센트나 적게 사용하고 있고, 물도 20퍼센트 적게 사용하며 태양에너지로 데운 온수를 쓴다. 오존 파괴 물질도 없다. 자연광과 고효율 세탁기와 건조기를 가진 17만2천 평방미터의 복합 건물은 학생들이 원료와 돈도 절약하면서 친환경 시설에서 편안하게 생활할 수 있다는 것을 보여 준다. 왜 다른 건물들은 이렇게 하지 않는 걸까? 그것은 기업들이 효율적이고 더 현명한 생산을 통해 돈을 절약하지 못하도록 눈을 가리는 잘못된 경제학 때문이며, 디자인 또한 건축가와 시공자들을 속였기 때문이다.

친환경 건축가 윌리엄 맥도너는 나이키, 포드 자동차, 갭, 스미소니언 인스티튜트와 같은 고객을 위해 디자인할 때 자연에서 많은 영감을 얻었다. 맥도너는 버지니아 주 샬롯스빌에 있는 '윌리엄 맥도너 앤 파트너'의 창업자이며, 세계적으로 손꼽히는 친환경 건축가다. 그의 회사는 어떤 구상을 하고 있는 걸까.

"우리의 목표는 유쾌하게 다양하고, 안전하고, 건강하며, 공정한 세계를 만

친환경 건축가
윌리엄 맥도너

"건물을 나무처럼 지을 수는 없을까요? 이 도시를 숲처럼 만들 수는 없을까요? 지구를 파괴하는 건물이라면 절대로 유쾌하고 우아할 수 없습니다."

드는 것입니다. 공평하고 생태적이며 즐거운 시간, 깨끗한 공기와 물, 땅, 그리고 에너지를 가진 세계입니다. 이것은 삶의 질에 대한 근본적인 의문입니다. 만약 당신을 아프게 하거나 이 지구를 파괴시키는 빌딩이라면 어떻게 그곳이 유쾌하게 우아한 장소가 될 수 있을까요? 우리는 인간의 기술로 생물과 같은 구조를 만들려고 합니다. 살아 있는 것이라면 성장해야 한다는 것을 깨닫고, 태양에너지의 자유로운 형태를 알아야만 합니다. 그리고 신진대사를 통해 움직이는 화학적으로 열린 구조를 가져야 합니다. 그것을 기본 메커니즘으로 하고 생물의 디자인 구조를 살펴볼 때 과학 기술에 어떻게 적용할 수 있는지를 보자는 것입니다. 자연 체계는 4억 명의 인간만 지탱할 수 있으니 58억 명을 먹여살릴 수 있으려면 통합적인 행동이 필요합니다. 생태계의 닫힌 구조 안에서 더 많은 물질들을 필요로 하고 있습니다. 이것이 빌딩 건축에 의미하는 바는 뭘까요? 그래서 나무 같은 빌딩을 만들 수는 없을까 생각해 보는 것입니다. 이 도시를 숲처럼 만들 수는 없을까요? 그러면 빌딩이 더 유용해지지 않을까요?"

윌리엄의 아이디어는 『비즈니스위크』 2006년 6월 12일자에서도 다뤘듯이 친환경 디자인 혁명을 이끌고 있다.

에이머리 러빈스와 폴 호킨의 공저인 『자연 자본주의』에 서문을 썼던 헌터

포드 사社의 녹색 식물

러빈스는 그린 빌딩 분야의 또 다른 개척자다. 헌터는 콜로라도 주에 있는 '자연 자본 솔루션'을 이끌고 있으며 지속 가능성과 생태 효율에 관한 강의를 하고 있다. 『타임』지는 헌터 러빈스를 '지구의 영웅Hero of the Planet'이라고 이름 붙였다. 헌터의 주장이다.

"윌리엄 맥도너 같은 사람은 '생태 효율'이라는 것이 사실상 잘못된 것이라고 말합니다. 우리에게 필요한 것은 '생태 효율적인 상태'로 가는 것입니다. 생태 효율적인 상태란 덜 쓰고, 덜 나쁜 상태를 말하는데 이것은 좋은 상태와는 같지 않지요. 윌리엄이 말하고자 하는 요점이 바로 그것입니다. 그렇게 하면 기업이 돈을 절약할 수 있고, 약간 다른 방식으로 일을 함으로써 실험을 할 수 있지요. 이것이 바로 자연 자원주의의 첫 번째 중요한 원칙

자연 자본 솔루션
헌터 러빈스

"우리는 생태 효율적인 상태로 가야 합니다. 그래야 돈도 절약이 되고, '지속 가능'이라는 최선에 가까이 다가갈 수 있습니다."

입니다. 두 번째 원칙은 친환경적 디자인입니다. 회생시킬 수 있는 방식으로 우리 시스템을 꾸려 가야 한다는 것이지요. 회생시킬 수 있는 방식, 그것이 세 번째 원칙입니다. 만약 일정 기간에 세 가지 원칙을 모두 실현한다면 '지속 가능한'이라고 말하는 체계 최선의 기준에 근접하게 될 겁니다."

'지속 가능성', 이 말은 요즘에는 종종 잘못 쓰이는 유행어 가운데 하나다. 데 이 말은 지속 가능한 개발에 관한 유엔 보고서 「우리의 미래Our Common Future」(1987년)에서 사용하면서 공식화된 말이다. 당시 이 프로젝트를 주도한 이는 노르웨이 총리 그로 할렘 브룬트란트였는데, 그는 뒤에 세계보건기구(WHO)의 사무총장이 되었다. 이 보고서는 '지속 가능한 개발'이라는 말을 '미래 세대가 그들의 필요를 충족시킬 수 있는 가능성을 손상시키지 않는 범위에서 현재 세대의 필요를 충족시키는 개발'이라고 정의했다. 윌리엄 맥도너는 이런 정의를 마음으로 받아들여서 자신의 모든 친환경 디자인과 건축에 적용시켰고, 자신의 책 『요람에서 요람으로』(2004, 에코리브르)에 명쾌하게 풀어놓았다. 그는 자신의 고객인 갭Gap 사옥들에 빗대 자신의 책을 묘사했다.

"지붕은 오래된 잔디를 심어 굽이치는 초원처럼 보이고, 원시의 땅에서 씨를 구할 때는 허락을 받아서 그곳에 뿌려야 했습니다. 그것이야말로 부활의 행동이죠. 우리는 직장에서 사람들의 삶을 지탱해 주는 시스템을 디자인하려 했습니다. 활기가 없는 사람들을 위해 업무를 지원하는 시스템이 아니라는 말이죠. 빌딩 안은 신선한 공기로 가득합니다. 빌딩을 시원하게 하기 위해 밤 시간을 활용하며, 빌딩은 자연 채광으로 가득합니다. 즉 이 건물은 정말로 효과적으로 디자인된 작업장이어서 고객들이 기쁘게 받아들이고 있습니다. 생산성도 크게 향상되었지요. 만약 하루에 몇 분이라도 생산성 향상을 이룰 수 있다면 무슨 일이든 못 하겠습니까?"

오늘날 갭, 포드, 도요타, 나이키 등과 같은 기업들은 새로운 친환경 건물을 이미지 제고의 수단으로 여기고 있다. 많은 경우 기업의 그런 변화는 올바른 방향으로 가는 출발점이다. 물론 제품 생산이나 전 세계 기업 활동까지 모두 새로 디자인하자는 말은 아니다.

캐슬린 호건은 미국 환경보호국(Environment Protection Agency, EPA)에서 매우 성공적인 '에너지 스타' 프로그램을 지휘하고 있다. 에너지 스타 표시는 값도 싸고 에너지 효율도 높은 상품을 찾는 미국 소비자들에게 익숙하다. 캐슬린의 설명이다.

"에너지 스타 프로그램은 사람들이 에너지 관련 제품을 구입하거나 할 때 현명한 판단을 할 수 있도록 관련 정보를 제공하고 있습니다. 즉 에너지 효율적인 방안을 선택할 수 있게 하려는 거지요. 에너지 스타 표시는 40여 종의 생산품에 붙이고 있는데 그중 다수가 가정에서 사용하는 제품들입니다. 부엌에서 쓰는 보온ㆍ냉장 제품이거나 홈 오피스 기구, 가정용 오락기들이죠. 에너지 스타 표시가 붙어 있는 제품은 돈도 아낄 수 있고, 에너지도 절약하고, 환경보호도 할 수 있는 제품입니다. 제품 기능의 유지, 성능 향상의 모든 것을 제공합니다."

전형적인 에너지 스타 집은 일반적인 집보다 30퍼센트 정도 에너지를 절약할 수 있다. 린다 풀러가 이끄는 '국제 해비타트운동'은 뉴욕에 제휴사를 두

미국 환경보호국
캐슬린 호건

"에너지 스타 표시가 된 제품을 사면 돈과 에너지를 절약하는 동시에 환경도 보호할 수 있습니다. 우리는 사람들이 현명하게 판단하도록 돕고 있지요."

고 돈을 절약하려는 사람들에게 에너지 스타 등급이 매겨진 제품을 갖추도록 하고 있다. 전형적 1인 해비타트 거주지는 140평방미터로 거실과 부엌이 딸린 응접실이 하나 있는데, 바로 이 응접실이 에너지 효율적인 요소와 건강한 가정을 가져다준다. 해비타트운동은 10년 동안 그린 빌딩 세우기 프로그램을 세우고 있으며 미국 전역의 해비타트 가정에서 에너지 스타 제품들을 사용하도록 하고 있다.

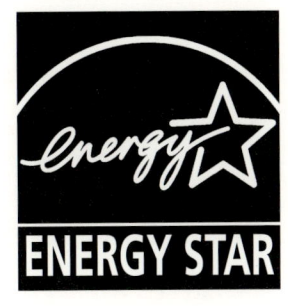

에너지 스타 표시

　뉴욕에서는 2000년 이후 에너지 스타 집들을 지어 왔는데 건물 디자인부터 건물 관리까지 모든 과정에서 의식적으로 노력을 기울이고 있다. 단열 효과를 높이고 보일러 또한 효율적인 제품을 쓰며, 건강을 해치지 않는 무독성 페인트로 마무리하고 있다. 그런 빌딩은 에너지 가격을 줄이는 시스템으로 작용한다. 행복한 새 집 주인이 된 마리아 샌더스는 "저는 해비타트 건물을 짓고 있는 밥 빌라를 텔레비전에서 보았습니다. 자신들의 집을 짓고 있는 이들의 얼굴에서 어떤 열의를 본 저는 곁에 있던 아들에게 말했죠. '우리도 할 수 있어! 나도 할 수 있어! 우리도 집을 지을 수 있어!' 라고 말이에요." 하며 자신이 해비타트운동에 동참한 계기를 열광적으로 말했다. 마리아는 결국 자기 집을 갖게 됐다.

　뉴욕 해비타트운동에서 일했던 케빈 설리번은 그 철학을 이렇게 설명했다. "집은 벽돌과 모르타르만 의미하는 게 아닙니다. 집은 사람들의 생계 수단과 관련이 있고, 가난에서 벗어날 수 있는 수단이 됩니다. 그린 빌딩을 통해, 가정으로 돈을 돌려주는 건강한 집을 통해 그 사실을 알게 됐습니다. 즉 가난한 사람들이 친환경적인 집에 살게 되면서 가난에서 더 빨리 벗어나게 될 수 있다는 것을, 아이들이 건강해지고, 미래에 실질적이고 장기적 투자를 할 수 있다는 것을 확신할 수 있습니다. 그린 빌딩은 3대 축(경제·사회·환경)에 관련돼 있습니다. 이건 모든 사람에게 좋은 일입니다. 에너지 절약 기구들을 통해 수입의 20퍼센트를 절약하든, 2퍼센트를 절약하든 그보다 더 중요한 것은 그린 빌딩을 통해 우리가 지역공동체 안에 모두 연결돼 있다는 생각, 자원을 어떻게 사용해야 하는가에 대해 생각하게 한다는 것입니다."

그린 빌딩 분야의 개발은 에너지 스타 기기와 집을 요구하는, 교육받은 소비자들에 의해 이뤄지고 있다. 미국주택협회(National Association of Home Builders, NAHB)의 친환경 가이드라인은 사실상 소비자들이 만들어 가고 있다. 이는 집을 되팔 때 가치가 높고, 유지·보수 비용이 낮다는 뜻이며, 이런 집을 지으려는 가족들에게 실질적 이득이 되고 있다. 그러나 우리가 일하는 환경을 잘 의식해야 한다. 만약 대저택McMansion을 짓고 에너지 스타 기기를 적게 사용한다면 그건 바람직하지 않다. 헌터 러빈스의 주장에 귀 기울여 보자.

"그린 빌딩 위원회의 친환경 건물 인증 '리드(Leadership in Energy and Environmental Design, LEED)'를 받을 수 있는 집을 짓는다면, 그리고 그 집이 에너지 효율적이고 거주하기에 좋은 집이라면, 상대적으로 적은 자원을 사용하세요. 미국 그린 빌딩 위원회를 살펴보고, www.usgbc.org/LEED/를 방문해 리드 표준을 확인하세요."

기존 경제학 교과서는 에너지 효율 측정에 대해서는 여전히 도외시하고 있어 내용 자체를 정밀하게 검토해야 할 필요가 있다. 왜냐하면 기존 경제학의 대차대조표에는 너무 많은 사회적 비용과 에너지 사용의 영향을 외부에 기대고 있기 때문이다. 캐슬린 호건은 왜 에너지 효율이 튼튼한 경제에 중요한지 요약한다.

"에너지 분야는 비즈니스에서 그렇게 잘 추적되지 않는 것 중 하나입니다. 그래서 이런 의문을 갖게 됩니다. '잘 측정되지 않는 것에 어떻게 대처할 수 있는가?' 하는 의문 말입니다. 그래서 우리는 새롭고 독창적인 '건축 실천 등급 체계'를 만들었습니다. 이 체계는 건물을 평가할 때 0에서 100까지 나눕니다. 0에 가까울수록 에너지 소비가 많고, 100에 가까울수록 에너지 효율이 높은 건물이라는 뜻입니다. 낮은 수치로 내려갈수록 건물을 개선할 기회가 그만큼 많다는 뜻입니다. 에너지 스타 제품을 구입했거나 건물을 에너지 효율적으로 바꾼 사람들이 에너지 요금 청구서상 80억 달러를 절약하고 있습니다. 에너지 스타 제품을 쓰는 사람들은 천8백 대의 자동차가 내뿜는 온실 가스를 절약한 셈이며, 2천만 가구에 필요한 전기를 절약한 셈입니다."

이런 과정에서 미국은 외국산 석유에 덜 의존적인 국가가 되기 위해, 그리고 화석연료의 사용을 줄이기 위해 노력하고 있다. 화석연료의 연소는 기후변화와 온난화의 주범인 이산화탄소 발생을 높일 뿐 아니라 많은 오염원을 만들어 내고 있다. 이제 태양열, 풍력, 조력, 바이오매스 같은 재생에너지로 이동하기 위한 프로젝트에 대한 요청이 많아지고 있다. 노동조합과 환경운동가

뉴욕의 해비타트 집

들이 활성화시킨 '아폴로 프로젝트'처럼 연료전지나 다양한 연료를 쓸 수 있는 가변 연료 사용 차량(Flexible Fuel Vehicle, 휘발유와 에탄올, 혹은 이를 섞은 연료를 사용할 수 있는 차량. 옮긴이)을 포함한 독창적인 기술 개발도 장려되고 있다. 하지만 내가 이미 『태양에너지 시대의 정치』(1981, 1988)에서 서술했듯이 사회 전체에서 이런 거대한 변화가 불가피하다는 것을 알면서도 화석연료를 활용한 산업의 강력한 로비 때문에 이런 노력들은 여전히 방해를 받고 있다. 기존 산업이 맺고 있는 특별한 이해관계를 방해하기 때문에 변하는 데 오래 걸리는 것이다. 무엇보다 수십만 달러의 보조금이 석탄, 석유, 가스와 원자력 기업들에 지급되어 왔다.

지금 부상하고 있는 태양열 기술은 이미 수십 년, 혹은 수세기 동안 준비해 온 것들이다. 태양열 기술은 모두 정보와 빛에 관한 것인데 새로 창업한 수천 개 기업의 지원을 통해 이 기술들이 힘을 얻고, 자금 지원도 받기 시작했다. 그런 기업은 닉 파커가 만든 클린테크 벤처 포럼(www.cleantech.com)과 같은 모임에서 만날 수 있다. 그린 빌딩은 이제 엄청난 유행을 맞이하고 있다. 『비즈니스위크』는 2006년 6월 19일자에 주요 기업의 후원을 받아 18쪽짜리 그린 빌딩 광고를 싣기도 했다.

요즘엔 '친환경 마천루'라는 말도 생겼다. 런던의 '스위스 리' 타워나 피츠버그의 새 컨벤션 센터인 콘데 나스트, 뱅크 오브 아메리카 타워뿐 아니라 뉴욕의 많은 빌딩들이 옥상 정원을 갖고 있다. 뉴욕의 지구 서약 재단(Earth Pledge Foundation, EPF)은 맨해튼의 연립주택 단지를 바꿈으로써 그린 빌딩이 실행 가능하다는 사실을 입증했다. 지구 서약 재단의 '옥상 정원 이니셔티브'는 다른 사람들이 전 세계적인 추세를 따라가도록 독려해 왔다. 지구 서약 재단의 이사 레슬리 호프만은 "우리는 친환경적이라는 말이 비효율적이고 덜 심미적이며, 더 비싸다는 잘못된 관념을 극복했습니다. 우리는 최고의 친환경 기술과 최고의 현대 디자인을 보여 주고 있습니다."라고 자신 있게 말했다. 레슬리는 건축과 디자인 분야 학위를 갖고 있고, 1979년부터 1990년까지 메인 주에서 친환경 건축가로 활동해 왔으며, 1994년 1월부터 지구 서약 재단의 이사를 맡고 있다.

"1990년 말 에이브러햄 링컨의 증손녀의 주거지였던 집을 구입했습니다. 우리 재단은 그 집을 친환경적으로 리노베이션 하려고 결정했습니다. 에너지 효율을 위해 건물 전체에 이동 센서가 연결된 작은 제어판을 설치했고, 그것으로 열과 빛, 공기를 통제합니다. 환기팬과 빛은 자동으로 켜지고 꺼집니다."

레슬리는 자신의 철학이 어떻게 기술과 하나가 되었는지에 대해 자세하게 설명했다.

"우리는 사람들이 새 건물을 지으려고 할 때 이 건물을 보고 자기 선택을 다시 판단할 수 있도록 노력했습니다. 뉴욕에 있는 우리 재단의 한 건물에는 처음으로 과학적으로 계획된, 가벼운 옥상 정원이 있습니다. 이런 옥상 정원은 도시의 열섬 현상이나 하수구 역류 현상 같은 환경적 문제를 줄일 수 있습니다. 동시에 그런 녹색 공간을 갖춘다면 말입니다. 이것은 생물종 다양성과 사람들의 즐거움을 위해 가치 있는 일이지요. 더욱이 에너지도

뉴욕의 지구 서약 재단
레슬리 호프만

"옥상 정원은 도시 열섬 현상이나 하수구 역류 같은 문제에서 우리를 구해 주었습니다. 생물종 다양성은 물론 사람들의 즐거움에도 큰 기여를 했지요."

뉴욕, 지구 서약 재단의 옥상 정원

절약하고 지붕의 사용 기간도 두세 배 정도 연장할 수 있습니다. 우리가 사용하는 모든 재료와 기술들은 생태 발자국 차원에서 고려되었습니다. 즉 우리가 산 제품이 어느 회사 제품인가에서부터, 그 제품들의 에너지 효율, 건물 내부의 공기 질, 가구·천·섬유 같은 것들의 재활용 정도는 어떠한지 알아보자는 것입니다."

시카고와 다른 많은 도시들이 친환경 건축물을 자랑하고 있다. 윌리엄 맥도너는 중국에서 완전한 녹색 도시를 디자인하고 있다. 친환경 철학이 낳은 많은 기업 가운데 '뉴욕의 소비자 파워라인' 이 있다. 아파트와 사무실 절전을 통해 돈을 벌도록 한 이 기업은 최근 메이시 백화점과 전 세계 스타우드 호텔 체인과 계약을 했다.

친환경 디자인은 생태학자와 생물학자들의 과학적 통찰을 통해 성장해 가고 있다. 경제학이 중요한 여러 분야의 통합적 통찰 없이도 우리의 생태학적 생명 지원 체계인 자연 세계의 작동으로 편입돼 가고 있다는 것을 깨달은 시스템 고안자들도 마찬가지다. 레이첼 카슨의 『침묵의 봄』(1962)이 나온 이래 경제학자들과 비즈니스는 제품의 사회적·환경적 비용이 기업의 대차대조표와 제품 가격에 추가되지 않기를 희망하면서 뒤늦게 엄청나게 노력했다. 오늘날 가격에 외부 비용까지 반영하는 것이 소비자 사회가 지속 가능한 사회로 향하는 계기가 된다는 인식이 팽배해 있다. 런던에 있는 '트루코스트' 는 기업들이 자원과 돈을 절약하기 위해 이런 비용이 포함된 가격을 계산하고, 제품을 다시 디자인하며, 기회를 확인할 수 있도록 돕고 있다. 역시 런던에 있는

'비아 3 네트워크(www.via3.net)'는 나와 존 태커가 공동으로 창립한 단체인데, 여기서 '친환경 사무실 만들기'를 이끌고 있다. 이 단체는 친환경 사무실 제품 제조업자와 그들의 서비스를 필요로 하는 회사를 온라인으로 연결시켜 주고 있다.

존 토드 박사는 국제적으로 지명도가 있는 생물학자이면서 생태 디자인 부문에서 전도유망한 지도자다. 그와 그의 아내 낸시 잭 토드는 '신연금술 인스티튜트'를 창안했다. 이 기관은 쓰레기를 음식과 연료로 새로 생산하고 오염된 수질 환경을 회복시키는 '생명 기계'를 창안했다. 존 토드는 현재 버몬트 대학에서 '환경과 자연 자원을 연구하는 루벤스타인 학부'의 교수로 있다. 존 토드는 자신의 통찰에 대해 이렇게 설명했다.

"이건 마치 자연의 언어를 해독하고 그 언어를 통해 원하기만 한다면 디자인의 청사진을 창조하는 것과 같습니다. 생태 디자인이라 불리는 것 말입니다. 그걸 우리는 '신연금술new alchemy'이라 불렀지요. 새로운 지식은 체계적으로 농작물 기르기, 에너지 저장과 사용, 건축과 건물 디자인, 풍경 관리, 심지어 대중교통 수단까지 껴안으면서 다양한 기업의 서로 다른 부분에 기본이 될 것입니다. 이 모든 것들은 하나의 새로운 전체에 서로 연결돼 있습니다. 우리는 그것을 오션 아크스(Ocean Arks, 1981년 지속 가능한 생태 디자인 아이디어를 알리기 위해 만들었다. 옮긴이)에서 발견하기 시작했습니다. 오염된 물을 정화하고, 식수원을 보호하는 생명 기술을 만들 수 있는 방법 말입니다."

존은 이런 가설을 이용했다.

"하수를 처리해 깨끗한 물을 만든다고 가정합시다. 우리가 해야 할 다음 단계는 여러 생물종을 모으는 것입니다. 그 다음 그것들을 큰 수조 통에 넣고 한 줄에 꿴 구슬처럼 서로 연결합니다. 그리고 각 통에 여러 종, 많게는 수

천 종의 생물종을 집어넣습니다. 그리고 맨 위에 오염된 물을 부으면 이 통에서 저 통으로 물이 흐르기 시작합니다. 이 경우에는 오수가 깨끗한 물로 바뀌는 데 10단계의 변화 과정을 거치게 될 겁니다. 생태 엔지니어로서 당신은 생물종에 산소를 공급해 줍니다. 그러면 대부분은 제대로 작동하기 시작합니다. 당신은 계절 정보도 주어야 합니다. 생명 기술에 계절 정보를 준다고요? 계절 정보라는 것은 그렇게 명확하지 않을 겁니다. 그럼에도 일단 들기만 하면 아주 명백합니다. 계절마다 밖으로 나가 보세요. 그리고 그 계절에 활동하는 생명체들을 모으세요. 그리고 그것들을 통 속에 담는 겁니다. 그러면 온실 안의 이 시스템에 봄여름가을겨울의 지혜가 갖춰지게 되는 겁니다."

이러한 심층 체계 인식은 최고의 디자이너와 건축가의 사고방식에 영향을 미친다. 겸손한 인식은 곧 천재성과 연결된다. 즉 우리 인간은 지구의 탁월한 디자이너인 '어머니 자연'에게 배울 수 있다는 인식 말이다. 모든 인간 기술은 어느 정도 자연을 모방하고 있다. 최고의 산업 디자이너는 자연이 어떻게 그런 디자인의 기적을 연출하는지 배우기 위해 전복조개부터 거미줄에 이르기까지 공공연하게 자연 형태를 탐구하고 있다. 이러한 새로운 통찰은 재닌 베니우스가 쓴 『생명 모방』(1997)에 잘 묘사되어 있다. '인류애 해비타트운동'의 케빈 설리번 역시 이런 깊은 교훈을 깨달았다.

"그린 빌딩에서 아주 중요한 핵심 사항은 우리 모두가 하나로 연결돼 있다는 것입니다. 우리 모두는 하나의 구명보트에 타고 있으면서 재생 불가능한 자원을 더욱더 많이 소비하고 있어요. 우리는 에너지의 최종 소비자가 되는 장기적 경향을 뒤바꿀 수 있습니다. 집도 에너지 생산자로 간주할 수 있습니다. 살아가는 방식을 바꾸고 자연과 소통할 수 있습니다. 그런 뒤 장기적으로 지구에 미치는 영향을 줄이고, 인간끼리 그리고 지구의 에너지 자원과 원료에 더 긴밀하게 연결돼 있다고 느낄 수 있습니다."

윌리엄 맥도너 역시 비슷한 주장을 하고 있다.

"이제 새로운 의식이 필요한 때입니다. 편의주의와 교육을 연결시키면 됩니다. 세계적 기업들을 보면서 지역공동체야말로 다양성과 생물학과 즐거움으로 가득 차 있다는 것을 깨닫습니다. 인간 문화는 지역 차원에서 표현될 필요가 있습니다. 우리는 하나의 치즈가 아니라 4백 종의 프랑스 치즈를 원합니다. 우리는 다양성이 풍부한 생물 현상을 원합니다. 그러나 세계적으로는 국제 기준을 원하고 세계적 기업들이 모든 사람들을 위해 삶의 기준을 높이는 한 기업 활동을 계속하기를 바랍니다."

헌터 러빈스 역시 이에 동감하고 있다.

"현재 유지되고 있는 자본주의는 여러분들이 원한다면 그 자체의 내부 논리를 어길 수 있습니다. 우리는 그리 훌륭한 자본주의자는 아닙니다. 왜냐하면 우리는 인적 자본과 자연 자본을 잃고 있기 때문입니다. 그건 우리가 계산하는 자본의 형태만큼이나 경제적 웰빙에 중요한 것들이지요. 예컨대 자연 자본의 경제에 대한 대략적인 가치는 연간 30조 달러에 이릅니다. 이건 우리가 계산하는 모든 경제와 맞먹는 수치입니다. 회사와 공동체, 경제 시스템에 대해 알려 주는 지표가 있어야 합니다. 만약 우리가 이것을 잃는다면 여러분들의 상태는 더욱 나빠질 겁니다."

오늘날 많은 호텔 체인들은 지속 가능성과 고용원들의 건강, 3대 축(환경·경제·사회) 부문에서 절약을 생각하는 페어몬트 호텔을 따라가고 있다. 이제껏 우리는 실제로 지을 수 있는 것 가운데 더 깨끗하고 건강하고 친환경적인 집과 사무실 빌딩들을 살펴보았다. 그리고 그런 곳들이 역시 살기 좋고 일하기 좋은, 아름답고 즐길 만한 공간이라는 것도 알았다. 수입 석유에 대한 의존성과 가격 상승, 화석연료의 오염 같은 현안들이 전반적인 삶의 질을 개선하고 생산성을 향상시키는 더 나은 방법을 양산하게 하는 형국이다. 에너지를 보존하는 빌딩을 지으면 미국이 매년 낭비하는 거대한 에너지 보유고를 대체할 수 있다. 에너지 전문가인 스킵 레이트너 박사는 에너지를 더 효율적으로 소비하면 미국이 수입하는 석유 양을 대체할 수 있고, 오염을 상당히 많이 줄일 수 있다는 것을 보여 주고 있다.(www.ethicalmarkets.com)

건강에 더 좋은 빌딩과 덜 오염된 지역은 의료비도 낮출 수 있다. 질 낮고 건강에 나쁜 빌딩sick buildings을 바로 세우는 작업에 들어가는 비용을 낮추는 것은 장기적 전체 비용을 감안할 때 근시안적이다. 더욱더 많은 경제학자들이 이제 빌딩의 생명을 연장하는 데 들어가는 다른 비용과 유지 비용을 계산하면서 장기적 비용과 이점을 감안하기 시작했다. 그래서 보온과 냉방을 위해 태양에너지를 확보하는 데 유리한 건물 위치와 자연광이 더 많이 들어올 수 있게 하는 창들이 나타나게 되었다. 빌딩 건축 과정의 더 높은 기준, 냉장고나 다른 가전제품, 사무실 집기에 붙은 에너지 스타 표시 같은 것들이 이런 현상을 이끌고 있다. 지역 건축업자들과 제유하고 있는 가정 건축업자와 미국 그린 빌딩 위원회 전국 연합은 전국적으로 그린 빌딩 기준을 장려하고 있다. 이런 기준을 충족시키는 개인 주택도 친환경적으로 건축되면서 시장에서 잘 팔릴 것이다. 그린 빌딩 기준은 다음 내용을 포함한다.

> 토지 개발과 위치
> 자원 효율
> 전 세계적으로 긴급성이 높아지고 있는 수질 보호
> 실내 공기의 질
> 에너지 효율

돈과 에너지를 절약할 수 있고, 오염을 줄일 수 있는 단계는 다음과 같다.

1. 작고 경제적인 형광등을 사용하라.

2. 물을 절약할 수 있는 샤워 꼭지를 설치하라.

3. 보온과 냉방 단위를 조절하라.

4. 에너지 스타 표시와 새로운 그린 빌딩 기준을 살펴라.

소비자, 고용인, 집주인, 건축주와 자재 공급자 모두가 더 환경적이고 깨끗하고 건강한 미래를 위해 할 수 있는 일은 굉장히 많다!

말한 대로 행동하기 4

페어몬트 호텔의 그린 빌딩 전략

WALKING THE TALK

ROUNDTABLE

심런 세티   조지 터필로스키

심런 세티가 워싱턴 D. C.의 페어몬트 호텔 총지배인인 조지 터필로스키와 기업 애널리스트인 앨리스 티퍼 멀린을 초대해 호텔이 선택한 친환경 활동에 대해 들어보았다. 이들은 물품 구입과 에너지 효율, 수질 보호와 쓰레기 줄이기 등에 관해 큰 영향을 미치는 중요한 인물들이다. 페어몬트 호텔은 캐나다의 호텔 체인이었는데 최근 아랍에미리트 사가 사들였다. 이 호텔은 북미뿐 아니라 카리브 해와 두바이 등지에 45개의 호텔 체인과 친환경 파트너십을 통해 친환경 호텔로 거듭나고 있다.

조지 터필로스키: 페어몬트 호텔은 캐나다 로키산맥에서 대서양 바닷가에 이르기까지 멋진 풍경을 갖춘 곳에 위치하고 있습니다. 여러 면에서 우리 호텔들은 역사적 이정표이기도 하지요. 사람들이 와서 밤에 머물다 가는 곳일 뿐 아니라 들어선 지역과 매우 강하게 유대 관계를 갖고 있는 건물이기도 합니다. 우리 기업의 목표 가운데 하나는 고용을 창출하고 공생 관계를 즐기는 지역공동체 내에서 번창할 뿐 아니라 주변 환경과 지역 풍광의 미관을 유지하는 데 기여하는 호텔을 만들어 가는 것입니다.

앨리스: 그러면 이곳 워싱턴에서 호텔을 운영하는 것은 어떤 의미입니까?

조지: 이곳 워싱턴에선 대도시 한가운데 들어서 있지만, 다른 지역의 호텔들과 친환경 파트너십 프로그램을 운영하고 있습니다. 각 호텔은 개별 지리적 위치에 맞는 기업 프로그램을 적용하고 있습니다. 예컨대 웨스트버지니아에서 풍력 전기 서비스를 구입함으로써 탄화수소 량을 제한하고 있지요. 직원들에게는 지하철 티켓을 제공합니다. 자동차를 몰고 도로에서 오염원을 늘리는 대신 대중교통을 사용하게 하는 겁니다.

앨리스: 지역적으로 유기농을 지원하기 위해 무엇을 사고 있는지요?

조지: 최근에 우리 레스토랑 가운데 하나를 리노베이션 해서 다시 문을 열었습니다. 그곳은 '로뎀나무Juniper' 라고 불립니다. 우리는 호텔을 지역 관광지로 만들기 위해 노력합니다. 그런 목표를 얻으려고 하는 노력 가운데 하나는 중부 대서양 주에서 발견되는 고유의 생산물과 농작물을 가져오는 것입니다. 그리고 음식이 남을 경우 지역에 다시 돌려보내는데, 음식 은행과 취약 계층을 위한 무료 식당이 그 종착지입니다.

페어몬트 호텔 전경

앨리스: 호텔을 깨끗이 하는 문제에 대해선 어떠한지요? 호텔은 가정에서 우리가 사용하는 세제보다 훨씬 더 많은 제품을 사용하고 있을 텐데, 물 공급에 문제는 없는지요? 청소하는 분들에게 해로운 유독 물질을 함유한 세제들도 많을 텐데요?

조지: 가장 복잡한 프로그램 가운데 하나가 하와이 빅 아일랜드의 페어몬트 오키드 호텔에서 이뤄지고 있습니다. 그곳 호텔 관리팀에선 호텔방을 청소하는 데 전통적으로 사용해 온 합성 제품들을 모두 없앤 프로그램을 운용하고 있습니다. 그 대신 자연 오일과 레몬, 백리향, 식초 같은 천연 유기농 제품들을 사용하고 있습니다. 이런 프로그램의 흥미로운 부산물 가운데 하나는 세탁실에서 열심히 일하는 청소부들이 자신들에게 알레르기 반응과 두통 같은 것이 적다는 것을 발견하는 일입니다. 즉 두통 같은 증상들은 그간 호텔에서 사용한 화학제품에 유해하고 건강에 나쁜 물질이 들어 있었다는 증거지요.

앨리스: 그러면 하와이에서 실행되고 있는 것들을 다른 지역 호텔에도 적용하고 있는지요?

조지: 모든 호텔들은 개별 지역에서 만든 환경 프로그램을 캐나다 토론토의 본부 사무실에 제출합니다. 그곳에 환경 프로그램을 담당하는 사람이 있지요. 1년에 한 번 저희 회사는 상징적으로 각 호텔에 나무를 나눠 주는데, 그것은 각 호텔들이 들어서 있는 환경으로 자연을 되돌려준다는 약속입니다. 매년 최고의 실천 프로그램들이 '최고의 실천Best Practice' 바인더에 묶입니다. 이 바인더는 각 호텔의 친환경 팀에게 배포됩니다. 우리가 실천하고 있는 많은 아이디어들은 사실상 여러 페어몬트 호텔들에서 온 것이지요.

05 공동체 투자

금융과 테크놀로지의 세계화는 반환경적인 기업 활동으로 환경 자원을 고갈시킴으로써 지역 경제에 타격을 입혔다. 『뉴욕타임스』의 기고가 루이 어치텔의 『일회용 미국인』(2006)을 비롯한 여러 학술 보고서가 미국에서 늘어나는 정리 해고에 대해 언급했으며 저임금 국가에서 이루어지는 아웃소싱으로 인한 지역공동체와 삶의 파괴에 관해 다루었다. 글로벌 거대 기업들이 작은 농장을 비롯한 지역의 상공업을 퇴출시키는 경우가 자주 있다. 하지만 이러한 거대 기업의 공세에도 최선의 투자 기회는 바로 우리 이웃에 있을 수 있다.

현재의 경제 정책은 지역공동체의 결속과 가족, 지역 문화의 깊은 가치를 헤아리지 못하고 있으며 어떻게 이런 공동체의 가치가 국가의 풍요와 복지를 뒷받침하는지를 간과하곤 한다. 20세기 경제를 움직여 온 잘못된 가정 때문에 일자리와 더 나은 삶을 찾아 시골에서 도시로 인류의 대이동이 이루어졌다. 현재 세계 인구의 50퍼센트가 도시에 살며 그들 중 상당수는 끔찍한 도시 빈민의 삶을 살고 있다. 도시에서의 구직 기회는 기대에 훨씬 미치지 못한다. 또한 도시의 기간 시설과 서비스 구축 및 유지에 드는 막대한 돈 때문에 정부는 빚에 허덕이고 있으며 도시에서의 삶은 불만족으로 가득하다. 이제는 대도시에서 북캐롤라이나의 마운트에어리 같은 시골의 작은 소도시로 이주해 가는 역류 현상도 증가하고 있다.

완다 어반스카의 인기 있는 피비에스(PBS) 텔레비전 시리즈와 리치 칼그라의 『삶 2.0: 미국인들은 행복의 발견을 통해 어떻게 삶을 변화시키고 있나*Life 2.0: How People Across America Are Transforming Their Lives by Finding the Where of Their Happiness*』(2004)는 이런 인구의 역류 현상을 자세히 묘사하였다. 사람들은 지역 경제가 붕괴되고 나서야 그 가치를 깨닫는다. 지역 경제가 붕괴되면 사회 서비스와 실업, 마약과 위기 상담, 그리고 노숙자 보호를 위해 엄청난 예산이 필요하게 되며 이 모두가 납세자의 부담이 된다. 이 장에서는 공동체 투자가 이룰 수 있는 일자리 창출과 성공적 사업, 지역 발전의 풍부한 기회를 미리 깨달은 선구자들을 만나 보려 한다.

지역자치제와 지역공동체 건설의 새로운 경향을 보여 주는 사례는 많다. 1999년 'HR 1452, 주 정부와 지역 정부 활성화를 위한 법령'으로 의회에 제출된 켄 본삭의 주권법안은 새로운 방법을 제시한다. 이 법안은 학교, 도로, 다리, 대중교통, 환경 개선 등 유권자들이 승인한 지역의 공공 프로젝트에 의회가 무이자 국채를 발행할 수 있게 했다. 이렇게 하면 높은 이자율로 개인 투자자들에게 유통되는 지역 채권을 줄일 수 있다.(www.interfreeloans.com) 'HR 1452' 법안은 지역 경제를 지원하고 지역 정부에 힘을 실어 주는 것을 목적으로 한다.

살아 있는 지역 경제는 지역 주민들이 공동체를 복원하고 개혁하려고 할 때 만들어진다. 주디 윅스는 이런 운동을 이끈 사람 중 하나다. 주디가 필라델피아에서 운영하는 '화이트 독 카페'는 '지구적으로 생각하고 지역적으로 행동하는' 건강한 사례다. 화이트 독 카페는 '살아 있는 지역 경제 동맹(Business

Alliance for Local Living Economies, BALLE)'의 가맹점이다. 이 단체는 주디가 친구와 함께 창립한 것으로 지역의 사업체가 지역 경제를 활발하게 할 수 있도록 도움을 준다. 필라델피아는 다른 오래된 도시들처럼 인구가 줄어들고 있지만 필라델피아의 다운타운은 피비에스 텔레비전 시리즈에 바탕을 둔 『잃어버린 낙원, 다시 찾은 낙원』(2005)에서 묘사한 것처럼 지금 새롭게 부흥하고 있다.

화이트 독 까페를 왜 시작했고, 어떻게 시작하게 됐는지 주디 윅스는 이렇게 설명한다.

"저는 대기업의 통제에 대항할 길은 지역 통제라는 사실을 깨달았어요. 그러자 내가 필라델피아에서 해 오던 일을 확장시켜야겠다는 생각이 들더군요. 그래서 이 지역의 농장을 사는 일부터 시작했습니다. 식품의 안전을 지키는 게 시작이었죠. 하지만 에너지 보장의 문제도 있지요. 저는 모든 지역 공동체가 식량, 물, 에너지를 보장받는 세상을 꿈꾸기 시작했어요. 모든 공동체가 이 세 가지를 보장받는다면 그게 바로 세계 평화의 초석이 아닌가요? 그런 후에 다른 토대가 무엇인지도 생각해야죠. 의복과 주거의 문제요. 그러니까 그린 빌딩 운동이죠. 저는 친구인 로리 해밀과 힘을 합하여 '살아 있는 지역 경제 동맹'을 창설했어요.

화이트 독 까페
주디 윅스와 친구들

"우리는 지금까지 물건을 싸게 사지 못하면 바보라고 배워 왔지만, 소비자가 물건을 소비하는 방식 자체가 경제를 크게 바꿔 놓을 수 있어요."

우리는 캐나다를 포함한 미주 지역에서 25개의 지역공동체와 작업을 같이 하고 있어요. 이 공동체들에는 필라델피아와 비슷한 종류의 사업 네트워크가 있답니다. 그들 또한 식량 안전망을 구축하고, 지역의 의복 산업을 지원하고, 지역에서 사용할 수 있는 대안 에너지를 지원하는 일을 하고 있어요. 만약 자기가 거주하는 지역공동체에서 원하는 것을 구할 수 없다면 다른 공동체의 소상공업자에게 그 물건을 구입하면 됩니다. 그러면 다른 지역의 지역 경제를 도와주는 셈이죠. 커피나 초콜릿처럼 지역에서 구할 수 없는 물건들도 많이 있어요. 하지만 지금은 글로벌 경제 시대이고, 저희가 벌이는 운동은 모든 것을 다 지역에서 구입하자는 운동은 아닙니다.

지역의 물건을 사면서 지역의 경제를 돕자는 거죠. 그러니까 공정무역을 하자는 겁니다. 공정함을 우선으로 하고 사람을 중심에 두자고 얘기하는 거예요. 단지 가격만 보고 결정을 내리진 말자는 거죠. 우리는 이제까지 물건을 싸게 구입하지 못하면 바보라고 배워 왔어요. 그리고 물건을 파는 입장에서는 비싸게 팔지 못하거나 높은 투자 수익을 올리지 못하면 바보라고 배워 왔죠. 하지만 현실에서 우리가 유념해야 할 점은 재무제표의 손익 계산이 아니라 우리가 사업가로서 또는 소비자로서 물건을 구매하는 방식이 세상에 영향을 미친다는 사실입니다."

지미 카터 대통령 시절에 환경보호국 집행관으로 일했던 윌리엄 드레이튼 역시 주디의 비전에 공감하고 있다. 윌리엄은 '맥아더 재단 천재상' 수상자로, 당시 받은 상금으로 아쇼카(ASHOKA, www.ashoka.org)를 세웠다. 이 기관은 전 세계 천여 명의 사회 기업가에게 상금을 제공했다. 윌리엄은 상금을 받은 사람들이 역사에 뭔가를 남길 만한 혁신적인 인물들이라고 생각하고 있다. 그의 견해를 들어 보자.

"우리는 어디에서나 늘 변화를 만드는 사람이 필요합니다. 모든 사회적 사

아쇼카 창립자
윌리엄 드레이튼

"변화를 만드는 사람은 늘, 어디에서나 필요합니다. 변화에 대한 아이디어를 갖고 사회적 사업을 펼치는 이들은 아주 중요한 존재입니다."

업가들은 자신의 영역을 변화시킬 아이디어를 갖고 나타납니다. 예컨대 인도의 한 동료 기업인은 위기에 처했을 때 거리 아이들과 교환원(역시 거리 아이 출신의)을 연결하는 전화 핫라인을 개발했습니다. 수요와 공급이 같이 가는 경우입니다. 그것은 모든 사람들의 사업 방법을 변화시킵니다. 담당 구역을 순회 중인 경찰관들도 무료 전화 한 통으로 책임 소재가 밝혀질 수 있으므로 더 이상 거리 아이들을 희생자로 삼을 수 없게 되었지요. 이런 사회적 기업가 덕분에 인도 전역의 58개 도시에 이 핫라인이 개통돼 있습니다. 7백만 명에서 8백만 명이 이 전화를 이용했고 이제 47개 국가로 퍼져가고 있습니다."

조시 메일맨은 금융자본과 사회 자본을 동시에 증가시킬 수 있는 지역 기업 투자의 가치에 대해 잘 알고 있다. 그는 1987년 샌프란시스코에 본사를 둔 '사회적 벤처 네트워크'를 창설했다. 지금은 벤처 기업가와 사회 투자자들, 기업가, 재단, 비영리단체 지도자를 포함한 4백 명의 개인과 단체 회원을 거느리고 있는 이 조직은 '사회 책임 경영협의회'를 비롯한 많은 단체를 길러냈다. 조시는 또한 이쿠벌 쿠아디르와 함께 그라민 은행의 파트너 회사인 방글라데시 통신업체 '그라민 폰'을 창립했다. 조시는 "세계적으로 부의 집중 현상은 엄청납니다. 어쩌다 보니 엄청난 부를 소유하게 된 개인들이 있지요.

살아가다 어느 날 문득 이 사람은 이런 생각을 할 수도 있어요. '이런, 난 정말 무슨 일인가 해야겠어. 내가 물려받은 재산으로 세계를 바꿀 만한 중요한 역할을 할 거야.' 그러면 이 개인에게 집중된 재산은 세계 사회운동을 조직하고 혁신적인 변화를 지원하는 데 쓰일 수 있습니다. 저는 개개인의 성장의 힘을 믿는 편입니다."라고 말한다. 이베이의 공동 창립자인 피에르 오미드야르와 제프리 스콜은 지역 사업체와 사회사업가를 지원할 수 있는 기금을 설립했다. 이 두 사람은 터프츠 대학교와 함께 설립한 오미디어-터프츠 마이크로 펀드 기금과 캘리포니아 팔로 알토의 스콜 기금(www.skollfoundation.org)을 각각 설립했다. 윌리엄 드레이튼은 "사회사업가는 민주주의 사회를 필요로 하고, 민주주의 사회를 성장시킵니다. 둘은 서로를 필요로 하는 관계죠. 따라서 사회사업가는 민주주의 출현과 발전 뒤에 숨은 동력이라고 할 수 있지요."라고 이런 현상을 설명한다.

이러한 세계적 운동은 미주, 유럽, 일본, 오스트레일리아 및 여러 산업국가에 있는 사회 책임 의식을 가진 투자자와 사업가들과 개발도상국의 자본이 부족한 사업가들을 연결해 준다. 이런 운동은 글로벌 '소액 금융microfinance' 부문의 급성장을 가능하게 했다. 글로벌 소액 금융은 여성운동의 자극으로 촉발되었다. 1970년대와 1980년대 유엔이 주도한 여성회의에서 시작하여 1996년 중국, 베이징, '여성과 발전에 대한 지도자회의'에서 정점에 달한 여성운동이 소액 금융 부문을 발전시켰다. 수천 개의 지역 신용조합은 대부분 여성 사업가들로 이루어져 있다. 여성 세계은행과 액시온이 그 예다. 여성 세계은행과 액시온은 1970년대 이래로 여러 나라에서 활동하고 있으며 여성들이 대출과 재정 지원에서 소외되지 않도록 사업을 벌이고 있다. 무하마드 유누스 박사는 방글라데시에서 그라민 은행을 창설하여 5백3십만 명의 사람들에게 51억 달러를 대출해 왔다. 그 결과물로 생긴 회사인 '그라민 샤크티'는 방글라데시 시골에 천5백 개의 태양열 장비를 팔았고 보조금 없이 해마다 15퍼센트의 성장을 하고 있다.

미국 그라민 재단의 이사장인 수전 데이비스는 2장에서 언급한 알렉스 카운츠와 함께 일한다. 수전은 그라민 은행의 활동에 대해 이렇게 말한다.

"우리가 사회문제를 풀 수 있는 혁신적 생각을 갖고 있는 사회사업가를 더 많이 찾아낼 수 있다면 변화를 보다 빨리 이룰 수 있습니다. 그라민 재단이 하는 일은 소액 금융 조직을 만들고 소액 금융 조직의 지원을 받고자 하는 개인과 단체를 찾아내어 연결해 주는 것이죠. 그라민 은행의 평균 대출액은 약 2백 달러입니다. 처음엔 67달러에서 시작했죠. 이 은행은 창립 후 2년을 제외하고 해마다 수익을 올렸어요. 아주 좋은 모델인 셈이죠. 또한 사람들이 어떻게 가난을 극복할 수 있는지 보여 주는 등불이 됐습니다. 인도에서 실행 중인 가장 큰 프로그램을 살펴보면 대출 혜택을 받은 사람의 4분의 3이 네 번 또는 그 이상의 대출을 통해 가난에서 벗어났어요."

주요 투자 기금들도 지역 투자를 시작하고 있다. 사회 책임 펀드의 캘버트 그룹은 금융·사회적으로 이런 투자가 왜 필요한지, 어떤 이익이 있는지 설명하고 있다. 샤리 베렌바흐는 매릴랜드 베데스다에 있는 캘버트 재단의 이사다. 샤리는 그 프로그램을 이렇게 설명했다.

미국 그라민 재단 이사장
수전 데이비스

"그라민 은행은 가난한 사람들이 소량의 대출을 통해 어떻게 가난을 극복할 수 있는지 보여 주는 등불이 되었습니다."

"캘버트의 사회 투자 펀드는 주주들에게 1퍼센트의 뮤추얼 펀드 자산을 갖고 투자할 수 있도록 요청합니다. 그런데 알려진 주식과 채권에 투자하는 것이 아니라 그 돈을 갖고 비영리기관에 직접 투자합니다. 이들 그룹은 지역에서 활동하고 있는데 적정한 가격의 집을 지원하고, 주간 탁아를 지원하며, 작은 기업의 새 일자리를 지원하기 위해서입니다. 1995년 캘버트는 새로운 자산 계급으로서 지역공동체 투자를 대중화하려는 목적으로 별도의 비영리 기관인 '캘버트 재단'을 출범했습니다. 이는 투자의 새로운 방법이라고 할 수 있습니다. 우리는 이를 실행하기 위해 양도성 예금 증서처럼 '지역 투자 화폐(Community Investment Note, CIN)'라 불리는 특별 금융 수단을 만들었습니다. 투자자들이 이 지역 투자 화폐를 사면 돈이 지역 기관에 투자되는 것입니다."

제1세계 개발재단(3장 참조) 창시자인 레베카 애덤슨도 캘버트 그룹의 뮤추얼 펀드 신탁자이다. 레베카의 설명을 들어보자.

"지역 화폐는 사실 라코타 펀드(lakota Funds, 라코타 인디언 부족의 대부, 기술, 개발 지원을 목표로 한 지역 개발 기구. 옮긴이)에서 왔습니다. 이것은 토착민들이 금융 시스템을 디자인하는 방법이기도 합니다. 그것이 우선적으로 자본을 지역에 묶어 두는 역할을 합니다."

캘버트 재단 이사
샤리 베렌바흐

"우리 재단은 '나눔과 협동'을 기본으로 하는 인디언식 자본주의를 돕기로 했습니다. 인디언 보호구역의 역동성을 깨닫고 라코타 펀드를 만들었지요."

레베카는 전 세계 사람들이 자신의 땅과 권리를 지킬 수 있도록 돕고 있다.
"소규모 대부금을 만드는 라코타 펀드와 수십억 달러 규모의 뮤추얼 펀드인 캘버트의 원칙은 똑같습니다. 미국 인디언 보호구역 가정의 4분의 3 이상이 관을 만들고, 묘지에서 용접하며, 머리를 하고, 아이를 돌보며, 점심을 나르는 등의 일을 하고 있는데, 이 모든 역동적 경제활동이 완전히 무시되고 있습니다. 이미 그곳에 있는 것, 그리고 보호구역 경제에 일어난 것을 바탕으로 우리는 라코타 펀드를 디자인했습니다. 캘버트에서는 역시 주주들을 설득해야 했는데, 놀랍게도 (저는 놀라지 않았습니다만) 이처럼 낮은 수익의 지역 대부 펀드에 5퍼센트를 투자하기를 원했습니다! 캘버트에서 급진적인 실험이 된 것은 밤새 사회적 투자 시장에서 가장 급속하게 성장한 상품이 되었습니다."

레베카는 역설적이게도 이렇게 덧붙였다.

"보통의 시스템에서는 만약 당신이 은행 대부금이 필요하다면 은행 대부 자격을 갖추려고 할 것입니다. 우리가 가진 시스템에서는 은행 대부가 필요 없다면 이미 그것으로 당신은 자격이 있는 것입니다. 왜냐하면 이익은 당신이 이미 쌓아 놓았기 때문입니다. 누구나 인디언들은 아주 많이 나누고 협력을 많이 한다는 것을 알고 있습니다. 나눔과 협동을 부정적인 것으로 상상한다면 (물론 나눔과 협동이라는 것은 비즈니스 원칙이 아니라고 이해하고 있지만) 우리는 경제 성장도 이루지 못하고, 함께 하고 나누는 사람들과의 자본주의도 할 수 없었을 겁니다."

미국 인디언 공동체는 부족 사냥과 카지노를 통해 특별한 이득을 보아 왔다. 경제적인 면에서 자기 충족적인 방식을 지향하는 것이 비난받아 왔지만 (어떤 부족은 감옥에 간 로비스트, 잭 에이브러모프에게 사기를 당하기도 했다.) 부족들은 가능한 몇몇 제안을 했다. 적어도 그런 경제활동을 통해 얻는 이득은 학교

와 사회 서비스, 건강관리 그리고 '북미원주민은행연합'과 인디언이 소유한
은행을 개선할 수 있었다. 『이코노미스트』는 2005년 2월 19일자 기사에서 금
융 서비스 분야에서의 이런 성장을 긍정적인 성과로 주목했다. 샤리 베렌바
흐의 말이다.

　"캘버트 재단이 출범한 이래 2만 개의 가정에 돈을 지원해 왔습니다. 또 소
상인 대부를 지원하고 있습니다. 이 재단은 2천 명의 투자자들이 모은 1억
달러를 갖고 있으며 투자자들은 모두 그 돈이 지역공동체 차원에서 쓰일 수
있기를 바라고 있습니다. 그리고 은행에서 돈을 빌릴 수 없는 사람들, 절박
한 사회적 필요를 해결하는 데 그 돈을 쓸 수 있는 사람들에게 투자금이 유
용하게 쓰이기를 바라고 있습니다."

　또 다른 혁신적인 그룹은 샌프란시스코에 있는 루돌프 슈타이너 재단
(Rudolf Steiner Foundation, www.rsfoundation.org)이다. 이 재단은 루돌프 슈타이
너의 업적에 기반을 두고 전 세계 시골과 도시 공동체를 되살리기 위해 기부
자와 투자자들이 낸 돈이 지역 기업으로 흘러갈 수 있도록 돕고 있다. 슈타이
너는 발도르프학교(슈타이너의 인지학을 토대로 교수법과 방법론을 계발했고, 진정한
인간학에 근거한 교육, 국가의 권력과 이념을 벗어나서 인간다운 인간을 길러 내는 교육
을 목표로 한다. 옮긴이)를 세운 유럽의 철학자이자 교육가다.

　지역공동체에 투자한다는 개념은 이제 전 세계적으로 강력하게 퍼지고 있
는 운동이다. 인도에서부터 에티오피아까지 사람들은 사업을 시작하고 재정
자립을 보장받기 위해 소액 융자를 얻고 있다. 그러나 금융 자본에 접근하는
것은 여전히 제한적이다. 소규모 차용자가 대기업보다 더 빚을 잘 갚는다는
것을 알고 있기 때문에 큰 은행들도 이제 소액 융자를 제공하고 있지만 아직
도 한계는 있다.

　'이퀄 액세스'는 경제적 자유로 가도록 하기 위해서 돈보다 커뮤니케이션

을 제공해 경제적 독립을 만들어 내려는 독특한 노력을 기울이고 있다. 돈과 정보는 똑같이 중요하다. 정보가 지역공동체를 부흥시킬 수 있을 뿐 아니라 어느 때는 돈보다 더 중요할 때도 있다. 이퀄 액세스의 상임 이사인 로니 골드 팝이 자신의 획기적인 프로젝트에 대해 설명했다.

"우리가 관심을 갖고 있는 사람들은 이런 사람들입니다. 전화를 걸어 본 적 없고, 문맹에 가까우며, 자원도 거의 없고, 자신들의 삶을 개선할 정보가 절대적으로 부족한 사람들입니다. 우리가 사용하는 도구 가운데 하나는 디지털 위성 수신기입니다. 이걸 사용하는 까닭은 우리가 일하는 시골에는 일반 전화가 잘 통하지 않는 곳이 많기 때문입니다. 아프가니스탄의 70퍼센트는 시골이고, 23년간의 전쟁 이후 이 나라는 전역이 황폐화되었습니다. 그래서 아프가니스탄에서 우리의 첫 프로젝트는 위성 수신기를 활용한 교사 양성 프로그램이었습니다. 이를 통해 우리는 3천5백 명의 교사를 훈련시켰고, 15만 명의 학생이 교육 혜택을 보고 있습니다. 그때의 성공 이후에 이 나라에서 가장 가난하고 외진 곳의 마을에서 7천 대의 위성 수신기가 필요하다는 요청을 받았습니다. 그 수신기들은 모두 지급되었습니다.

아프가니스탄
로니 골드팝의 친구들

우리 채널은 파슈툰Pashtun 말과 다레Darreh 말로 4시간 동안 주요 내용을 방송합니다. 사람들은 기본 교육을 받고, 교사 양성도 합니다. 그러면서 시골을 발전시킬 정보도 얻습니다. 우리는 비비시(BBC) 월드 서비스 프로그램도 중계합니다. 아프간 교육 프로그램도 중계하는데 여기에는 모국인 아프가니스탄에 돌아와 새로운 삶을 개척하는 주인공을 다룬 연속극과 아름다운 동화도 있습니다. 말하자면 우리는 가난과 기회 사이에 다리를 잇는 일을 하고 있다고 말하고 싶습니다."

이퀄 액세스는 캄보디아에도 들어가 3백 대의 위성 수신기를 보급했다.

경제학자 제프리 삭스는 『빈곤의 종말』(2005)에서 비슷한 사례들을 언급했다. 건강과 교육에 투자하는 것은 큰 결실을 맺을 수 있는 '이 시대의 약속the bargain of the century' 이라고 표현했다. 삭스의 분석은 '가난을 과거로 만들어라Make Poverty History' 는 캠페인을 해 온 전 세계 수백만의 활동가들에게 용기를 주었다. 이 캠페인은 2005년의 스코틀랜드 '선진 8개국 정상회의(G8)' 때 록 스타 보노와 그 친구들이 시작했다. 브라질의 가난을 종식시키는 데는 루이스 이나시오 룰라 다 실바 대통령 정부도 '기근 제로' 프로그램을 통해 기여를 했다. 룰라는 리우데자네이루의 전 지사 크리스토방 부아르께가 시작했던 취학 장학금 제도 '볼사 에스꼴라' 프로그램을 계승했다. 이는 각 가정이 아이들을 학교에 보낼 수 있도록 지원하고, 새로운 조건부 현금 이체(Conditional Cash Transfer, CCTs)를 통해 가난한 집에 아이들을 지속적으로 공부시킬 수 있게 지원하는 것이며, 예방 접종을 하고 건강을 모니터하며 필요한 식품과 교통편을 제공하는 프로그램이었다. 멕시코 역시 비슷한 프로그램 '오뽀르뚜니다데스Oportunidades' 를 하고 있는데, 이는 5백만 멕시코 가정에 현금 이체를 제공하는 것이다. 『이코노미스트』는 이런 현금 이체 프로그램을 "이전의 다른 사회 프로그램들보다 가난한 이를 돕는 데 더 효과적인 방법" 이라고 지적했다.(2005년 9월 17일자) 페루 경제학자 에르난도 데 소토가 『다른 길』(1989)에서 개척했듯이 창업자들을 위한 소액 대출과 결합되고, 땅과 재산 권리를 보장하는 방법이다. 많은 분석가들은 2015년까지 전 세계의 가난을 절반으로 줄이려는 '밀레니엄 개발 목표'의 달성이 무난하다고 본다.

윌리엄 드레이튼은 큰 그림을 강조하고 있다.

"전 세계 비즈니스의 절반이 25년 만에 전근대적인 방식에서 창업가적 경쟁력이 중시되는 것으로 바뀌어 왔습니다. 이것은 큰 도전입니다. 우리가 함께 일하기 위한 방법을 어떻게 계산해 낼까요? 창업가가 많을수록 지역을 바꾸는 이들도 더욱 많아집니다. 지역을 바꾸는 이들이 역할 모델이 되고 있습니다. 단지 2, 3퍼센트의 타고난 지도자란 더 이상 없고 나머지 모든 사람들이 자신을 열외로 받아들이는 세상을 상상해 보세요. 그 다음 모든 사람이 함께 일하는 방법을 아는 세상을 상상해 보세요. 이것이야말로 인간의 발전에 가장 심오한 발걸음이 될 겁니다."

조시 메일맨은 "착한 세계화라는 아이디어는 단지 꿈일 수 없습니다. 왜냐하면 그것은 반드시 해내야 할 지상 명령이기 때문입니다. 모든 사람들이 분리되어 있으면 불평등은 더 심화된다는 것은 진리입니다."고 덧붙였다.

인도 경영학의 거두인 프라할라드는 자신의 책 『저소득층 시장을 공략하라』(2003)에서 전 세계에서 가장 채워지지 않은 시장은 20억 명에서 30억 명에 달하는 가난한 사람들이라는 것을 보여 주고 있다. 어떻게 전 세계 30억 명의 가난한 사람들의 필요를 충족시킬 수 있는지 생각하기 시작하는 것은 그 자체로 윤리적일 뿐만 아니라 사업성도 충분하다는 것이다. 수전 데이비스도 경제학 피라미드의 가장 아래쪽 부분의 사람들을 서비스가 충분하지 않은 소비자로, 사용되지 않은 생산자로 볼 수 있다는 프라할라드의 견해에 동의하고 있다. 수전은 "그들을 잠재적 파트너나 생산자, 혹은 소비자로 보지 않는 사업은 기회를 놓칠 겁니다."라고 말했다. 인텔 코퍼레이션을 포함한 기업들이 이 시장에 관심을 집중하고 있다. 인텔의 상하이 그룹은 2백 달러 미만의 개인 컴퓨터 상품을 만드는 데 인도에 있는 '어드밴스드 마이크로 디바이스'와 대만의 '비아 테크놀로지'와 경쟁하고 있다.(『비즈니스위크』, 2006년 6월 12일자) 로니 골드팝은 "정보가 곧 힘이고, 돈보다 더 강하지 않다면 딱 돈만큼은 강하다. 적절한 정보만 갖고 있다면 우리가 삶을 변화시킬 수 있다."는 점을 상기시킨다. 조시 메일맨은 이렇게 덧붙였다.

"돈은 사회적 행동을 지원하는 데 큰 효과를 낼 수 있습니다. 그러나 사회적 행동이 없다면 돈은 아무런 쓸모가 없습니다. 그러니 우리 모두 나름의 방법으로 사회운동가가 되어야 합니다. 우리가 할 수 있는 것을 해냅시다. 한 사람만으로는 세상을 바꿀 수 없다고 생각하지 마세요. 세상을 바꾸려는 사람들은 끊임없이 나타나니까요."

지역 투자의 또 다른 측면은 트렌드를 추적하는 일이다. 부정적인 트렌드와 문제 영역은 찾을 수 있으며 긍정적인 트렌드는 확대되고, 언론이 다루면서 보상을 받을 수 있다. 플로리다의 잭슨빌은 1983년, 미국에서 발전적 삶의 질 지수를 가장 먼저 시작했다. 이는 사회학자 메리언 챔버스가 창안하고 다자간 이해관계자 모임인 '잭슨빌 지역 위원회 주식회사(Jacksonville Community Council, JCCI)'가 줄곧 후원해 오고 있다. '잭슨빌 지역 위원회'의 연간 보고서는 잭슨빌의 경제 성장뿐 아니라 교육 성취, 건강, 인종 관계, 공기와 물의 질, 자연 보전, 공원, 예술과 문화, 재활용 과정, 시 당국의 책임성 등 삶의 질을 측정하고 있다. 건강한 지역을 지속 가능하게 하려면 전반적인 삶의 질에 기여하는 이 모든 영역의 투자가 필요하다. 잭슨빌의 시장과 상공회의소, 잭슨빌 지역 위원회, 그리고 이 연구를 후원하는 다른 지역 조직이 이 모든 영역에서의 지속적인 개선을 목표로 정하고 있다. 지역 언론들은 발전에 대해, 그리고 추가로 노력이 필요한 곳이 어디인지에 대해 보도한다. 전 세계 수백 개의 도시들이 자기 지역에 활력을 불어넣기 위해 '잭슨빌 삶의 질 지수'를 표본으로 채택하고 있다.

많은 투자자들이 지역 채권을 자신의 포트폴리오에 넣고 있다. 연금 펀드와 사회 책임 뮤추얼 펀드에도 지역 장기 투자용이 많다. 이는 많은 일자리를 만들어 내는 소기업을 지원하고 적정한 가격대의 집을 짓기 위해서다. 2005년 지역 재투자(Community Reinvestment Act, CRA) 펀드 전문가가 '투자운용조사 연합'에서 자격증을 받은 최초의 '지역 개발 투자 매니저'가 되었다. 이런 매니저의 역할은 다른 주류 투자 상품과 동등하게 지역 투자를 하는 것이다. 은행들은 지역 재투자 조약에 따라 지역 차용자와 기업들이 돈을 빌려 갈 수 있도록 일정한 할당을 정해 놓고 있다. 오늘날 하루 거래량이 1조 5천억 달러에 이르는 세계화된 금융시장에서 지역 투자는 더욱더 중요해졌다. 아프가니스탄 같은 나라에서는, 이미 우리가 알고 있지만 라디오가 돈보다 더 소중하다. 핫머니가 고수익을 찾아 전 세계를 어슬렁거리는 동안 많은 투자자들이 자신의 돈이 지역 경제를 살리는 데 쓰이기를 바란다.

하버드의 경영학 거두인 마이클 포터는 대도시 중심부의 저소득층 거주 지역이 투자하기 좋은 곳이라고 입증했다. 1994년에 창립한 마이클 포터의 비영리 연구 기관은 2004년 연구서 『경쟁적 이너 시티』를 발표했다. 이 연구서를 통해 인구 밀집 지역에서 1평방마일당 매일 2천5백만 달러를 소비하는 반면, 도시의 다른 도시 지역에선 3백만 달러를 소비하는 것이 확인됐다. 포터는 이제 도심 빈곤 지역의 경제가 전체 도시를 앞지르고 있는 10대 도시까지 확장하고 있다.

지역적 성향이 있는 투자는 금융시장에서 다른 자산과 비교할 수 있을 만한 수익을 내고 있다. 이는 또 추가로 사회적 이익도 제공하고 있다. 오늘날 소액 금융 차용자와 지역공동체를 지원하려는 투자자들은 더욱 다양한 선택권을 갖는다. 낮은 위험의 더 많은 선택권을 원한다면, 그리고 긍정적 사회 투자 기회를 원한다면 '윤리적 시장(www.ethicalmarkets.com)'을 방문하기 바란다.

지역 투자는 이제 미국에서만 4조 달러 규모에 이르고 있으며, 그런 경제적 목표를 둔 투자(ETIs)가 기본 자산 등급이 되었다. 경제 언론조차도 마침내 오랫동안 도외시되었던 이야기를 다루기 시작했다. 2005년 5월 9일자 『비즈니스위크』는 소액 금융 프로그램이 고수익을 보장하는 좋은 투자라고 지지했다. 특히 캘버트 지역 투자 노트를 강조하면서 액시온 투자(www.accion.org), 블루 오처드 마이크로 파이낸스(www.blueorchard.com), 글로벌 브리지 펀드, 미국 브리지 펀드, 라틴아메리칸 브리지 펀드(www.accion.org), 마이크로베스트 I, 엘피(LP), 엠 파워 인베스트 프로그램(www.microvestfund.com), 프로뮈제론 펀드(www.promujer.org), 월드 파트너십 증권(oikocredit.org) 등도 언급했다.

『이코노미스트』도 자체 조사 결과를 다룬 기사 「가난한 이들의 숨겨진 부」(2005년 5월)에서 비슷한 결론에 도달했다. 가난한 시골 사람들이 오랫동안 거부당해 온 대부와 은행 업무에 접근할 기회를 얻게 되면 그들은 뛰어난 위험 관리와 훌륭한 돈 관리자임을 입증하게 될 거라고 했다. 영국 신경제 재단의 2005년 보고서인 「기본 은행 계좌」는 모든 사람을 위한 은행이 보편적 서비스의 의무라는 것을 명확히 했다.(www.neweconomics.org)

미국에는 초기 기업이나 그 창업자, 그리고 후원자의 이름을 반영하는 도시들이 많다. 알코아, 테네시, 콜러, 위스콘신, 코닝, 뉴욕, 케네코트, 알래스카, 허시, 펜실베이니아가 그런 도시들이다. 이런 기업들은 다 그 기업이 성공해 생겨났고, 창업자의 이상적인 꿈으로 혜택을 입었다. 즉 무료 놀이공원이나 동물원, 병원, 학교, 고아원 등도 생겨났다. 나는 『태양에너지 시대의 정치』에서 그런 유토피아적인 노력들을 추적한 일이 있다. 영국의 유명한 캐드베리가家 초콜릿의 고향인 번빌Bournville이 대표적이다. 다크 초콜릿 바인 '번빌'과 같은 이름의 도시가 생겨난 것이다.

　오늘날 지역공동체는 그처럼 일방적인 수혜자나 거대 기업들에 의지할 수 없다. 그것은 우리가 제너럴 모터스와 포드의 진통, 즉 전통적 자동차 기업이 떠나고 몰락해 가는 디트로이트와 미시간 주의 다른 도시들의 위기를 이끌고 있는 그런 어려움을 목격하고 있기 때문이다. 세계의 자동차 산업은 이제 도요타가 지배하고 있고, 이젠 중국도 완성차 수출국이 되었다. 중국과 인도에서 만들어진 자동차는 가장 싼 모델의 경우 2천 달러에서 6천 달러 정도에 이른다. 그러나 우리가 이미 보았듯이 지역공동체와 지역 투자자, 그리고 창업가들은 토착 경제를 건설하는 데 성공하고 있으며, 많은 작은 공동체들이 종종 더 높은 삶의 질을 제공하고 있다.

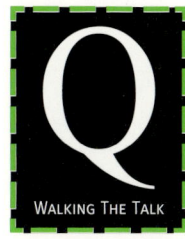

말한 대로 행동하기 5

지역 투자와 지역 개발의 연관 관계

휴슨 발첼, 심런 세티와 진 포기

심런 세티가 미국의 선도적 지역 투자 은행인 쇼어뱅크의 미션 예금 수석 부사장인 진 포기, 기업 애널리스트 휴슨 발첼을 초대했다. 지역 투자와 개발의 사회적 · 재정적 · 환경적 충격을 살펴보기 위해서다.

심런 세티: 지역에 근거를 둔 투자 은행이라는 말은 무슨 뜻인가요?

진 포기: 쇼어뱅크는 지역에 근거를 둔다는 말을 3대 축(경제 · 사회 · 환경) 회사가 된다는 것으로 정의합니다. 이런 회사에서는 주주와 이사가 동등하게 이익, 지역 개발, 보존에 가치를 둡니다. 그래서 우리는 투자가 적게 된 소외된 지역에 돈을 빌려주고 사람들에게 어떻게 이 지구를 살릴 수 있는지를 이해시키려고 돕고 있습니다.

휴슨 발첼: 부를 창출하는 프로그램에는 어떤 것이 있습니까? 보조금이 지급된 주택 모기지나 교육 프로그램, 노동자를 돕는 다른 프로그램 같은 것 말입니다.

진: 우리는 모든 직원에게 무료로 단일 건강 보험을 제공합니다. 그러나 가족도 보장을 받으려면 직원이 추가로 돈을 부담해야 합니다. 그래서 우리는 수입에 따라 임금 비율을 나누어서, 다수가 미혼모인 저임금 노동자들이 고임금 노동자보다 돈을 적게 내도록 하고 있습니다. 우리는 부를 키워 가는 문제에 대해 직원 세미나를 열곤 합니다. 거기서 집을 어떻게 사고, 모기지는 어떻게 얻으며, 신용을 어떻게 좋게 할 수 있는지를 가르칩니다. 이런 세미나는 아주 인기가 좋아서 은행가들이 직접 가르치기도 하는데, 이는 말하자면 모두가 이기는 일종의 '윈-윈 상황' 이라고 하겠습니다.

그리고 우리는 직장의 업무와 관련한 기술을 익히기 위한 직장 훈련과 강력한 수업 환불 프로그램 같은 훈련에도 투자합니다. 2년 전 우리는 '최고의 경력 관리법CEO of Your Career' 이라는 새 프로그램을 도입했습니다. 매년 모든 직원이 자신이 원하는 종류의 훈련을 위해 5백 달러씩 지급받습니다. 이 훈련은 직업과 전혀 관련이 없어도 됩니다. 골프 레슨은 안 된다고 해 왔지만, 스페인어 강좌나 직원들의 삶의 기술을 확장하는 다른 것들은 모두 된다고 해 왔습니다.

심런: 환경적 책무를 위해 쇼어뱅크가 떠맡은 일은 무엇입니까?

진: 쇼어뱅크는 환경 보전에 기반을 둔 은행과 같이 출발했습니다. 워싱턴 아일와코 외곽에 하나가 있는데, 환경 보전에 기반을 둔 경제활동을 하려고 하는 작은 기업에 대출해 주는 은행입니다. 다른 말로 하면 아름다운 시골에서 나는 자연 자원을 취하는 것이 아니라 반대로 자연 자원을 되돌려주라는 것이지요. 그래서 우리 이사회에선 이렇게 말했습니다. '이봐요, 잘 들으세요, 우리는 두 개의 회사가 아닙니다. 우리는 하나의 회사예요. 그러니 자연보호 임무를 도시 지역으로 가져갑시다.'
솔직히 말하면 이것은 투쟁 이상의 의미입니다. 우리는 직원과 고객 사이에 깨달음이 생기도록 노력합니다. 종이 사용량을 줄이기 위해 대회를 열기도 했습니다. 지난 4년 동안 40퍼센트까지 줄였습니다. 그리고 '지구의 날'에 1가구 주택 구입자를 위한 특별하고 정말로 흥미로운 프로그램을 도입했습니다. 우리는 그들에게 '우리가 당신 가정의 에너지 절약을 위해 에너지 스타 감사를 해 주고, 그 회계 감사원의 추천에 따라 자금을 지원하며, 그 다음 에너지 스타 표시가 된 냉장고를 공짜로 주겠습니다.'라고 말했습니다.

휴슨: 그런 내용을 당신 사무실이나 시설에도 적용하고 있는지요?

진: 아일와코와 포틀랜드 지사에는 그린 빌딩이 있습니다. 환경문제는 전혀 없는 빌딩이지요. 이 빌딩들은 정말로 훌륭한 자연보호 빌딩입니다. 도시에서 우리는 낡은 빌딩에서 근무합니다. 우리가 원하는 만큼은 아니더라도 한 단계씩 우리가 세운 목표를 향해 나아가고 있으며 해마다 에너지 스타 등급의 빌딩을 가질 수 있는지 여부를 살펴봅니다.

휴슨: 지역공동체와 환경에 대한 관심이 어떤 방식으로 대부 정책으로 연결되었는지요?

진: 우리는 반응이 빠른 조직입니다. 규정에 따르면 우리가 돈을 빌려 준 업체를 직접 경영할 수는 없습니다. 그래서 돈을 빌려 주면서 우리의 기준을 강제로 적용하기란 어렵습니다. 예를 들면 우리의 자연보호 은행은 각 사업에 7단계 등급 기준을 갖고 있습니다. 우리는 그 등급에 따라 돈을 빌려 줍니다. 누구에게나 그 등급에 따라 돈을 빌려 줄 겁니다. 그러나 일단 돈을 빌려 주면 차용자와 만날 과학자 직원을 준비하고, 그들의 생태 발자국을 어떻게 개선할 것인지에 대해 이야기합니다.
우리가 근무하는 도시에서는 낡은 빌딩을 다시 다듬습니다. 물론 우리 은행의 대부자들에게 우리가 단지 겉으로만 잘 보이려는 것이 아님을 이해시키려고 노력합니다. 그리고 건축물의 시스템을 개선해야 오래도록 건축물이 견딜 수 있고, 거주자들을 위해서도 더 좋다는 것을 알리고 있습니다.

휴슨: 그럼 당신 회사가 사회에 미치는 영향이라는 것은 필수적으로 고용과 신용조항과 관련이 있겠군요.

진: 맞습니다. 이 은행을 제외하고는 이웃의 빈 건물을 손대지 않고 그대로 둡니다. 우리가 돈을 빌려 준 사람 가운데는 청소부로 시작해 재건축가가 된 이들이 있는데, 건물 하나를 사고, 두 개를 사고 네 동을 살 때까지는 그냥 둡니다. 그런데 여섯 개의 빌딩을 갖게 되면 그들은 여러 일꾼들을 모아서 재건축을 시작합니다. 그들 중에는 지난 몇 년 동안 4백만 달러에서 5백만 달러를 가져간 사람도 있습니다. 이것이야말로 첫 번째 임무의 사회적 영향입니다.

06 공정무역

GE

FAIR TRADE

이 장에서는 커피 초콜릿, 차, 바나나에서부터 옷, 가정용품, 장식품 등 수 공예품에 이르기까지 다양한 종류의 제품 거래에서 이뤄지는 공정무역을 살 펴보려 한다. 공정무역 운동은 1999년 수천 명의 시위대가 세계무역기구 (WTO) 회의가 열린 시애틀에서의 '시애틀 투쟁'으로 본격적으로 시작됐다. 여러 번의 무역회의 끝에 창시된 세계무역기구는 1996년 1월, 활동을 시작했 다. 불행하게도 세계무역기구는 지난 세기의 낡은 경제학에 바탕을 두고 있 다. 특히 영국 경제학자 데이비드 리카도의 '비교우위' 아이디어에 기초하고 있는데, 이는 아담 스미스도 지지하고 있는 것이다.

이 아이디어는 꽤 지각 있는 '틈새niche' 전략이었다. 노동력과 산업과 기 후가 다른 나라에 비해 유리한 나라는 이런 자연 이점을 이용해야 하고, 특별 한 이점을 가진 다른 나라와 상품을 거래해야 한다. 특히 아담 스미스 같은 경 제학자들은 '시장의 보이지 않는 손'에 의해 이끌리는 생산자, 제조업자, 농 부, 노동자의 경쟁을 찬미하고 있지만, 각 나라 경제는 주로 그 나라의 주권에 해당하며 자본과 금융은 한 나라의 국경 안에 머물러야 한다는 것을 가정하고 있다. 전자적으로 24시간 열려 있는 자본시장과 위성과 제트 여행, 다른 지구적 기술의 시대에 리카도와 아담 스미스의 낡은 경제학(이는 환경적, 사회적, 문화적 가치를 무시한다.)은, 이미 내가 『윈-윈 세상의 건설』(1966)에서 묘사했듯이, 오늘날의 비참한 세계경제 전쟁을 이끌고 있다. 2006년 7월 유엔개발계획(UNDP) 보고서는 자유무역이 가난을 줄일 수 있다는 경제학적 관념이 틀렸다고 진단했다.(www.undp.org)

오늘날의 세계경제에서는 소규모 생산자와 나라 전체가 세계무역기구 협상 과정에서 배제될 수 있다. 커피숍에 걸어 들어가서 5달러짜리 카푸치노를 주문하면 당신은 커피콩을 재배한 사람들이 충분히 돈을 벌어서 자바 커피에 탐닉할 수 있다고 생각할 것이다. 하지만 슬프게도 현실은 커피가 과잉 공급된 시장에서 가격이 급락해 1980년대 1파운드당 1.2달러 하던 커피콩이 2002년에는 50센트로 떨어졌다. 이는 지난 백 년 동안 실제 가치로 가장 낮은 가격이다. 다시 커피 가격이 1.11달러에서 1.14달러로 회복되었지만 여전히 현실적으로는 매우 낮은 편이다. 이는 전 세계 2천5백만 명의 커피 재배 농부들에게 재난을 의미한다. 공정무역은 이런 문제의 처방전이며, 생산자들이 전통적 생활을 유지하고 생활비를 벌 기회를 제공한다. 공정무역은 자연 자원을 훼손하지 않고 가난한 농부와 어린이들을 착취하지 않는다는 것을 확신시켜 주는 많은 상표를 찾고 있는 소비자들에게 열렬한 지지를 받고 있다. 『이코노미스트』 2006년 4월 1일자에 따르면 영국의 공정무역 인증 커피의 전 세계 판매량은 1998년 이래 네 배나 늘어났다.

세계무역기구는 세계무역이 모든 사람들에게 혜택이 돌아가는 '윈-윈' 상황이라고 주장하고 있다. 그러나 이런 주장은 특히 가난한 사람들에게는 맞지 않는 분석이다. 심지어 『이코노미스트』처럼 이전의 강력한 지지자들에게도 도전받고 있다. 『이코노미스트』지는 "세계 극빈층에 대한 (…) 이익은 어

떻게든 과장되어 왔다."(2005년 12월 10일자)고 보
도했다. 세계적 통찰을 가속화하는 정보 기술 또
한 소비자들에게 공정무역 제품을 선택하게 하
고 있다. 반면 투자자들은 새로운 글로벌 회계와
제조의 기준에 의해 사회적·환경적·윤리적
실천을 평가할 수 있다. 2005년 미국 교직원 연
금보험(TIAA-CREF)이 조사한 결과 신용 지수가 하
락했고, 조사한 투자자 가운데 62퍼센트가 기업
과 정치 스캔들 때문에 더욱 조심하고 있다는 것
을 발견했다.(TIAA-CREF, 2006년 겨울호)

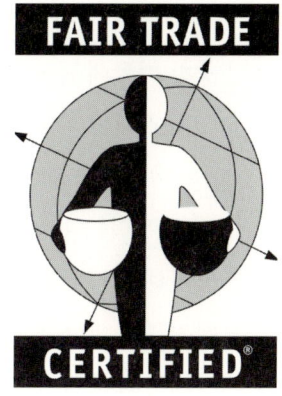

공정무역 인증 라벨

여기서 전 세계 공정무역 시장을 촉진시켜 온 혁신가들을 만나 보자. 폴 라
이스는 트랜스페어 유에스에이의 최고경영자다. 이 회사는 모든 공정무역 제
품의 표준이 되는 '공정무역 라벨'을 만들었다. 폴의 설명이다.

"저는 중앙아메리카에서 일한 적이 있습니다. 니카라과에서 농부로 11년
을 살았어요. 그리고 그 경험을 통해 공정무역을 도입했습니다. 저는 1990
년에 니카라과의 첫 커피 수출 조합을 조직하는 데 도움을 주었습니다. 그
리고 세계 커피 가격이 매우 낮을 당시에 우리 공동체의 수익을 엄청나게

트랜스페어 유에스에이 CEO
폴 라이스

"공정무역은 미래의 희망이며 힘입니다. 공정무역은
인간의 얼굴을 한 새로운 형태의 세계화입니다. 이런
세계화는 가난한 이들을 도울 수 있습니다."

올릴 수 있는 기회를 가졌지요. 그때 공정무역의 힘을 보았습니다. 1990년 대 중반 미국에 돌아왔고, 1998년에 트랜스페어를 출범했습니다.

'트랜스페어 유에스에이'는 미국에서 공정무역을 위해 인증하는 제3자 기관입니다. 우리는 국제 공정무역 기준을 충족하는 기업과 제품들을 인증합니다. 우리는 전 세계 공급망을 감독합니다. 그리고 여기 미국에서 공급망을 통해, 제조업자와 소비자를 통해 중앙아메리카나 남아메리카에서 온 커피 자루와 바나나 상자를 추적합니다. 그래서 소비자들이 공정무역 인증라벨을 보고 공정무역 기준이 충족된다는 것을 확신하게 되면 농부들이 제 값을 받는다는 것을 알게 합니다. 우리는 1년에 한 번씩은 공정무역 협동조합을 방문합니다. 농장을 방문하고, 회계장부를 감사하며, 공정무역 기준이 농장과 협동조합 차원에서 만족스럽다는 것을 인증합니다. 우리는 주로 민주적으로 협동조합을 운영하는 작은 농장들과 같이 일하고 있습니다. 그리고 그들의 제품을 사서 미국으로 가져오는 수입업자들과 같이 일하고 있습니다. 예컨대 우리는 커피 볶는 사람과, 그것을 봉투에 넣는 사람과 함께 일하며, 어떤 소비자들에게 공급되는지까지 파악하고 있습니다. 우리는 또 소비자들을 교육시킵니다. 결국 공정무역은 소비자 요구를 만들어야 성공하기 때문입니다. 물론 소비자의 요구는 전 세계에서 급속하게 성장하고 있습니다.

저는 올해(2006년) 초 멕시코의 몇몇 협동조합을 방문한 적이 있습니다. 그리고 커피 산업에 종사하는 몇 사람을 데리고 농부들을 만나러 갔습니다. 그들의 참여가 어떤 영향을 끼치고 있는지를 보았습니다. 어느 날 오후 우리는 농장에서 4대째 커피 농사를 짓는 에케드로와 이야기를 하고 있었습니다. 에케드로는 형제가 여덟이었는데 모두 2학년까지 공부할 수 있었습니다. 그들의 공동체에서는 농장 아이들은 2학년까지 공부할 수 있다는 기준이 있었습니다. 에케드로는 읽고 쓰는 법을 배우고 나서야 농장에서 쓸모가 있었습니다. 그의 세대에는 교육을 받거나 공부할 기회가 결코 없었습니다. 그런데 십 년 전 그 공동체가 조직되었고, 협동조합을 만들었습니다. 그들은 자신들의 제품을 직접 국제 공정무역 시장에 내다팔기 시작했는데, 그게 약 7년 전이었습니다. 처음에는 유럽으로, 그 다음엔 미국으로 팔기 시작했습니다. 그 결과 수익이 크게 좋아져 돈 에케드로의 네 아이는 모두 고등학교를 졸업할 수 있었습니다. 또 모두 대학에 진학해서 두 명은 대학을 졸업하고 공동체로 돌아와 협동조합에서 일하고 있습니다. 이것은 공정무역이 아이들 교육에 어떤 도움을 줄 수 있는지를 말하는 좋은 사례가 될 것입니다. 공정무역은 미래의 희망이며 힘입니다. 공정무역은 인간의 얼굴을 한 새로운 형태의 세계화입니다. 이런 종류의 세계화는 가난한 이들을 위해 존재합니다."

크리스 만은 구아야키 사社의 최고경영자이며 북미와 유럽에서 요리의 지평을 넓히고 있는 차 생산자다. 크리스는 힘과 건강을 북돋우는 맛있는 녹차인 마테 차나무를 생산하기 위해 파라과이 열대림에서 토착 농부들과 같이 일해 왔다. 크리스의 설명이다.

"마테 차나무는 정말 놀라운 식물입니다. 건강한 자극제이며 영양 강장제

 구아야키 사 CEO
크리스 만

"우리가 공정무역 상품을 구입하면 남아메리카의 열대림과 아프리카, 아시아 등 다른 세계에서 일어나는 일에 거대한 영향을 미치게 됩니다."

마테 차 수확

입니다. 스물네 가지 비타민과 미네랄, 열다섯 가지 아미노산이 들어 있으며, 매우 높은 항산화물질을 지니고 있습니다. 지속 가능한 힘을 주며, 소화기와 호흡기, 순환기에도 좋습니다. 나무는 열대림에서 자라는 아름답고 성스러운 상록수입니다. 우리는 1년에 한 번 가지치기를 해서 부드러운 잎과 줄기를 얻습니다. 잎과 줄기는 구아야키 마테 차를 생산하기 위해 숙성 과정을 거칩니다.

마테 차는 숲에서 나는 것이지만 열대림에서 양지바른 곳에 조림됐습니다. 이런 인위적인 시스템은 숲과 사람들에게 별로 도움이 되지 않지만 가격을 낮추고 생산량을 늘릴 수 있게 합니다. 물론 대규모 농법의 전형적인 방법이지요. 미국의 옥수수나 대두 같은 작물들도 대표적인 대규모 농법으로 생산됩니다. 우리는 열대림 안에서 독점적으로 마테 차나무를 기릅니다. 원래 자라던 곳이므로 영양소가 풍부합니다. 전통 농법으로 우리는 고품질의 생산물을 얻을 수 있습니다. 만약 여러분들이 남아메리카에 갈 기회가 있다면, 특히 아르헨티나나 파라과이 같은 데서는 어디서나 마테 차를 볼 수 있을 겁니다. 이것은 그들의 환대용 음식의 상징이며, 마테 차를 마시는 것은 3천만 명이 매일 치르는 하나의 의식입니다.

공정무역은 지금 세계에서 벌어지고 있는 일 가운데 가장 중요한 움직임입니다. 우리는 모든 것을 돈으로 계산하는, 매우 경제적인 세상에 살고 있습니다. 그러한 경제 시스템으로 떠밀려가고 있는 사람들은 지혜를 지니고 있고, 공정무역에 관련된 일을 하며, 우리에게 음식을 제공하는 소규모 생산자들입니다. 우리는 그런 일들이 너무 멀리서 일어나고 있기 때문에 이런 모든 것에 대해 잘 모르고 있습니다. 그런데 미국에서 우리가 구입을 결정하면 곧 남아메리카 열대림과 아프리카, 아시아 등 다른 세계에서 일어나는 일에 거대한 영향을 미치고 있는 것이 현실입니다."

　　'예루살렘 촛불'의 공동 창업자인 암베르 찬드도 이와 같은 의견에 동의하고 있다.

　　"공정무역이란 뜻을 생각해 봐요. '공정한fair'이라는 것은 '존경하는, 열린, 관대한'의 의미를 지니고 있습니다. '무역trade'은 아시아의 실크로드가 생긴 이래 가장 오래된 고대의 활동이며, 신성한 교환의 기술입니다. 서로 거래하고, 교환하는 것은 가장 인간적인 기능입니다. 공정무역은 우리가 사람들을 대할 때 깊은 존경심을 가져야 한다는 것을 가르쳐 주고 있습니다. 평화 지킴이로서 저는 자신에게 질문합니다. 내 안에, 이 지구에 평화를 가져올 수 있는 작고 소박한 방법이 있는가, 하고 말입니다."

예루살렘 촛불 공동 창업자
암베르 찬드

"공정무역은 사람들이 서로 깊은 존경심을 가져야 한다는 것을 가르쳐 줍니다. 그리고 이 지구에 평화를 가져올 작고 소박한 방법을 알려 주지요."

공정무역이 어떻게 그런 일을 할 수 있는지 암베르가 설명했다.

"갈등이 있는 사람들이 만든 제품과 협동을 통해 만든 제품을 생각해 봅시다. 어느 쪽이 평화의 상징이 될까요? 여러분도 알듯이 팔레스타인 사람들과 이스라엘 사람들은 서로 만날 수가 없습니다. 두 나라 사람들 사이에는 깊은 증오와 불화가 있습니다. 그래서 지난해 미국의 비영리 여성 비즈니스 기관인 '평화를 위한 비즈니스 위원회'와 같이 예루살렘에 간 적이 있습니다. 이 위원회는 분쟁 지역에서 여성 기업을 지지하고 있으며, 저는 이 위원회 운영진의 한 명입니다. 우리는 이스라엘 여성과 팔레스타인 여성들이 함께 하는 '희망의 예루살렘 촛불'을 만들었습니다. 이전에 누구도 해 보지 않았던 공동 벤처 기업입니다. 양초는 러시아 출신의 이민자인 이스라엘 여성들이 만들고, 팔레스타인 여성들이 수놓아 만든 가방 속에 소원 성취를 비는 차를 같이 담았습니다. 그래서 '희망의 예루살렘 촛불'은 사람들에게 매우 강력한 상징을 갖습니다. 이 프로젝트는 백여 가족을 후원했고 그들은 이제 음식을 먹을 수 있습니다. 이 단체는 또 실업 위기에 처한 스물다섯 명의 이스라엘 여성들이 일자리를 가질 수 있도록 돕고 있습니다. 아직은 시작에 불과합니다."

세계무역기구 모델의 결점을 이해하는 미국의 단체들은 공정무역과 지속 가능성 문제에 대한 일반의 관심을 높이기 위해 협력자를 찾고 있다. 이러한 노력은 잘 작동하고 있는 것으로 보인다. 공정무역과 유기농 식품 시장은 미국에서 연간 20퍼센트 정도로 성장하고 있다. 케빈 대너는 전 세계 협력자들을 통해 환경적 · 정치적 · 사회적 정의를 촉진시키는 데 헌신하는 국제적 인권기구인 '글로벌 익스체인지'의 공동 창업자다. 케빈은 아내 메디 벤자민과 사업 파트너인 크리스틴 몰러와 이처럼 성공적인 조직을 창업한 이유를 이렇게 설명했다.

"우리가 '글로벌 익스체인지'를 만든 것은 1988년이었습니다. 지금 우리는 49명의 직원을 두고 있습니다. 2004년 예산은 약 8백만 달러였습니다. 온라인 가게가 있고 샌프란시스코, 버클리, 포틀랜드에 가게가 있습니다. 개발 프로젝트에 의해 제3세계에서 온 공예품을 팔고 있지요. 그리고 우리는 '리얼리티 투어reality tour'도 운영하고 있는데, 이는 '클럽 메드' 방식과 반대라고 보면 됩니다. 즉 사람들이 외국 여행을 할 때 그곳 현지 사람들을 만날 수 있도록 합니다. 지난해 우리는 142번의 리얼리티 투어를 했습니다. 우리는 또 기업들에게 변화를 촉구하는 차원에서 기업 캠페인을 합니다. 또 국제통화기금과 세계은행, 세계무역기구를 바꾸는 데도 노력하고 있습니다. 기본적으로 우리는 가장 강력한 나라의 국민으로서 미국이 어떤 책임감을 가지도록 해야 하는지에 대해 사람들을 교육시키려고 하고 있습니다. 기본적으로 우리는 하나의 교육 조직이라고 할 수 있습니다. 이 세계에서 사람들이 우리의 진짜 책임이 무엇인지 알게 하려는 거지요."

'글로벌 익스체인지'의 성공적인 친환경 제품 전시회들은 매년 샌프란시스코와 워싱턴 D. C.에서 많은 사람들의 관심을 모았다. 전시회에 대한 케빈의 설명이다.

"이 친환경 페스티벌은 3년 전에 시작됐습니다. 컨퍼런스와 비슷한 행사이며, 일종의 친환경 경제 상업 쇼라고 할 수 있습니다. 4백 개의 친환경 기업이 참가하고, 진짜 열성적인 오륙십 명의 연사들이 있습니다. 이 행사들은 주말 행사입니다. 라이브 음악도 들려주고 유기농 음식과 유기농 맥주, 와인도 제공합니다. 일종의 파티라고 할 수 있는데, 목적이 분명한 파티인 셈이죠. 워싱턴 D. C.에선 9월, 샌프란시스코에선 11월, 시카고에선 4월에 개최합니다. 올해 샌프란시스코에서 열린 친환경 페스티벌에는 3만 명이 몰려왔습니다. 많은 사람들이 우리에게 찾아와서 이런 행사를 열어 줘서 정말 감사하다, 자신들의 정신을 고양시키기 위해 정말로 이런 행사가 필요했다며 고마워했습니다."

많은 경우에 노동조합과 국제 노동자 연맹은 세계시장에서 공정성에 앞장서 왔다. 유엔의 가장 오래된 기구인 국제노동기구(ILO)는 노동자와 정부를 대표하는데, 2004년 '인간적 세계화 위원회'의 보고서 『더 공정한 세계화』를 배포했다. 이 보고서는 사회적·인간적·환경적 비용을 무시하는 낡고 고장난 경제 모델을 개혁하기 위한 세계적 노력을 다루었다. 닐 키어니는 국제섬유의류피혁노동연합의 사무총장이다. 이 단체는 노동 기준에 대한 강제적 국제 규정을 추구함으로써 노동자들을 지원하고 있다. 닐 사무총장은 모든 정부가 합리적 노동을 촉진하고 강제해야 하며, 그렇지 않으면 세계시장에 접근하지 못한다는 것을 세계 커뮤니티가 새롭게 확인해야 한다고 믿고 있다. 닐의 철학을 들어 보자.

"섬유 의류가 제조되는 사회적 조건을 감안할 때 이런 회사들은 생산 시설물에서 어떤 일이 일어나고 있는지를 정확히 알고 있다고 보아야 할 것입니다. 주요 브랜드 이름과 다수 소비자들은 생산 시설에 대표자들을 두고 있고, 품질을 체크하고 있습니다. 아마도 당신은 그곳에서 무엇이 일어나고 있는지 눈을 감아야 할 겁니다. 그들 중 많은 이들이 기업의 사회적 책임을 다루는 기업의 행동 강령을 채택해 오고 있습니다. 오늘날 1만여 개의 서로 다른 행동 강령이 존재하지만 불행하게도 그 가운데 9천7백 개의 행동 강령들은 제대로 실행되지 않고 있습니다.

개발도상국에서 만들어져 우리가 사 입는 셔츠들 가운데 가공 가치는 10센트에 불과합니다. 그러나 우리가 지불하는 가격을 보세요. 아마도 셔츠 한 벌에 20달러에서 50달러를 지불할 겁니다. 좋아하는 브랜드의 옷에는 백 달러라도 지불할 겁니다. 사실상 소비자들은 형편없는 거래를 받아들이고 있습니다. 저가의 생산품, 낮은 노동 가치, 낮은 원재료 가격을 받고 있는 거지요. 저는 가끔 소비자들이 돈을 더 내야 하고, 더 낼 것이라고 주장하는 소리를 듣습니다. 하지만 저는 소비자들이 전 세계를 가로질러 이 산업의 조건이 적정한 수준에서 유지되고 있다고 확신하기 위해 1센트를 더 지불해야 한다고는 생각지 않습니다."

닐은 전통적 경제 소스 코드에 의해 운영되고 있는 세계무역기구 규정이 지역 산업에서 어떻게 심각한 방해가 되는지 언급했다.

"요즘엔 160개 국가가 섬유와 의류를 생산하고 있는데, 그 모든 나라가 오직 서른 개 나라의 시장으로만 수출하고 있습니다. 만약 중국이 세계무역기구 규정 아래 일어나고 있듯이 시장의 60퍼센트, 아니 70퍼센트, 80퍼센트, 90퍼센트를 장악한다면 159개 생산국에게 그리 많은 이윤을 남겨 주지 않을 겁니다. 이것이야말로 국내 경제와 관련 국가의 사회구조, 그리고 국제사회의 안전을 위해 정말로 중요한 극적인 함의를 갖습니다.

세계무역기구는 섬유와 의료 같은 부문에서 무역 자유화의 영향을 긴급히 살펴봐야 할 필요가 있습니다. 단지 주요 공급 국가의 도전을 충족시키기 위해 경쟁이 치열한 신흥 산업으로 내가 묘사했던 것을 지원하려면 말입니다."

2006년 6월 홍콩에서 열린 세계무역기구 회의는 추가 무역 자유화에 반대하는 시민단체와 농부의 격렬한 저항으로 결렬됐다.

사회적 책임 인터내셔널(Social Accountability International, SAI) 대표 앨리스 티퍼 멀린은 여기에 동의한다. 앨리스는 기업의 사회적 책임 표준 'SA 8000'을 통해 생산 과정에서 아동 노동력을 사용하지 않았다는 것을 소비자들에게 확신시켜 준다. 나이키, 리복, 캐시 리, 심지어 P. 디디와 같은 회사들이 발견해 왔듯이 전 세계에서 가장 싼 공장으로 아웃소싱해 제품을 만드는 과정은 가격표 이상의 비용을 뽑아낸다. 시민단체들이 인터넷과 언론에 기업의 약점을 공개하면서 브랜드 신용과 주가가 휘청거리기도 한다.

중국이 노동력 부족 시대로 진입하면서 세계에 최저가로 상품을 공급하기 위해 노동자들을 착취하는 게임은 이제 끝났다. 제조 업체는 역사상 가장 많이 교육받은 중국 노동계급에게 더 높은 임금과 새로운 혜택을 줘야만 한다. 이를 회피하기 위해 기업들은 더 싼 임금을 찾아 공장을 시골이나 베트남으로 옮기고 있다.

2005년 중국의 대학생은 천4백만 명에 이르렀다. 이는 1999년 4백3십만 명이었던 것에 비하면 엄청나게 늘어난 수치다. 낡은 자유무역 경제 모델에 바탕을 둔, 엄격한 규정을 둔 세계무역기구는 최근에야 자유무역 모델을 껴안은 개발도상국 회원들 간에 광범위한 갈등을 겪고 있다.

우리는 공정무역을 하는 기업들이 미국과 유럽의 소비자들과 개발도상국의 소규모 생산자들을 어떻게 연결하려고 해 왔는지 알고 있다. 물론 그 목적은 소규모 생산자들을 가난에서 구제하는 데 있다. 좋은 소식은 바로 이런 공정무역 기업들이 사업에서도 성공하고 있다는 점이다. 그들의 성공은 대부분의 경제학자들과 세계무역기구의 이백 년 된 자유무역 모델에 도전장을 던지는 것이다. 낡은 경제 이론을 신봉하는 세계무역기구 등은 여러 종류의 공정무역을 '부당 경쟁'으로 막고 있다. 경제학 교과서는 우리에게 더 많은 거래가 모든 이에게 도움이 된다고 하기 때문에 세계은행은 종종 각국에 세계 시장에서 수요가 높은 커피나 차, 컴퓨터 반도체 같은 상품을 수출함으로써 경제 규모를 키우도록 충고하고 있다. 이런 충고는 때때로 세계시장에 공급 과잉을 초래한다. 개발과 국내총생산 성장을 위한 경제학자들의 처방은 시장 개방과 관세 인하, 통화 교환성 증가, 기간산업의 민영화, 외환시장 개방 등을 촉구하는 것이다. 이런 처방 역시 종종 불행한 결과를 초래했다. 많은 라틴아메리카 국가들은 워싱턴 컨센서스(Washington Consensus, 국가 위기를 극복하기 위해서 제3세계는 반드시 구조 조정을 해야 한다고 주장하며 신자유주의라는 미국식 시장 경제 체제의 대외 확산 전략을 꾀하는 것으로 1990년대 정책 결정자들이 워싱턴에 모여 합의했다. 옮긴이)에 의한 이런 경제 처방을 거부하고 있다. 브라질, 중국, 인도 등이 이끄는 새로운 20개국 그룹들은 세계무역기구 규정, 미국과 유럽연합의 보호주의에 도전하고 있다. 우리는 개발도상국이 어떤 손실을 입을 수 있는지 알고 있다. 힘없고 작은 기업들과 농부들은 일자리를 잃었으며, 부유한 국가들과 세계무역기구 회의에서 협상하는 데 필요한 무역 대표부와 변호사를 살 돈이 없다. 우리는 세계무역기구 규정이 시장 현실보다는 정치적 힘에 의해 끌려가고 있다는 것을 안다. '세계개발기구'의 데이비드 루드맨(David Roodman, '윤리적 시장' 연구 자문위원이기도 하다.)은 연간 보고서「부자 랭킹」지표에서 무역의 정치학을 강조했다. 이 지표는 21개 부자 나라의 정책이 개발도상국의 가난한 사람들을 돕고 있는지, 아니면 해치고 있는지를 나타내고 있다.(www.cgdev.org)

오늘날 현금 거래와 수많은 전자 투자자들은 세계적으로 거대한 핫 머니의 물결을 만들어 내고 있으며 이런 문제들에 대해 격렬한 논쟁이 벌어지고 있다. 미국 정치가들은 값싼 수입품과 공장 폐쇄, 하이테크 작업의 아웃소싱(심지어 과학 연구개발조차도 아웃소싱하고 있는데, 이전에는 미국이 비교우위를 갖고 있던 부문들이다.) 등에 대해 우려를 표하고 있다. 그러나 미국 소비자들은 여전히 수많은 중국 제품을 실어 오고 있는데, 2006년에만 3천억 달러어치나 됐다. 심지어 유명한 자유무역 경제학자들과 주류 경제 언론들조차도 미국 무역과 예산 적자, 그리고 달러 약화에 직면해서 의심의 눈초리를 갖기 시작했다. 이런 가운데 공정무역 기업들은 지속적으로 번창하고 있다. 소규모 농가에게 좋은 뉴스는 이따금 매사추세츠 주 콩코드의 그레인프로 같은 기업에서 나온다. 이 기업은 크고 값싸며 들고 다니기 편한 저장 용기를 만들었는데, 이를 통해 농작물을 6개월까지 신선하게 보관할 수 있다고 한다. 즉 농부들이 농산물 값을 더 잘 통제할 수 있게 한 것이다. 부와 진보, 삶의 질에 관한 지표는 정책 입안자들과 기업에게 진짜 성공적인 수출로 가는 길 안내를 하고 있다. 이는 혜택이 더욱 공정하게 돌아갈 수 있도록 한다.

이미 지적했듯이 오늘날 대부분의 세계무역은 관세항, 교통, 에너지 가격 등으로 보조를 받고 있지만 환경적·사회적 비용은 무시하고 있다. 만약 세계무역이 이런 거대한 보조금들을 감안한다면 우리는 지역과 자국 내 거래가 더 효율적이라는 것을 알 수 있을 것이다. 대부분의 나라는 국내에서 필요한 재화와 용역을 생산할 능력이 있다.

오늘날처럼 부적절한 보조금을 지급하는 세계무역 거래 과정에서는 같은 제품을 맞교환하게 되는 일도 생긴다. 예컨대 2004년 영국이 천5백 톤의 감자

지속 가능한 세계무역의 원칙

- 유엔 원칙과 조약의 고수.
- 잘 조절된 투명하고 민주적인 세계 금융 구조.
- 부패 청산.
- 면세 기간에 근거한 공장 이전 관행 금지.
- 풀코스트 가격(제품 한 단위 생산 이윤)에서 거래된 모든 상품과 협상 계산하기.
- 보조금에 대한 공정 경쟁의 장 마련.
- 1992년 리우 아젠다 21의 경제성장 측정의 바탕이 되는 일인당 국내총생산 수정하기.
- 주식과 채권 시장 가치 수정.

© Henderson, 2002

를 독일에 수출했는데, 같은 양을 독일이 다시 영국에 수출한 적이 있다. 아시에서 생산한 자동차로 가득한 배와 비슷한 종류의 차를 가득 실은 미국 배가 태평양에서 서로 교차한다. 이것이야말로 에너지를 낭비하는 일이고 지구를 오염시키는 것이다.

인간화되고 생태적으로 지속 가능한 세계경제로 가려면 상품을 불필요하게 선적하지 않고, 공정무역과 공정 서비스 체제로 가야 한다. 우리는 아이디어와 음악, 문화 거래를 촉진해야 하고, 더 깨끗하고 친환경적인 기술, 건강과 교육 프로그램, 지구의 자원을 보존하기 위해 인간 권리에 관한 평화롭고 외교적인 조약을 촉진해야 한다. 그리고 더욱더 많은 커뮤니케이션을 하면서 컴퓨터와 데이터 센터를 새롭게 설계하는 것보다 더 긴급한 임무는 없을 것이다. 오늘날의 거대한 컴퓨터 서버팜(웹사이트의 모든 소프트웨어와 데이터를 소유한 대형 컴퓨터 회사. 옮긴이)들은 데이터 전송 시스템을 냉각시키기 위해 엄청난 양의 에어컨을 사용하고 있다. 만약 에너지 효율적이지 않은 것으로 만들어졌다면 세계적인 데이터와 커뮤니케이션 시스템(깨끗하고 친환경적인 것과는 무관하게)은 2010년까지 세계 전기의 절반을 소비하게 될 것 같다.(『와이어드』, 2006년 10월호)

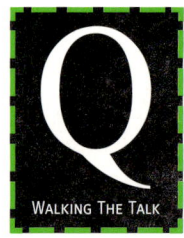

말한 대로 행동하기 6

공정무역 기업, 그린 마운틴

WALKING THE TALK

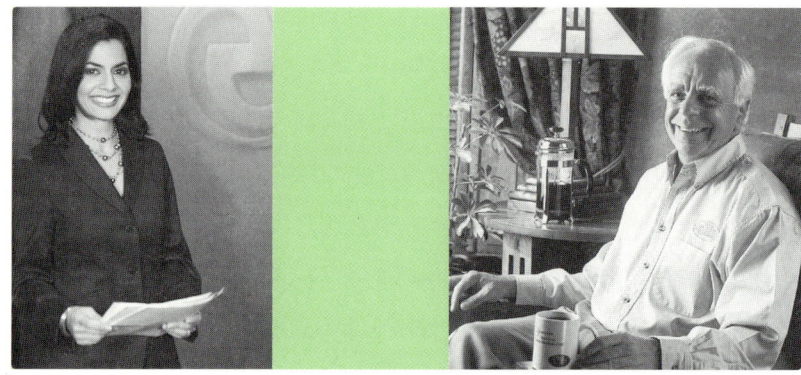

심런 세티   밥 스틸러

심런이 '그린 마운틴 커피 로스터스'의 창시자이자 대표인 밥 스틸러와 기업 애널리스트 휴슨 발첼을 초대해 공정무역과 '그린 마운틴'의 전략을 들어봤다. 이 회사는 자사 커피의 20퍼센트를 공정무역으로 수입하고 있다.

밥 스틸러: 공정무역은 우리에게 가장 중요한 원칙입니다. 공정무역은 제3자 인증을 상징하기 때문입니다. 공정무역은 커피 농사를 짓는 농부들에게 충분한 돈이 돌아가도록 하고 있습니다. 우리는 이런 것들이 전 세계에서 어떻게 큰 효과를 보고 있는지에 매우 관심이 많으며, 많은 직원들이 이 비율을 높이기 위해 적극적으로 참여하고 있습니다.

휴슨 발첼: 공정무역 문제와는 별도로 '그린 마운틴'은 공동체와 이익 반환 등과 관련된 여러 가지 일을 하고 있습니다. 카페 프로그램과 같은 여러 가지 프로그램도 실천하고, 세전 이익 5퍼센트를 자선단체에 기부하고 있다고도 들었습니다. 그 부분에 대해 좀 더 자세한 이야기를 해 주시겠어요?

밥: 카페 프로그램은 직원들이 지역공동체에 자기 시간을 기부하는 것입니다. 우리는 사람들이 활동적일 수 있도록 북돋웁니다. 우리는 그것이 하나의 선택이거나 회사의 성공을 희생하는 것이라고 생각하지 않습니다. 그것은 훌륭한 기업 실천입니다.

심런: '그린 마운틴'의 직원들은 이런 농부들과 커피 생산자들이 커피를 생산하면서 날마다 겪고 있는 것을 제대로 이해할 기회를 갖고 있나요?

밥: 지난 수년 동안 20퍼센트의 직원들에게 직접 농장을 다녀올 기회를 주었습니다. 지난 15년 동안의 일은 사회적 · 환경적 관점에서 커피 생산의 기준을 만드는 데, 실제로 일하고 있는 농부들에게 정말 중요한 의미가 있습니다. 공정무역이 소비자들에게 신뢰를 얻고 인증을 받게 되어 매우 기쁘게 생각합니다.

휴슨: 기후변화에 대해서도 노력하고 있고, 이산화탄소 배출 권리를 구입함으로써 회사의 이산화탄소 방출을 상쇄하려고 한다고 들었습니다.

밥: 예, 우리 회사가 분출하는 이산화탄소와 쓰레기를 측정하기 시작했습니다. 이것은 우리의 취약점을 잘 보여 주는 일이었습니다. 과거에 우리는 더 분명한 환경문제보다 사회적 문제에 초점을 맞춰 왔습니다. 모든 스펙트럼을 포함하는 기업의 사회적 책임(CSR) 보고서를 작성하는 것은 우리의 눈을 뜨게 해 줬고, 더 좋은 일을 하

고 기업의 사회적 책임 보고서를 활용하는 것을 정말 흥미롭게 생각하고 있습니다.

휴슨: 환경적 측면에서 '그린 마운틴'이 끼치는 가장 큰 영향은 무엇이라고 생각합니까? 그리고 그 영향을 완화하기 위해 무엇을 하고 있습니까?

밥: 긍정적 영향은 커피 농장과 함께 해 왔다는 사실입니다.

휴슨: 그건 당신이 소유하지 않은 농장을 말하는 거지요?

밥: 그들은 모두 공급자지만 최고의 실천을 위해 함께 해 왔습니다. 그늘을 만드는 나무를 어떻게 심고, 다양한 살충제와 제초제의 사용을 어떻게 없앨 것인지 같은 문제 말입니다. 국내적으로 그린 마운틴은 에너지 시스템에 따라 열을 다시 사용하는 열병합발전을 사용합니다. 그러나 이산화탄소 배출량을 나타내는 생태 발자국을 보면 그리 좋은 지표를 갖고 있다고는 생각하지 않습니다. 물론 우리의 이산화탄소 배출량을 상쇄하기 위해 나무를 심고는 있지만, 그것보다는 환경에 아주 적은 영향만 끼쳤으면 좋겠습니다.

심런: 백 퍼센트 공정무역 커피를 생산하려면 얼마나 걸릴까요?

밥: 우리는 소비자들에게 공정무역과 아닌 것의 차이를 늘 설명하려고 합니다. 공정무역에 의해 구입한 커피를 보통 블렌드 제품으로 판매하지만 대부분의 커피는 우리가 공정무역 인증 제품으로 판매합니다. 우리는 성장에서 균형을 갖추고자 합니다. 왜냐하면 전 세계에서 우리가 행하는 선행은 우리가 얼마나 성공했나를 나타내는 역할을 하기 때문입니다.

07 여성 소유 기업의 역할

WOMEN-OWNED BUSINESSES

여성이 소유한 기업이 나라의 풍광을 바꾸고 있다. 놀랍게도 여성 기업인은 미국에서 가장 주목을 덜 받은 경제 이야기 중 하나다. 여성은 늘 가정과 지역 활동에서 지도적인 위치에 있는 것으로 인정받아 왔다. 그리고 이제 그들 자신의 경영 모델과 창의력을 시장에 가져오고 있으며, 그것이 이 세계경제를 풍부하게 하고 있다. 여성의 경제 기여는 오랫동안 그 가치가 저평가돼 왔다. 하지만 이제 그 조류가 변하고 있다. 미국에서 여성 소유 기업 수가 늘어나고 있고, 매출 총액도 2조 5천억 달러에 이르러 국가 평균의 두 배나 된다. 여성이 소유하고 경영하는 기업들은 천9백만 명을 고용하고 있다. 『이코노미스트』지는 「여성 경제 가이드A Guide to Womenomics」(2006년 4월 15일자)라는 기사에서 "여성은 세계경제의 가장 강력한 성장 엔진"이라며 개발도상국 경제에서 증가된 여성 고용은 세계 성장에 중국보다 더 기여해 오고 있다는 기사를 썼다.

워싱턴 D. C.에 있는 '여성 비즈니스 리서치 센터'의 새런 헤이더리는 이런 역동적인 경향에 대해 언급했다.

"1997년과 2004년 사이 여성 소유 기업은 모든 비즈니스 증가율의 2배로 늘어났습니다. 여성 소유 기업의 수적 증가 측면에서 살펴보면 고용과 수익의 증대는 수적 증가를 훨씬 초과합니다. 이것이 의미하는 것은 여성 소유 기업의 비즈니스가 크고, 더 중요하며, 우리 경제에 큰 기여를 하고 있다는 것입니다. 여성들은 기업 소유주로서 모든 산업 영역으로 확장하고 있습니다. 사실상 가장 빠른 성장세를 보여 주는 것은 우리가 비전통적 산업으로 생각하는 것들에서입니다. 예컨대 엔지니어링, 전신, 공공사업, 건설, 농업, 그리고 도매와 같은 분야에서입니다. 이 분야에서 여성 소유 기업의 가장 빠른 성장을 확인하고 있습니다."

이러한 수치는 살아가려는 욕망뿐 아니라 기업가 정신, 개인의 자율성과 융통성의 필요, 현실적으로 아주 많은 기업들에 존재하는 여성 차별을 깨뜨리고자 하는 욕망을 반영하고 있다.

시카고의 '국제 환경 디자인(Environment Design International, EDI)' 의 대표인 데보라 소여가 소개하는 자신의 일을 보자. '국제 환경 디자인' 은 지표 조사, 지질공학, 모니터링, 재산업화와 재개발을 위한 오염된 지역의 회복 등을 수행하고 있는 허가받은 민간 엔지니어링 회사다.

"국제 환경 디자인은 시카고 시 주택부를 대표해서 시카고 환경부의 일을

국제 환경 디자인 대표
데보라 소여

"우리는 시를 대신해서, 건설을 해도 될 만큼 환경이 건강한지 미리 검사하는 일을 해요. '올해의 중소기업인' 으로 선정돼 백악관에 갔던 일은 잊을 수 없어요."

맡았습니다. 주택 건설이 시작되기 전에는 오염되지 않았다는 것을 확인하기 위해 토양을 테스트하는 일이었지요. 우리는 오헤어 공항에서도 세 가지 다른 일을 진행하고 있습니다. 조사와 배수 등 다양한 사업에 대해 3백만 달러어치 민간 엔지니어링 계약도 체결했습니다. 그리고 환경 계약도 체결했는데, 그 분야에서 현재 자산 합병이 이뤄지고 있습니다. 건설 중인 것도 많이 있고요. 뭔가를 하려고 하는 분야가 있다면, 그 지역이 어느 곳이든 건설 사업을 할 수 있을 만큼 충분히 깨끗한지 그렇지 않은지를 확인하기 위해 '국제 환경 디자인' 이 환경 샘플링을 조사하게 됩니다. 혹은 그들이 낡은 저수용 탱크를 발견하거나 다른 문제점이 있으면 그런 것들을 제거하고 개선시켜 달라고 합니다."

데보라는 추억에 잠기며 말을 이어갔다.

"사업 초기에는 가장 큰 문제가 돈이었습니다. 1991년에 시작했는데요. 14년 전만 해도 소규모 서비스에 기반한 비즈니스를 위한 금융 지원 제도가 없었습니다. 은행들은 그런 비즈니스를 이해하지 못했습니다. 국세청에 백만 달러의 부채를 지고 있었고, 나는 날마다 그 빚을 어떻게 하나 생각해야 했습니다. 국세청 관리가 와서 문에다 체인을 걸고 내가 사업을 하지 못하도록 쫓아내지 않을까 걱정했습니다. 우리 회사 같은 곳들이 자금난에 시달리는 이유는 고객들이었던 정부 기관들이 돈을 지불하지 않았기 때문이었습니다. 결국에는 국세청도 그것을 이해했지요. 제가 '당신들이 나의 고객들인 정부 기관에 가서 백만 달러를 받아 오세요.' 라고 말하면 기가 죽어서 지불 계획서를 갖고 돌아갔습니다. 그러고는 모든 게 잘 굴러갔지요. 1995년 저는 전 미국에서 '올해의 중소기업인' 으로 선정됐습니다. 또 일리노이 주에서, 미드웨스트 지역에서 상을 받았고, 모든 지역 수상자들이 워싱턴 D. C.로 초청을 받았습니다. 맙소사, 그들은 저희 어머니를 그 주 내내

여왕처럼 대했습니다. 우리 어머니를 백악관으로 데려갔던 그때가 저에겐 가장 자랑스러운 순간이었습니다."

또 다른 선구적 여성 기업인인 주디 윅스는 이 책의 앞부분에서 언급한 바 있다. 필라델피아의 화이트 독 카페의 창업자이자 대표로서 지역공동체를 만드는 데 큰 성공을 거둔 사람이다. 주디는 여성 기업가의 폭넓은 동기 부여를 설명하고, 사회적 가치와 기업 목적을 결합하는 운동의 최전방에 서 있다. 주디가 그랬던 것처럼 음식을 가져가는 테이크아웃 머핀 가게를 사회적 대의를 지지하는 동력으로 바꾼 것은 여성의 비즈니스가 어떻게 지역을 지원하도록 조직되는가를 보여 주는 한 사례다. 주디의 말을 들어 보자.

"1983년 1월에 우리집 1층에서 화이트 독 카페를 시작했습니다. 이제 22년이 지났습니다. 해마다 조금씩 확장해 왔지요. 사업의 목적은 봉사하는 것이라고 생각해요. 화이트 독 카페의 임무도 매우 단순합니다. 4개 부문에서 능력껏 봉사하기를 원하는 겁니다. 즉 고객에게 봉사하고, 직장 공동체에 봉사하고, 지역공동체에 봉사하며, 자연에 봉사하는 것입니다."

비슷한 동기가 건강관리 부문에서 혁신을 지지하는 여성들을 이끌어 왔다. '원 월드 헬스 인스티튜트' 창시자이자 대표인 빅토리아 헤일 박사는 개발도상국의 가난한 환자들을 치료하기 위해 상표 없는 상품이나 기증된 약 혹은

화이트 독 카페 창업자
주디 윅스

"우리 사업의 목표는 네 가지입니다. 고객과 직장, 지역공동체와 자연에 봉사한다는 거지요. 22년 동안 쭉 그래 왔어요."

로열티 없는 약을 사용하면서, 상업 제약회사들이 무시해 온 희귀성 질병들을 치료하기 위한 약을 개발하고 있다. 카라 트로트는 비슷한 목적으로 1999년 오하이오 주 콜럼버스에서 '콴툼 헬스'를 만들었다. 콴툼은 환자들이 복잡한 미국 의료 체계에 잘 대처해 나가도록 돕고 있다.

"저는 뭔가를 창조해서 사람들의 삶에 변화를 주고 싶었어요."

트로트는 2006년 2월 27일자 『비즈니스위크』지에 콴툼의 성공 스토리를 풀어놓았다. 트로트는 법률 업계에서 번 40만 달러로 이 일을 시작했다. 진저 그레이엄은 자신과 같은 당뇨병 환자들을 돕기 위해 '에이멀린 제약사'를 시작했다.

"우리는 환자들이 얼마나 힘들게 사는지 이해하지 못한다고 생각합니다."

지금까지 에이멀린은 당뇨병 치료를 위해 두 종류의 새로운 약을 출시했고, 2005년에 주식이 58퍼센트가 상승해 한 주당 가격이 39달러나 되었다.(『비즈니스위크』, 2006년 1월 9일자)

새런 헤이더리는 자신의 연구 결과물로 더 파고든다.

"우리는 여성들이 남성과 비슷한 경험들을 가지고 더욱더 많은 비즈니스에 진출하는 것을 보고 있습니다. 여성들은 전문적이며, 간부나 경영진의 자리에까지 오르고 있습니다. 그러나 우리는 여전히 여성들이 어떻게 자신들의 비즈니스에 접근하느냐는 문제에 차별성이 있다는 점을 확인하고 있습니다. 남성 기업인들은 우리가 '좌뇌적 사고'라고 부르는 논리와 사실, 위계질서의 특징을 선호하고 있습니다. 여성 기업인들은 남성 기업인들보다 '우뇌적 사고'를 더 많이 하고 있죠. 이것은 가치와 직관과 관계로 특징지을 수 있습니다. 그러나 여성은 남성과 달리 혼합적인 성향이 있다는 사실을 문학이나 사회 통념은 거부해 왔습니다. 여성들은 가치에 초점을 맞추고 싶어하고, 이런 가치가 여성들에게는 아주 중요합니다. 또 여성들은 관계를 쌓고 싶어하고, 동시에 사실과 논리도 원합니다. 여성들은 업계 내부의 전문가나 외부 전문가들에게 충고와 정보를 얻어 자신들이 결정을 할 때 도움을 받는 것을 더욱더 좋아합니다. 그런 결정에 영향을 받는 사람들과 상담하고 싶어합니다."

여성에 관한 또 다른 신화는 많이 사라졌다. 이젠 여성들도 남성 못지않게 컴퓨터와 전기에 관심이 많다. 기술 관련 상품을 구입하는 비율의 거의 절반이 여성이다. 여성이 가장인 가정이 1980년대에는 2천백만 가구였으나 지금은 3천3백만 가구나 된다.

여성의 구매력은 지난 30년간 63퍼센트나 치솟아 올랐다. 남성이 1달러를 번다고 가정할 때 여성들은 0.78달러를 벌고 있긴 하지만 말이다. 여성들은 또한 남성과 다른 방식으로 투자를 하는 것처럼 보인다. 사회 책임 투자 부문을 이끌고 있는 여성들은 엄청나게 많다. 미국에서만 2조 3천만 달러에 이르고 있다.

그 가운데 인상적인 여성 사업가들의 면면을 살펴보자.

■ **앨리스 티퍼 멀린**─산업의 사회적 · 환경적 책임 감사의 '대모'가 되었다. '사회적 책임 인터내셔널'의 대표인 앨리스는 1968년 '경제 우선 위원회'를 창시했다.

■ **수전 데이비스**─캐피탈 미션 컴퍼니의 최고경영자로 2백 명의 뛰어난 여성 위원회를 조직했으며, '투자자 서클'을 설립했다.(13장 참조)

■ **지타 에이어**—'월든 자산 경영'의 창립자이며, 지금은 '보스턴 공용 자산 매니지먼트'의 대표로 있다.

■ **조앤 바바리아**—세레스(the Coalition for Environmentally Responsible Economies, CERES)를 만들었고, 지금은 '보스턴 트릴리엄 자산 매니지먼트'의 최고경영자다.

■ **에이미 도미니**—『사회 책임 투자』(2001)의 저자로, '도미니 사회 지수 400'을 만들었다. 이 지수는 '스탠더드 앤 푸어스 500'보다 더 효과적인 것으로 알려졌다. 현재는 '도미니 사회 투자'의 최고경영자다.

■ **미카엘라 월셔**—'여성 세계은행'의 창시자이며 대표다. 이 은행은 전 세계 40개국에 퍼져 있다.

■ **레베카 애덤슨**—'제1세계 개발재단'의 사장이며, 소액 금융을 개척하고 있다.

■ **바버라 크룸지크**—캘버트 그룹 대표이며, 백억 달러에 이르는 사회 책임 뮤추얼 펀드를 운용하고 있다. 또 기업들이 여성 고용을 확대하고 승진 기회나 대우에서 평등하게 권리를 누릴 수 있도록 하는 기준을 제시하는 '캘버트 여성 원칙'을 시작했다.(www.calvert.com)

■ **앨리사 그라비츠**—9장에서 자세히 다루겠지만 '코업 아메리카'의 대표이며, 환경 윤리 비즈니스를 다루는 잡지 『내셔널 그린 페이지』를 창간했다. 또 윤리적 투자 산업의 거래 연합 '사회 투자 포럼'을 운영하고 있다.(www.socialinvest.org)

■ **테사 테넌트**—영국 최초의 윤리적 뮤추얼 펀드 매니저다. 거대 보험사인 '프렌즈 프로비던트'에서 친환경 투자 포트폴리오를 시작했다. 1990년대 홍콩으로 이주해서 아스리아(Association of Socially Responsible Investors in Asia, ASRIA)를 만들었는데, 이는 아시아 기업들을 조사하는 단체다.(www.asria.org)

■ **주디 헨더슨 박사**(1장 참조)—소아과 의사로 '호주 윤리적 투자' 펀드를 만들었고, 지아르아이의 의장을 맡고 있다.(www.globalreporting.org)

■ **그라시엘라 치칠니스키 교수**—컬럼비아 대학교의 수학자이자 경제학자로, 자연 재난의 피해에 대비한 보험 성격의 일명 '캣 본드(대재앙 catastrophe)'라 불리는 재난 채권을 만들었고, '기후변화에 관한 교토 의정서'를 위해 국가 간 동등한 탄소 배출 거래 계획을 고안했으며, '녹색 국제통화기금'으로 불리는 '환경문제 해결을 위한 국제은행'을 만들었다. 이 국제은행은 지구상의 모든 남녀노소에게 오염권이 공평하게 분배되도록 하기 위한 것이었다.

■ 잉게 카울—유엔 인간개발지수를 만들었으며, 유엔개발계획(UNDP) 의 개발 연구 책임자다.

그럼에도 월스트리트는 2005년 1월 10일자 『포춘』 지의 기사 「미국 기업은 어떻게 여성을 배반하고 있나」라는 기사에서 묘사되었듯이 남성 특권의 보루 로 남아 있다. 심지어 『이코노미스트』도 특집 기사 「여성 차별의 수수께끼」에 서 "이처럼 지속적으로 여성 기업 경영진이 드문 이유"에 대해 의구심을 드러 냈다. 노르웨이는 2006년 모든 기업은 이사진에 여성을 최소한 40퍼센트 포 함시켜야 하며, 그렇지 않을 경우 일정한 유예 기간 뒤에 기업 문을 닫아야 한 다는 법을 제정해서 이 분야에서 앞서가고 있다.

주디 웍스는 개인적 경험을 다시 설명했다.

"경쟁자들과 나의 지식과 경험을 나누기로 결정했을 때 저는 현실적인 문 턱을 넘어섰습니다. 지속 가능하고 정당한 경제를 건설하는 데 초점을 맞 추면 경제 전체와 비즈니스 간의 관계에 대해 생각해야 합니다. 우리는 『화 이트 독 카페 이야기』라는 계간지 뉴스레터를 펴내고 있는데 우리가 이 카 페에서 하고 있는 모든 일을 알리고 있습니다. 저는 순진한 소비자들을 사 회적 행동으로 유인하기 위해 좋은 음식을 사용한다고 농담처럼 말하곤 합 니다. 사람들이 먹기 위해 오는 한 그 이상의 무엇을 하는 게 왜 불가능하겠 어요.

최초의 프로젝트는 사실상 아주 모험적이었어요. 그것은 '국제 자매 레 스토랑 프로젝트'였습니다. 어느 날 레스토랑에 걸어 들어간 제가 2인용이나 4인용 테이블이 아니라 60억 명을 위한 테이블을 달라고 말하는 꿈을 꾸었습니다. 저는 모든 사람이 테이블에 앉을 수 있고, 모든 사람이 충분이 먹을 수 있으며, 정치적으로나 경제적으로 자신의 자리를 가질 수 있는 세상을 꿈꾸었습니다. 언젠가 '자매 도시sister cities'의 개념을 들은 적이 있습니다. 그래서 이렇게 생각했죠. 자매 레스토랑이라고 안 될 이유가 있을까?

저는 그곳의 레스토랑과 자매 관계를 만들기 위해 니카라과에 갔습니다. 그것은 어떤 의미에서 마케팅 수단을 제공한 거죠. 또 우리가 '60억 명을 위한 테이블을!'이라고 명명한 국제 프로그램에 초점을 맞출 수 있게 했습니다. 이런 국제적 여행을 시작한 이후 필라델피아에서 국내의 자매 레스토랑 프로그램을 갖는 것은 어떤가 생각하게 됐습니다. 우리는 이곳에서 그 일을 곧바로 시작했고 도시의 빈민 지역에서 소수민이 소유한 레스토랑과 자매 관계를 맺기 시작했습니다. 우리 지역에서 사람들 간의 이해와 대화를 넓히기 위해서였죠."

이처럼 '좋은 일도 하고 사업도 성공하는' 비즈니스 모델이 지난 25년 동안 번창해 왔다. 성공 패러다임에서 여성에 대해 여전히 편견을 갖고 있는 주류 언론은 이런 발전을 무시해 왔다. 그럼에도 여성 비즈니스 리서치 센터의 2006년 보고서 「고용자 없이 사업하는 여성 소유 기업」에 따르면 미국에서 540만 개의 여성 소유 주요 기업들은 컨설팅, 농업 서비스, 건설, 교통, 커뮤니케이션, 그리고 공공시설을 포함하는 서비스 산업 분야에서 연간 1,670억 달러의 매출을 기록했다. 다른 연구 자료들을 참조하려면 여성 비즈니스 리서치(www.womensbusinessresearch.org)를 방문해 보라.

서리 앤더슨 박사와 『문화적 창조자』(2000)를 함께 쓴 폴 레이 박사는 이 문제에 대해 이렇게 언급했다.

"문화적 창조자는 사람들의 가치와 라이프스타일에 대한 15년간의 연구 과정에서 발견한 사람들입니다. '가치'와 '라이프스타일'은 시장 조사의 키워드입니다. 여기에서 가치란 환경주의 · 여성의 삶에 대한 관심 · 대안적 건강관리와 일반 의미의 건강에 대한 가치를 의미합니다. 문화적 창조자란 여성운동과 지구상의 모든 여성과 아이들을 위해 모든 측면에서 앞장서고 있는 사람들을 뜻합니다. 이 넓은 시야는 환경에 대한 관심이 현대 미국 문화에서 많은 새로운 발전을 포함한다는 시각의 전형적 사례임을 보여 줍니다. 미국에서 문화적 창조자는 대략 5천만 명에 이르며, 서구에서는 8천만 명에서 9천만 명에 이릅니다. 게다가 문화적 창조자는 평균적인 미국인보다 더 높은 소비력을 갖고 있습니다. 5천만 명의 세후 수익이 1조 2천억 달러에 이릅니다. 문화적 창조자들의 가장 근본적인 믿음은 여성의 가치, 여성의 통찰력이 정말 중요하다는 것입니다. 이러한 문화적 창조자들이 바로 새로운 문화를 창조하는 사람들입니다."

'21세기 여성 기업 정신에 대한 여성 비즈니스 위원회 조사' 결과는 조사 여성 절반 이상이 사업을 시작하기 위한 자본을 구하기가 어려웠다는 점을 확인했다. '여성 세계은행'은 1975년 이래 그런 문제에 도전으로 대응해 왔다. 5장에서 논의했듯이 소액 금융 기관의 국제적 네트워크는 전 세계에서 저임금 여성 기업인들이 가족과 지역공동체 안에서 수행하고 있는 중요한 역할을

『문화적 창조자』의 공동 저자
폴 레이

"우리는 여성의 가치, 여성의 통찰력이 정말 중요하다는 것을 믿고 있습니다. 이러한 문화적 창조자들이 바로 새로운 문화를 창조하는 사람들입니다."

인지해 왔다. 소액 금융 기관들은 도이치 방크나 시티그룹 같은 세계적 금융 기관들과 지역 협의체와의 관계를 만들고 있다. 이는 방글라데시에서 모로코 까지 천4백만 명 이상의 저임금 여성들에게 직접 금융 서비스를 제공하기 위한 것이다. 주식 경매자에서 박애자로 삶을 바꾼 미카엘라 월셔는 아주 흥미로운 이야기를 들려줬다.

"만약 가장 하위 계층의, 땅에 가장 가까운 곳의 사람들이 자연환경과 자연 시스템을 잘 운영하고 보호하지 않으면 지속 가능하지 않다는 이해에 근거 해 '여성 세계은행'을 만들었습니다. 이 은행은 금융 측면에 기여함으로써 자연환경을 지속 가능하게 하는 방법을 만드는 데 궁극적으로 도움을 줄 것 입니다. 개발도상국에 대해 이야기한다면, 다른 나라에도 유용한 같은 생산수단에 접근하기 위해 개발도상국 경제에서 생산자와 노동력의 50퍼센 트를 허락하지 않는 경제를 어떻게 발전시킬 수 있습니까? 우리는 시장 시스템에 적응하기 위해, 그리고 자기 나라의 경제에서 생산자가 되기 원하는 누구에게나 서비스와 공평하고 합리적인 이자율을 만들기 위한 금융 시스템에 적응해야 합니다. 새로운 방법을 고안해 내야 합니다."

'여성 세계은행' 사장인 낸시 베리의 얘기도 흥미롭다.

"우리는 지난 25년 동안 은행 업무를 해 왔습니다. 이젠 50개 국가 천5백만

여성 세계은행
미카엘라 월셔

"인도 여성의 수입이 백 루피일 때 92루피가 가정을 위해 쓰이지만, 남성은 고작 40루피를 쓸 뿐입니다. 그러니 여성에게 빌려 주는 게 더 효과적입니다."

명의 저소득층 여성들과 함께 하고 있지요. 보시다시피 콜롬비아나 케냐 혹은 인도의 구자라트든 어디든 저소득층 여성들은 자신들을 믿는 소액 금융 기관이나 은행과 함께 하면서 자신들의 비즈니스를 구축했습니다. 그 여성들의 딸들은 대학에 들어갈 수 있게 되었습니다. 내홍과 경기 후퇴 기간에 콜롬비아처럼 어려운 곳에선 이렇게 말할 겁니다. '제 삶은 5년 전보다 더 좋아졌고, 내 딸들의 삶은 나의 삶보다 더 좋아질 겁니다.' 하고요. 그래서 '여성 세계은행' 은 사람들에게 반드시 자신들의 꿈을 천명하도록 하고, 일종의 도약을 제공하고 있습니다."

미카엘라의 회상이다.

"우리가 '여성 세계은행' 을 시작했을 때 우리는 고리대금업자나 금융기관에서 돈을 빌리도록 돕는 것보다 여성들이 돈을 빌릴 때 어떻게 공평하고 합리적인 이자율로 얻을 수 있느냐에 대해 이야기하고 있었습니다. 진보적인 변화가 우리를 소액 금융의 세계로 데려가고 있습니다. 그곳에는 거대한 산업이 있습니다."

낸시의 얘기다.

"소액 금융 산업이라고 불리는 것은 사실 25년 전에 시작됐습니다. 오늘날 6천만 명이 고객으로 서비스를 받고 있지요. 우리의 네트워크는 천5백만

 여성 세계은행 사장
낸시 베리

"우리는 여성들이 자신의 꿈을 천명하도록 하고 있습니다. 자신의 삶이 5년 전보다 더 나아졌고, 그 딸의 삶은 자신보다 더 좋아질 거라는 믿음을 가질 수 있도록 말이지요."

명에게 미칩니다. 여전히 이런 소액 금융 서비스를 받을 필요가 있는 5억 명의 저소득 여성과 그 가족이 있습니다. 0에서 시작해 6천만 명이 참가하고 있기 때문에 저는 아무리 어려움이 있어도 5억 명에게 혜택이 가도록 하는 것도 가능하다는 확신을 갖고 있습니다."

미카엘라의 회고다.

"여성 세계은행에서 일한 사람들 가운데 아프리카 바클레이 은행의 부사장과 경영인이 된 최초의 아프리카 여성이 있습니다. 이 여성은 은행을 설득해 여성들에게 아이들을 위해 은행 계좌를 개설하게 했습니다. 은행은 케냐에서 그 계좌로 여성들에게 대부해 주는 최초의 보증인이 되었습니다. 케냐의 여성 세계은행은 지부 가운데 가장 큰 곳 중 하나입니다."

낸시가 덧붙였다.

"여성 세계은행과 우리 네트워크를 통해 소액 금융기관에서 서비스를 받고 있는 천5백만 명의 고객 가운데 25퍼센트는 남성입니다. 전체 소액 금융 산업 운동이 여성들에게 이전되고 있는 이유는 무엇보다 여성들이 빚을 잘 갚는다는 점 때문입니다. 우리가 경험한 것도 가난한 여성이 가난한 남성보다 돈을 제때 더 잘 갚는다는 점입니다. 그런데 가난한 사람들은 평균보다, 종종 부자들보다 빌려 간 돈을 더 잘 갚습니다. 여성 기업인이 100루피를 벌 때 그 가운데 92루피는 음식, 약품, 아이들 교과서 등의 비용으로 지출되는 것이 사실입니다. 인도의 통계에 따르면 만약 한 남성이 수입이 늘어나면 고작 40루피가 가정 경제를 위해 쓰일 뿐입니다. 여러분들이 정말로 가정을 위한 경제와 사회적 자산을 쌓으려 한다면 여성에게 빌려 주는 게 더 효과적입니다.

이런 대부금의 3분의 1은 여성 소유의 비즈니스에 투입되고, 3분의 1은 소규모 가족 경영 사업체로, 그리고 나머지 3분의 1은 전통적인 문화에서 여성이 가져가서 남성 비즈니스에 쓰입니다. 마지막 경우에서조차 여성이 더 많은 힘을 갖는다는 것이 바로 차이입니다. 가정에서 권력의 중심은 이동하기 시작했는데, 은행은 여성들이 대부금을 확실하게 갚기 때문에 더욱 더 신뢰를 보내고 있습니다."

5장에서 언급했듯이 투자자와 기부자들이 우리가 갖고 있는 소액 금융 프로그램들을 지원할 수 있는 많은 방법이 있다.

미국 그라민 재단의 이사장인 수전 데이비스는 비전 있는 방글라데시 사람인 이쿠벌 쿠아디르와 조시 메일맨이 공동으로 창업한 그라민 전화회사의 창의성에 대해 설명했다.

"우리는 그라민 은행의 성공적인 파트너인 그라민 전화회사에 대해 자세하게 기록했습니다. 그들은 또 비영리 회사인 그라민 텔레콤도 만들었는데 마을들에 전화 서비스를 제공할 수 있도록 하기 위해서였습니다. 이제 8만 개 마을에 '전화 아가씨phone ladies'가 있는데, 이들은 무선전화기를 통해 전화 서비스를 제공합니다. 무선전화기는 그라민 솔라 사가 제공하는 태양 에너지로 전원을 공급받고 있습니다. 우리는 이 시스템을 우간다에 가져갔습니다. 그 비즈니스 모델을 지역 전화 서비스 제공사인 엠티엔(MTN)에 보여 줬습니다. 그들은 수익성 높은 일을 할 필요는 없는 상태였지만 그 수익

미국 그라민 재단 이사장
수전 데이비스

"그라민 전화회사는 태양에너지를 전원으로 쓰고 있습니다. 이것이 새로운 수익 모델이 된다는 것을 안 우간다에도 이 전화 시스템이 자리 잡았습니다."

모델을 보자 그들은 이전에는 한번도 생각하지 않았던 시장에 도달할 수 있다는 것을 알게 됐습니다."

무선 전화 서비스는 전 세계적으로 확대되고 있는데 이 서비스가 지상의 전화선일 경우 필요한 거대한 기반 시설을 필요로 하지 않기 때문이다. 게다가 작은 규모의 비즈니스와 개인 사업자들은 아주 적은 투자, 종종 곧장 갚을 수 있는 소액 융자로 그런 서비스에 진입할 수 있다. 낸시 베리는 소액 금융에 대해 이렇게 정리했다.

"이제 우리는 소액 금융이 아주 잘 작동하고 있다는 것을 볼 수 있고, 그 주인공들도 그것을 확인하고 있습니다. 우리는 창의성을 유지하기만 하면 되고, 지나치게 기술적이지 않다는 것을 확신하기만 하면 됩니다. 자신에게 무엇이 필요한지 잘 아는 저소득층 여성들에게 우리가 가까이 있다는 것을 확신시켜 주어야 합니다. 그들에게 필요한 것은 점차 거래 비용을 줄이고, 국내 자본시장을 만드는 것입니다. 그리고 길에서 벗어나는 겁니다! 왜냐하면 그것이야 말로 변화를 위한 엔진이기 때문입니다."

스타벅스와 델은 다른 방식으로 여성들을 지원하는 회사로, 기업 행동 규범인 '캘버트 여성 원칙'을 지키려고 노력하고 있다. 여성들은 기업 환경에서 커다란 진보를 이뤄 내고 있다. 여성 최고경영자들이 '포춘 500대 기업'의 자회사들을 경영하고 있다.(『포춘』, 2006년 8월 16일자) 여성이 소유하고 경영하는 기업들의 성장세는 어느 정도인가? 이를 파악하는 데 아래 설명이 도움이 될 것이다. 『포춘』지는 2005년에 "고임금과 승진 차별, 여전히 크다."고 기록했다. 성차별이 불법이 된 지 40년이 지났지만 여성들은 여러 가지 도전에 직면하고 있다. 심리학 교수 힐러리 립스가 조사한 최근 연구는 여성의 교육 수준과 직장에서의 임금 구조가 높을수록 임금 격차는 더 큰 것으로 나타났다. 『포춘』지가 선정한 500대 기업에서 여성들은 경영과 전문가 위치에서 거의 절반을 차지하고 있지만 부사장 이상에는 겨우 8퍼센트만 차지했다.

미국 노총(AFL-CIO) 조사에 따르면 임금 노동력에서 모든 여성의 62퍼센트가 가정 수입에 절반 이상이나 기여하고 있는 것으로 나타났다. 『비즈니스위크』에서 인용한 여러 조사도 기업에서의 경영진과 지도적 위치에서 여성들이 남성 동료들보다 더 뛰어나다는 것을 보여 주었다. 폴스터 셸린다 레이크와 켈런 콘웨이의 보고서 『여성이 정말로 원하는 것』(2005)을 보면 여성 기업인들이 자선사업에 적극적이라는 것을 알 수 있다. 절반 이상이 연간 2만5천 달러 이상을 자선단체에 기부하고 있으며 적어도 여성 기업인의 70퍼센트가 한 달에 한 번 지역공동체에 봉사활동을 하고 있다. 레이크와 콘웨이는 '포춘 500대 기업' 가운데 353개 기업에 대한 조사에서 주요 경영진 자리에 여성 대표가 더 많은 기업이 경영진에 여성이 적은 기업보다 경제적으로 더 실적이 나았다는 것을 보여 줬다.

여성들은 미국 기업에 불평등과 여성 차별이 남아 있는 한 계속해서 여성들의 기회와 윤리적 기업 정신을 위해 노력할 것이다. 지금까지 여성들은 천9백만 개의 일자리를 만들었고, 이는 경제와 사회에 아주 좋은 소식이었다.

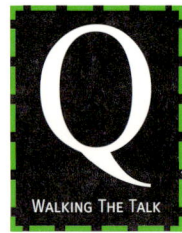

말한 대로 행동하기 7

기업의 사회 · 금융 · 환경적 영향

앨리스 티퍼 멀린
심런 세티와 에이미 홀

심런은 '엘린 피셔 컴퍼니' 의 사회의식 책임자이자 의류 디자이너인 에이미 홀과 '사회적 책임 인터내셔널' 의 사장이자 기업 애널리스트인 앨리스 티퍼 멀린를 초대해 기업의 사회적 · 금융적 · 환경적 영향을 살펴보았다.

심런 세티: 엘린 피셔의 공동체 참여에 대해서 이야기를 나눠 보도록 하지요. 그리고 왜 이런 일을 하려고 하는지에 대해서도요.

에이미 홀: 오랫동안 엘린은 지역적으로, 국가적으로, 그리고 국제적으로 여성 공동체를 지원하는 것에 대해 아주 중요하게 여기고 있었습니다. 여성 의류 회사로서 '엘린' 은 여성들의 대의, 특히 불이익을 당하고 있는 여성들을 지원하는 것에 관심

을 가져왔습니다. 그리고 그런 여성 약자들이 경제력을 갖고 폭력에 맞서며 자기를 존중하고 건강과 행복을 심어 줄 수 있도록 돕고 있습니다.

앨리스 티퍼 멀린: 엘린 피셔의 비전은 무엇입니까? 구체적으로 옷을 거래하는 다른 회사에서 일하는 것과 다른 점은 무엇인지 말해 주시겠어요?

에이미: 우리는 우리의 임무에 언급된 네 가지 원칙을 지킵니다. 개인 건강과 행복, 즐거운 분위기, 사회의식, 팀워크와 협동이 그것입니다. 이 네 가지 실천 원칙들은 회사의 어느 부분에서건 명확합니다.

심런: 직원 행복 프로그램에 대해서 말해 주시겠어요? 직장에서건 가정에서건 여성들을 지원하는 환경을 촉진하고 있으니까요. 그리고 요가와 반사요법을 활용해 하고 있는 일이 어떻게 '임무' 라는 더 큰 그림으로 연결되는지요?

에이미: 엘린은 사람들이 기업에서건 그 밖의 다른 곳에서건 자신들을 보살필 필요가 있다고 믿습니다. 그리고 의학적이거나 다른 종류의 문제들이 생기는 것을 피하려고 합니다. 그래서 우리는 사무실과 가게로 의사를 부르고 행복 이익을 갖게 합니다. 그리고 건강과 관련된 치료를 위해 연간 천 달러까지 직원들에게 보장해 줍니다. 직장 공동체 내의 기부에서도 우리는 저임금으로 불이익을 받는 여성들에게 전일적이고 통합적인 치료를 할 수 있도록 기회를 주는 프로그램에 돈을 대고 있습니다.

앨리스: 전 세계 공장에서 재봉과 생산이 이뤄지지만, '엘린 피셔' 는 그것들을 소유하지 않습니다. 또 직접 경영하지도 않습니다. 이 산업은 대부분 여성들을 고용하고 있는데 미국에서는 언어 능력이 떨어지는 이민자들이 대부분입니다. 중국에

서는 대부분 극빈의 시골 지역 출신자들입니다. 노동자들을 다루는 방법으로 볼 때 그런 면들은 회사의 미래와 어떻게 연결되어 있는 건가요?

에이미: 약 7년 전 '엘린 피셔' 는 우리가 사용하는 공장에서 작업 환경을 개선하고 발전시키고 이해하겠다는 약속을 했습니다. 우리는 앨리스 티퍼 멀린이 개발한 '사회적 책임 인터내셔널' 의 작업 기준으로 국제적으로 알려진 'SA 8000' 을 채택하기로 결정했습니다. 이 'SA 8000' 은 어떤 직장에서건 그 조건에서 운영될 수 있도록 전 세계가 인정하는 최소 기준인 작업 조건이자 9개의 기본적인 요소를 설명하고 있습니다. 이것은 아동 노동과 강제 노동에서부터 규율 실천과 노동시간, 건강과 안전 같은 것들을 담고 있습니다. 우리는 이 기준을 단지 벽에 붙여 두고 공장들이 그것을 따라 하기를 기대할 수만은 없다는 것을 깨달았습니다. 그래서 우리는 여러 조직들과 파트너가 되었습니다. 사회 책임 경영협의회, 베리테, 사회적 책임 인터내셔널 등이 주요 세 조직들입니다. 이런 조직들과 파트너가 된 이유는 공장 운영자들에게 다양한 훈련을 제공하고 이런 기준을 지원하는 공장 문화를 발전시키는 데 노동자들이 도움을 주도록 하기 위해서였습니다.

심런: '엘린 피셔' 공급 체인의 환경 영향은 어떻게 관리하고 있습니까?

에이미: 우리에게 환경은 매우 새로운 도전입니다. 저는 '도전' 이라고 말하고 싶군요. 어떤 제품을 만들고, 어디에 개업하느냐를 결정할 때 지속 가능한 환경을 생각하는 프로그램을 시작했으니까요. 우리가 고용한 사람들, 우리가 가게에 제품을 제공하는 방식 등을 통해서도 회사는 사실상 비공식적으로 이미 많은 일을 해 왔습니다. 우리는 많은 관심을 받고 있는 유기농 면제품을 생산하고 있습니다. 다른 여러 가지 친환경적인 제품들이 있습니다만, 면세품 생산은 처음입니다.

08 재생에너지

RENEWABLE ENERGY

기름 값이 오르고 지구 온난화의 과학적 증거들이 속속 밝혀지는데다 화석 연료 연소로 인한 이산화탄소의 증가는 화석연료 의존성을 줄이고 더 깨끗하고 친환경적 미래로 우리를 이끌어 줄 대안 에너지에 대한 관심을 촉발시키고 있다. 『사이언스』 2006년 3월호는 현재의 지구 기온이 21세기 말에 평균 섭씨 3도가 상승할 것이라고 내다봤다. 이 연구는 또 해수면이 6미터나 상승할 것이라고 내다봤다. 1미터가 상승할 것이라고 예측한 유엔의 '기후변화에 관한 정부간 패널(Intergovernmental Panel on Climate Change, IPCC)' 보다 훨씬 심각한 예측이다. 이렇게 되면 방콕, 런던, 마이애미, 뉴욕 같은 세계의 주요 도시들이 범람할 것이다. 세계 19개국에서 실시한 '비비시 월드 서비스'의 여론조사에 따르면 환경과 기후에 관한 현재의 정책 영향에 대해 우려를 표시하는 이들이 81퍼센트나 됐다. 언론이 지구 온난화를 엄청나게 다루면서 화석연료 산업과 그 로비스트들이 지금까지 차단했던 실용 가능한 새 정책과 기술을 받아들이는 것을 촉진하고 있다.

마침내 많은 기업들이 청정에너지로 바꾸는 것이 원가를 절감하고 새로운 기회가 된다고 보고 있다.(『비즈니스위크』, 2006년 7월 17일자) 주요한 정책 변화에는 화석연료 산업과 핵 발전이 누려 왔던 거대한 보조금을 폐지하는 것이 포함된다. 그동안 이 보조금은 재생 가능한 기술이 경쟁에 나서지 못하도록 막아 왔다. 세금 정책에 맞추고 시장에서 재빨리 작동할 수 있도록 정부의 구매력을 사용하거나, 미국 환경보호국의 에너지 스타처럼 기준을 촉진시키고, 자동차와 트럭의 운임과 보험료를 포함한 가격 '카프(Cost And Freight, CAF)'의 기준을 올리는 것도 마찬가지로 막아 왔다. 이 모든 것이 비비시 월드 서비스 조사에서 80퍼센트 이상의 다수가 지지한 것들이다.

　이 장에서는 태양에너지를 시골 공동체에 주는 프로그램부터 온실 가스를 줄이고 효율성을 높이며, 사회적 · 경제적 · 환경적 기여를 높이기 위한 기업들의 노력에 이르기까지 다양한 시도를 살펴볼 계획이다. 조지 부시 미국 대통령 등 선진 8개국(G8)의 지도자들이 만났던 2005년 7월 스코틀랜드 정상회의에서 인간이 유발한 이산화탄소와 메탄 같은 온실 가스가 지구 온난화에 영향을 미치고 있다는 것을 인정했다. 이제 사람들은 대안적이고 재생 가능하며 기후에 영향을 미치지 않는 에너지 시스템으로 이동하고 있다. 벤처 자본은 깨끗하고 친환경적인 기술을 소유한 기업들로 향하고 있다. 2005년에 16억 달러를 갖고 있던 친환경 기술 소유 기업은 연간 36퍼센트씩 성장하고 있으며, 가장 큰 아이피오(Initial Public Offering, IPO. 기업 공개, 유가증권시장이나 코스닥시장에 상장한다는 의미다. 옮긴이)는 홍콩 주식시장에 55억 달러에 상장된 중국 선텍 파워 홀딩스였다.(『환경 파이낸스』, 2006년 6월호) 두 말할 필요도 없이 석탄, 석유, 화석연료 중심의 산업은 상황이 불리한데도 지연 작전을 펴고 있는 중이다. 그러는 사이 미국 사우스캐롤라이나 출신의 공화당 의원인 밥 잉글리스는 내연 기관 엔진을 대체하기 위해 1억 달러짜리 '수소 상Hydrogen Prize'을 위한 법안을 지원했다.(『이코노미스트』, 2006년 5월 20일자)

우리가 자동차로 1갤런의 가솔린을 연소할 때 5파운드의 탄소 등 많은 오염 물질들이 대기 중으로 뿜어져 나오게 된다. 만약 이 탄소가 고체라면 차가 완전히 망가질 것이다. 그 대신 탄소는 독성 입자와 대부분의 과학자들이 지구 온난화의 주범이라고 여기는 이산화탄소, 즉 온실 가스를 방출한다. 자동차와 트럭을 움직이고 가정과 직장을 따뜻하게 하며 도시에 유독 물질을 만드는 공장에 전력을 제공하는 화석연료는 호흡기 질환의 주범이며, 미국 이산화탄소 방출량의 98퍼센트를 차지하고 있다.

낡은 경제 모델이 조장한 덕분에 깨끗한 후기 화석연료 사회로 이동하는 것은 돈이 너무 많이 들고, 일자리를 파괴하며, 낮은 경제성장은 필요한 대중 토론을 방해할 것이라는 믿음이 넓게 퍼졌다. 사실 많은 새로운 연구 결과들은 재생 가능하고 청정하며 오염이 덜한 건강한 사회로 이동하는 것은 창의력과 경제성장을 촉진하며, 수백만의 일자리를 만들어 낸다는 사실을 보여 주고 있다. 에너지와 경제 전문가인 존 스킵 레이트너의 「기후변화의 경제학을 다시 평가해야 할 때」라는 보고서(www.EthicalMarkets.com, 2006년 3월 23일자)는 이런 기회를 요약하고 있다. 스킵은 낡은 경제 모델이 재생 가능하고 에너지 효율을 높이는 것으로 이동하는 것이 사실상 경제 생산성을 높이는 방법이라는 것을 간과하고 있다는 점을 지적하고 있다. 이 가운데 많은 기술은 3년에서 5년이면 투자 비용을 회수할 수 있고, 10년에서 15년 정도 생명력을 지니고 있다. 보고서에 주석으로 달린 각종 수치는 이런 재생 가능 기술로 평균적으로 10퍼센트에서 40퍼센트까지 절약할 수 있다는 천5백 개 연구 결과를 보여 주고 있다. 여러 부문에서 에너지 소비를 줄이는 것은 5퍼센트에서 25퍼센트까지 낭비를 줄일 수 있다. 이러저러한 효율성으로 소비자와 사업자들은 각각 50억 달러에서 750억 달러까지 에너지 비용을 줄일 수 있을 것이다.

유럽연합은 화석연료 제공자들이 자신들의 모든 환경 비용을 포함하도록 하는 '외부효과 비용 부담'을 도입해 왔다. 유럽연합은 풍력 이용에서 전 세계에서 가장 앞서 있는데, 이 풍력은 아무런 보조금 없이 화석연료와 경쟁하고 있다. 국제에너지기구(IEA)는 2030년까지 전 세계적으로 수력을 제외한 재생 가능 기술에 1조 달러 이상이 투자될 것으로 내다보고 있다. 미국에서는 풍력과 태양에너지 기업보다는 석유와 석탄, 원자력발전에 8백억 달러의 보조금을 지급하는 '2005 에너지 법안'이 제출됐다. 미국과 캐나다에서 민간 부문과 함께 캘리포니아를 선두로 각 주에서도 재생에너지를 촉진하기 위한 여러 가지 방법이 진행되고 있다. 이 부분에서 가장 성공적인 기업인 홀 푸드는 이제 '포춘 500대 기업'에도 들고 있는데 북미에서 가장 큰 구매자다. 이 기업은 2006년에 계획된 사용량의 백 퍼센트를 풍력으로 충당하기 위해 풍력 에너지 크레딧을 샀다. (『유에스에이 투데이』, 2006년 1월 10일자)

캐나다 지구물리학자인 제프리 발라드의 개척자적인 연료전지 기술 개발은 석유를 가장 많이 사용하는 교통수단과 많은 산업 분야가 리스크를 줄이고 유독성 영향을 뒤집으려는 방법에 혁명적 변화를 가져오고 있다. 발라드 박사는 밴쿠버에 살면서 '발라드 파워 컴퍼니'를 설립했다.

"우리는 수소 경제로 전환하는 데 수십억 달러가 든다고 말하는 게 아닙니다. 내연 기관 엔진과 경쟁하는 데 더 합당한 연료전지를 제공할 수 있는 기

발라드 파워 컴퍼니 설립자
제프리 발라드

"수소 경제로 전환하는 데는 생각보다 돈이 많이 들지 않습니다. 지금까지의 엔진과 경쟁하는 데 꼭 필요한 연료전지는 아주 단순하거든요."

초연구에 대해 말하고 있는 겁니다. 연료전지는 아주 단순합니다. 이것은 기본적으로 세 부분으로 나뉘어 있어요. 연료를 가져오는 부분이 있고, 수소가 전지의 한 측면으로 가고, 다른 부분으로 공기를 가져오는 기관이 있습니다. 우리는 공기 중의 산소를 이용하고, 수소를 이용합니다. 그리고 그 사이에 '막 전극 어셈블리membrane electrode assembly'라 부르는 것이 있습니다. 이것은 투명한 플라스틱 막 같기도 하고, 음식물을 포장하는 사란 랩 같기도 합니다. 이 특별한 플라스틱 막은 수소 핵만 통과시키게 하며, 전자를 방출합니다. 전자는 외부 회로로 쫓겨납니다. 전자를 외부 회로로 밀어낼 때 전기 흐름을 얻을 수 있습니다. 이 전기 흐름은 전기 모터를 구동하는 데 사용됩니다. 연료전지 자동차는 진짜 전기차입니다. 연료전지를 차에 장착하면 전기를 생산하는 방식을 알게 됩니다. 캘리포니아에서 자동차들을 보면 (우연히 그 데이터를 갖게 됐는데) 도로의 차 가운데 4퍼센트는 정상 상태보다 더 많은 발전 능력을 보이고 있습니다."

마인디 러버는 보스턴에 있는 '세레스'의 전무이사며 사회 책임 자산 운용 회사인 '트릴리엄 자산 운용'의 대표다. 이 회사는 알래스카의 엑손 발데즈 기름 유출 사건 이후 조앤 바바리아가 세운 회사다. 세레스는 '환경 책임의 세레스 원칙'을 창시했으며 68개 기업이 이 원칙을 받아들이도록 설득했다.

세레스
마인디 러버

"유해가스 배출량을 줄인 하이브리드 자동차 시장에 미국은 좀 더 관심을 보여야 합니다. 나중이 아니라 지금 바로 시작해야 합니다."

세레스는 많은 연금 펀드와 자산 매니저들과 같이 일하며 자기 포트폴리오에 들어 있는 기업들에게는 온실 가스 방출의 줄이기 위한 계획을 공개하도록 촉구하고 있다. 마인디는 미국 산업에 대한 자신의 우려를 이렇게 표현했다.

"도요타와 다른 일본 기업들은 하이브리드 차 시장에서 더욱더 많은 점유율을 보이고 있습니다. 미국 기업들도 그 시장에서 일정 부분을 장악할 필요가 있습니다. 그 시장에는 미국인들을 위한 일자리가 더 많아져야 합니다. 그런 이유 때문이 아니라 가스 가격이 상승하면서 연료 표준 관련법은 결국 국회에서 통과되었습니다. 법에 변화가 생겼으니 이제 자동차 회사들은 소형차를 만들어야지요. 그 일을 나중이 아니라 바로 시작할 필요가 있습니다. 행동에 나서지 않는 것은 그들 기업에 일종의 금융 비용으로 들어가고, 주주들은 점점 더 크고 명료한 목소리로 그 기업들에 행동에 나설 것을 요구합니다."

이렇게 수조 달러의 강력한 주주 지원은 1960년대에는 존재하지도 않았다. 당시에는 몇몇 주주들만이 경영을 지원했다. 1968년의 캠페인 "제너럴 모터스를 책임 있게 만들어라!"는 그 모든 것을 바꿨다. 유명한 소비자 운동가 랄프 네이더가 많은 시민 행동 그룹을 조직해 제너럴 모터스 이사회에 사외 이사로 앉혔다. '뉴욕 시의 깨끗한 공기를 위한 시민 모임'의 공동 창립자로서 나는 이런 노력들에 동참했다. 그 결과 제너럴 모터스는 아프리카계 미국인 지도자 레온 설리번 목사를 자사의 이사로 선임했다. 깨끗한 공기와 물, 덜 유해한 배기가스, 더 좋은 직장, 공정성, 사회정의, 토착민의 권리, 그리고 다른 많은 사회적 관심들을 위한 주주 행동주의자(shareholder activist, 다음 장에서 자세히 다루겠다.)들도 기업 연간 회의에 참석하기 시작했다. 주주 행동주의자들은 또 깨끗하고 재생 가능한 에너지와 석유 소비량이 많은 자동차에서 깨끗한 자동차로의 전환을 촉구해 왔다. 깨끗한 자동차라면 하이브리드 차에서 전기 자동차, 다양한 액체 연료로 움직이고 수소와 연료전지로 전환될 수 있는 가변 연료 차량들을 말한다. 하이브리드 자동차는 현재의 자동차와 미래 자동차 사이의 다리 역할을 하고 있다. 어쩌면 미래 자동차는 연료전지로 에너지를 얻을 수 있을 것이다. 도요타는 실험적인 연료전지 개발에서 가장 앞서 있다. 그래서 도요타는 가장 잘 팔리는 프리우스 같은 하이브리드 자동차로 지지를 받고 있다.

혼다 역시 하이브리드 자동차 분야에서는 선두 그룹에 속하지만 2005년에만 포드가 자체 생산한 하이브리드형 수브(SUV) 차량을 공식 발표했다. 하이브리드 자동차는 낮은 연료 소비, 깨끗한 공기, 그리고 전 세계적으로 미래 자동차의 방향을 가리키는 쪽으로 상당한 진전을 가져왔다. 제프리 발라드는 이렇게 예견한다.

"연료전지 엔진이 내연 기관 엔진을 대체하기 시작하면서 여러분들이 낚시 캠프에 가서 자동차에 플러그를 꽂아 충전하는 날이 곧 올 것입니다. 지상의 전력선을 운용하는 대신 그 선들을 다른 방식으로 매듭지을 수 있습니다. 숲 속에 오두막집이 있다고 칩시다. 그곳으로 차를 몰고 가서 거기에 플러그만 꽂으면, 집이 곧 환해질 겁니다."

온실 가스 방출량에 초점을 맞춘 교토 의정서는 2005년에 제정됐고, 러시아와 132개국이 이 조약을 비준했다. 미국과 오스트레일리아는 아직 사인하지 않았다. 러시아는 세계 온실 가스의 17퍼센트를 방출하고 있다. 그러나 세계 인구의 5퍼센트를 차지하는 미국은 전 세계 이산화탄소 방출량의 25퍼센트를 내뿜고 있다.(『타임』, 2006년 3월 26일자) 다우 케미컬과 제너럴 모터스, 영국 비피(BP) 등 미국과 유럽의 주요 기업들은 온실 가스 방출량을 줄이기로 약속하고 있다. 이유는 분명하다. 그래야 돈을 절약할 수 있기 때문이다. 기술과 에너지의 효율적인 사용으로 많은 돈을 절약할 수 있다는 것을 안 뒤에는 월마트조차도 여기에 동참했다. 마인디 러버는 "교토는 지나갔다. 문제의 심각성이 알려지고 지구 온난화가 점점 심해지는 상황에서 이 문제를 통제하는 것이 비즈니스에도 좋다."고 덧붙였다. 2006년 4월 하원 청문회에서 듀크 에너지, 월마트, 제너럴 모터스, 셸 오일 등의 기업들은 탄소 배출량에 대한 강제 한도를 정하자고 의회에 촉구했다.

기업들은 지금까지 효율성을 눈여겨보지 않았다. 그동안 제 기능을 상실한 경제 소스 코드로 운용해 왔기 때문이다. 사회적·환경적 비용을 기업 회계에서 빠뜨릴 수 있는 외부 효과로 처리해 왔기 때문에 굴뚝에서 올라가는 매연이 인간의 폐 속으로 들어가는 것을 보지 못하고, 소비자와 환경 운동의 거대한 반발로 깨끗이 해야 할 때까지 알아채지 못했다. 역설적이게도 미국은 1970년대에는 지구 온난화에 관한 대부분의 독창적인 연구를 후원해 왔고 지금도 기후 연구에 있어서는 가장 앞서 있다. 오늘날 많은 미국 회사들은 풍력과 태양에너지 같은 청정에너지로 절약하고 있고, 효율성을 높이고 있다.

워싱턴 D. C.에 있는 '지속 가능 에너지를 위한 비즈니스 위원회'의 전 위원장인 마이클 마빈이 위원회가 만들어진 배경을 설명했다.

"이 위원회는 1992년 리우데자네이루에서 열린 지구정상회의 직후 경제성장과 환경 보호 사이에서 선택해야 한다는 이론을 받아들이지 않았던 에너지 담당 임원들이 만들었습니다. 2000년까지 미국은 기꺼이 국제 동맹국 편에 서서 국회나 백악관 가운데 어디가 책임을 떠맡고 있든 상관없이 환경 문제를 다루고 있었습니다. 그런데 이후 5년 동안 미국은 이런 협상, 구체적으로는 '기후변화에 관한 유엔협약(교토의정서)'에서 떨어져 나오면서 미국의 리더십은 도전을 받고 있고, 그로부터 다가오는 경제적 도전을 목격하고 있습니다."

유명한 영화 〈누가 전기 자동차를 죽였나?Who Killed the Electric Car?〉는 청정

에너지로의 전환을 가로막는 산업 배후의 움직임을 보여 주고 있다. 그 사이 2005년엔 매력적인 통근용 자전거가 25퍼센트, 2006년에는 50퍼센트나 더 팔렸다.(『비즈니스위크』, 2006년 6월 12일자)

제프리 발라드는 우리의 미래를 이렇게 보고 있다.

"저는 우리가 지속적으로 화석연료를 사용할 수 없다고 생각합니다. 오늘날 우리가 갖고 있는 무엇보다 중요한 문제는 중국과 인도, 말레이시아 같은 나라들이 미국인들이 누려 온 삶의 기준과 같은 것을 요구하며 흐름을 형성하고 있다는 것입니다. 만약 그들이 가솔린과 내연 기관 엔진을 선택한다면 '어머니 지구'는 그 오염을 자정하는 데 어려움을 겪을 것입니다. 지구 인구의 12퍼센트만 대중교통을 이용하고 있습니다. 나머지 88퍼센트는 그것 없이 살아가고 있습니다. 그럼에도 그 88퍼센트의 인구는 커뮤니케이션에 큰 어려움이 없습니다. 그들은 미국인들의 시트콤을 시청합니다. 그들은 서구와 북미의 삶의 방식을 잘 알고 있습니다. 그들도 인간입니다. 그들이 원하는 것은 미국인들이 누리고 있는 것과 똑같은 기회입니다."

마인디 러버도 비슷한 그림을 그린다.

"배기가스를 만들어 내는 산업이 더욱 많아지면서 우리는 더 큰 문제에 직면할 수 있습니다. 하지만 저는 많은 선진국과 중국에서 일어나는 변화들로 고무되고 있습니다. 우리가 오염 물질 생산을 줄여야 한다는 것과 더 효율적인 자동차를 만들 필요성, 더욱 에너지 효율적인 건물을 세워야 한다는 것에 대해 이해도가 높아지고 있기 때문입니다. 작은 것이 좋고, 큰 차는 행복의 답이 아니라는 윤리를 유럽 전역에서 발견하고 있습니다. 이곳 미국 사람들이 생각하는 것처럼요. 우리는 진보하고 있는 겁니다. 지금 당장 행동해야 합니다. 만약 우리가 5년을 기다린다면 문제를 통제하기가 20배는 더 어려워질 겁니다. 행동하지 않는 것은 그만큼 많은 비용을 물게 되고, 비즈니스에도 나쁜 영향을 미칩니다. 그러니 움직여야 합니다."

마이클 마빈은 재생 가능 에너지에 대한 투자가 늘고 있는 것을 보았다.

"재생 가능 에너지 측면에서 비용 곡선과 시장 침투를 감안하면 풍력 에너지를 살펴보아야 합니다. 풍력은 캘리포니아 주에서 아주 미미한 비율을 차지하고 있었는데 이제 미국 전역에서 시간당 백억 킬로와트 이상을 발전하고 있습니다. 1980년대와 1990년대 초까지 풍력 에너지 생산에서 세계 최고였던 미국은 세계 3위가 되었습니다."

레스터 브라운의 『지구 정책 뉴스』(2006년 6월 28일자)에 따르면 전 세계 풍력 생산량은 2005년에 24퍼센트 증가해 59,100메가와트를 생산하고 있으며 매년 29퍼센트씩 증가하고 있다.(www.earth-policy.org)

특히 독일과 중국, 일본 등지에서는 태양에너지 생산에서 진전을 보고 있다. 태양 전지 판매량은 2004년 70억 달러에서 2006년에는 110억 달러로 늘었다. 태양 전지를 만들기 위한 실리콘 주문량이 많아 전 세계적으로 공급을 넘어서고 있다. 미시간에 있는 반도체 회사 험록은 생산량을 50퍼센트 늘리기 위해 4억 달러짜리 공장을 짓고 있다.(『비즈니스위크』, 2006년 2월 6일자)

20대 윈드 터빈 생산업체 가운데 한 곳이 미국에 있다. 바로 제너럴일렉트릭이다. 2006년 제너럴일렉트릭는 새 대표 제프리 임멜트 지휘 아래서 풍력 터빈과 태양력을 포함한 대안 에너지 개발에 우선순위를 두겠다고 선언했다.(4장 참조) 마이클 마빈의 생각은 이렇다.

"그런 변화는 미래를 고무적으로 보게 합니다. 문제는 미래 세대를 위해 지속 가능한 경제성장을 촉진하는 메시지를 강조한다는 면에서 우리가 어떻게 그런 기술을 가져올 것이냐 하는 점입니다. 투자 가능성 측면에서 지속 가능한 에너지 회사를 볼 때 잠재력이 엄청난 생명공학 회사를 볼 때처럼 보게 될 것입니다."

위스콘신에 있는 '캐피털 미션 컴퍼니'는 사회 책임 벤처 금융회사인데, 이 회사의 <u>수전 데이비스</u> 사장은 사회 책임 투자가 어떻게 월스트리트에서 다른 많은 평가 기준을 앞서는지를 보여 주는 온라인 컴퓨터 시뮬레이션 방법을 만들었다.(www.capitalmissions.com)

"사실상 에너지와 사회적 투자는 잘 들어맞습니다. 왜냐하면 사회적 투자는 금융 기준에 들어맞거나 그 이상임을 입증해 왔기 때문입니다. 지구 온난화의 중요성이 높아지고 있다는 것에 대해 합의했고 자국 안전 때문에 에너지가 중심 문제일 수밖에 없습니다. 세계에서 가장 숙련된 투자자들에 의해서 수백 달러에 이르는 펀드들이 시작됐는데, 특히 태양에너지, 일반적으로는 청정에너지라고 불리는 부문에서 세 가지 새로운 주요 펀드가 성장해 왔습니다."

2006년에 친환경기술 주식 지수가 일시적 광풍을 일으키며 나타났다. 아더 글로벌 지수(Ardour Global Index, AGI), 차세대 지수(Next Generation Index, NGEX), 나스닥 클린 에지 유에스 지수Nasdaq's Clean Edge US Index, 클린테크 벤처 지수Cleantech Venture Index, 그리고 다른 몇몇 지수가 그것들이다.(『환경파이낸스』, 2006년 6월호)

유럽 전역에서 곧바로 의무 사항이 된 '스마트 미터(smart meters, 시간대 별로

캐피털 미션 컴퍼니 CEO
수전 데이비스

"지구 온난화의 중요성에 합의한다면, 사회적 투자가 금융 기준 그 이상임을 알고 있다면, 청정에너지 산업에 투자하는 것은 당연합니다."

전기 소비 비용을 확인할 수 있는 장치. 옮긴이)'와 같은 혁신적 장치들은 소비자들이 자신들의 에너지 사용량에 맞춰 전체 최고 소비량을 줄일 수 있도록 하고 있다. 국내에서 친환경 재생에너지가 필요하지 않아도 그것을 사서 전체 화석 에너지 사용량을 줄이도록 하는 '친환경 표시'와 인증서를 제공하는 회사들도 있다. 예컨대 테라패스 사는 미세먼지를 많이 발생시켜 죄책감을 느끼는 수브 차량 운전자들에게 연간 80달러에 '친환경 표시'를 판다. 스타벅스는 전력 사용량의 20퍼센트를 재생 가능 에너지에서 구입하기로 약속했으며, 스타벅스와 아이비엠, 존슨 앤 존슨은 이런 친환경 에너지와 연결시켜 주는 중개회사인 '3페이스에너지3phasesEnergy'를 통해서 이런 일을 하고 있다. 네이티브에너지닷컴NativeEnergy.com은 소비자들에게 인증서를 팔아서 결혼식과 축하 행사가 기후에 영향을 미치지 않도록 하고, 하객들의 여행 마일리지를 계산해 그 비용만큼을 인디언 보호구역의 풍력발전소를 짓는 데 기부하도록 하고 있다. 지구 온난화 방지를 위해 독특한 방법을 실천하고 있는 것이다. 나는 최근 친지 모임에서 65명에게 이 인증서를 주었는데, 그들은 모두 기뻐하며 이 운동에 동참할 뜻을 내비쳤다.

'록키 마운틴 인스티튜트'는 1970년대 이래 생태 효율적이고 재생 가능한 에너지로의 전환을 이끌어 왔다. 그리고 콜로라도에 있는 본부 빌딩과 조직

록키 마운틴 인스티튜트 창업자
에이머리 러빈스

"적당한 간격으로 믿을 만한 전력을 소비자에게 보내려면 소비자 주변에서 전력을 만들어야 합니다. 그것이 자원을 절약하는 경제적인 길입니다."

전략에서 지속 가능한 일자리 모델을 제공했다. 헌터 러빈스와 공동 창업자인 에이머리 러빈스는 에너지 낭비를 없애면 수십억 달러를 절약할 수 있다며 수십 년 동안 주장해 왔다. 이들은 환경 보존이 새로운 유정을 파내고 다른 발전소를 건설하는 것만큼이나 유용하며 보존이 새로운 공급을 만들어 내는 것과 같다는 생각을 퍼트려 왔으며, 많은 나라에서 정책 입안자들의 생각을 효과적으로 바꿔 왔다. 에이머리는 새로운 방식의 전력 배전망이 가정과 직장에서 스스로 전기를 생산하게 하고 절약할 수 있다는 확신을 갖고 있다. 에이머리의 설명이다.

"전력 산업이 시작된 초기 발전소는 전기를 발전소에서 소비자에게 보내는 점에서 전신the grid보다 더 비싸고 신뢰도가 떨어졌습니다. 새로운 발전소들은 그리드보다 더 쌌고 믿을 만했습니다. 98퍼센트에서 99퍼센트의 전기가 그리드에서 생산하는 데 실패했고, 95퍼센트는 송전에 실패했습니다. 적당한 가격으로 믿을 만한 전력을 소비자에게 보내려면 소비자 주변에서 전력을 만들어야 합니다. 이것이 소위 '분산 발전' 이라는 것입니다. 가장 큰 이점은 재정 경제학에서 옵니다. 예컨대 작은 발전소를 빨리 세우는 게

콜로라도
록키 마운틴 인스티튜트

큰 발전소를 천천히 짓는 것보다는 덜 위험합니다. 우리는 그 가치가 얼마나 되는지 계량화하기 위해 포트폴리오 운용 수단을 사용할 수 있습니다. 이는 전형적으로 가치에서 3배 증가의 효과를 가져옵니다.

우리 본부 빌딩이 사실 이런 전형적인 사례입니다. 우리는 가정에서 사용하는 것보다 대여섯 배의 에너지를 태양 전지로 생산합니다. 이 에너지의 대부분을 사무실을 돌리는 데 사용하고 나머지는 전기회사에 같은 가격에 팝니다. 전기회사로부터 '우리는 몇 달 동안 당신에게 청구서를 내보내지 못하고 있네요.' 하는 전화를 받는 것은 아주 즐거운 일입니다. 우리는 372평방미터당 한 달에 약 5달러의 전기료를 내고 있습니다. 이것은 미국 평균의 10분의 1에 불과합니다. 우리는 남겨진 것의 3분의 2를 절약하는 방법을 알고 있지만 그렇게 하지 않았습니다. 밖은 영하 40도의 강추위입니다. 그리고 연중 어느 날이라도 영하권에 들어갈 수 있습니다. 우리 빌딩은 전통적인 방열 시스템이 없습니다. 그런 방식으로 집을 짓는 것은 사실상 아주 값이 쌉니다. 공기를 데우고 물을 따뜻하게 하는 데 일반적으로 사용하는 에너지의 99퍼센트는 아낄 수 있습니다. 평균적인 전기의 90퍼센트는 절약할 수 있고, 물은 절반으로 줄일 수 있습니다. 이렇게 절약한 비용은 열 달 안에 1983 테크놀로지를 사용하는 데 썼습니다."

에이머리는 초고효율 생산으로 어떻게 오염을 줄이고 온실 가스 방출량을 낮출 수 있는지 보여 주었다.

"열은 창을 통해 생기는데, 이곳은 일반적인 지역의 창 크기보다 두 배나 더 큽니다. 창에는 빛은 안으로 들여보내고 열은 밖으로 내보내지 않는 특별한 막이 있습니다. 판들 사이에는 크립톤 가스가 있습니다. 이것이 공기보다 두 배나 더 단열 효과가 있습니다. 우리는 또 사람들과 창, 빛, 다른 가정용 기기에서 열을 얻습니다. 가장 중요한 기술은 처음에 열을 빼앗기지 않는 것입니다. 그러면 그 손실에 균형을 맞추기 위해 더 많은 열이 필요하지 않게 됩니다. 열 손실의 나머지는, 필요하다면 나무 스토브를 사용해 채울 수 있습니다. 우리는 다섯 가지 다른 방식으로 빌딩의 중앙 홀에서 에너지를 수집합니다. 무엇보다 우리는 열을 모으고, 모든 토양과 콘크리트, 콘크리트 밑의 토양, 벽, 벽토, 50톤에 이르는 참나무 목재 등에 그것을 저장합니다. 열이 아주 많이 저장돼 있어서 우리가 빈둥거린다고 해도(1월 강추위에 아무런 열을 보충하지 않는다 해도) 매일 0.5도씩 열이 떨어지는 정도일 겁니다. 더 발전된 방식으로 적합한 기술을 같이 투입하면 아주 큰 자원 절약을 할 수 있고 특히 건물을 짓는 비용을 최소화할 수 있으며, 또한 일을 더 잘할 수 있게 될 겁니다."

에이머리는 하이퍼카 디자인을 개척해 왔다. 1갤런으로 100마일을 가는 자동차가 가능하다는 것을 보여 줌으로써 자동차 도시 디트로이트에 큰 도전을 안겨 줬다.

이제는 워싱턴의 정책 샌님들에게까지 인기가 있다. 파리드 자카리아는 2005년 4월 10일자 『뉴스위크』에, 「1갤런으로 5백 마일 가는 자동차를 상상하라!」는 흥미로운 기사를 썼다. 심지어 석유 회사도 이제는 재생 가능 에너지를 사용할 것을 촉구하고 있다. 비피 사도 재생 가능한 투자를 유인하기 위해 "석유를 넘어서!"라는 슬로건을 사용하고 있다. 셰브론의 광고는 "세계는 1배럴이 발견되면, 2배럴을 소비한다."고 알려 준다. 중국은 2010년까지 재생 가능 에너지 사용량을 1퍼센트에서 10퍼센트까지 늘리도록 하는 법을 제정했고, 배기가스 기준은 미국보다 더 높게 잡았다. 2006년까지 바이오 연료에 대한 관심은 아주 새로운 문제로 제기됐다. 아직도 수많은 사람들이 굶주리고 있는 마당에 옥수수나 콩 같은 식용작물을 연료 낭비적인 자동차 연료로 쓰기 위해 길러야 하는가? 그런 작물을 기르기 위해서는 많은 에너지와 물이 필요

블루 에너지 캐나다
조수 댐

하다. 톱밥과 같은 섬유소나 사탕수수 줄기, 스위치그래스SWITHCGRASS 같은
바이오 연료만이 이런 논쟁에서 벗어날 수 있다.

　종종 간과되고 있지만 바다의 힘(조력)도 에너지를 생산할 수 있다. 예컨대
밴쿠버의 '블루 에너지 캐나다' 의 해저 터빈을 사용하면 워싱턴의 퓨젯 사운
드Puget Sound 같은, 세계의 많은 해협에서 빠르게 흐르는 조류를 사용할 수
있다. 해저 터빈은 풍력 터빈을 흉내낸 것이다. 물의 흐름을 활용하면 풍력보
다 8배나 많은 에너지를 담을 수 있다. 터빈은 또 강물에서도 활용할 수 있고
그 지역에 에너지를 제공할 수 있다. 지속 가능성의 주요 전략은 크고 중앙 집
중화된 발전소에서 오는 비싸고 비효율적인 배송 선에 의존하는 게 아니라 그
지역에서 현지 발전을 제공하는 것이다.

　밥 프릴링은 태양 전력광 펀드(Solar Electric Light Fund, SELF)의 대표로, 이용
할 수 있는 풍부한 태양에너지를 갖고 있지만 한 번도 중앙 발전기나 발전 시
스템을 가져 보지 못한 시골에 전기를 가져다주고 있다.

　"태양 전력광 펀드는 워싱턴 D. C.에 있는 비영리 기관입니다. 우리의 임무
는 전통적인 전력을 받아 보지 못한 20억 명에게 태양에너지를 가져다주는

것입니다. 우리는 주로 아프리카, 아시아, 라틴아메리카, 남태평양에 있는 개발도상국에서 활동하고 있습니다. 우리는 가까운 미래에 전기 배송선에 연결될 희망이 없는 시골 마을에 지속 가능한 에너지 해결책을 제공하는 것에 집중하고 있습니다. 전기 없이 살아가는 사람들은 대개 전기 자원으로, 블루 에너지 캐나다의 조력 펜스나 등유를 사용합니다. 등유는 위험하고 오염을 많이 시킵니다. 그리고 건강에도 아주 좋지 않습니다. 등유를 쓰는 것은 하루에 담배 두 갑을 피우는 것만큼이나 건강에 해롭습니다. 개발도상국에서 호흡기 질환은 아주 흔합니다. 비비시가 최근, 실내 공기 오염으로 매년 죽어 가는 사람들이 엄청나다는 보도를 한 적이 있습니다. 청정 전기, 청정 빛을 가정에 가져오는 것은 이런 문제를 막는 데 아주 큰 도움이 됩니다. 이런 집들에 빛을 가져다준다는 것은 매우 효과적으로 건강에 도움이 되는 일입니다.

뿐만 아니라 해가 진 뒤에도 생산 활동에 참가할 기회가 생기게 됩니다. 이런 곳에 사는 사람들은 저녁 6시만 되면 전기 없는 깜깜한 밤의 세계에서 지내야 합니다. 이 사람들은 집안에서 희미한 등유 전등에 기대 살아야 하기 때문에 생산성 있는 일은 아무것도 할 수 없습니다. 빛을 가정에 가져오는 것은 생산 활동에 참가할 수 있게 된다는 뜻입니다. 무엇보다 중요한 것

태양 전력광 펀드 대표
밥 프릴링

"등유를 켜고 살아야 했던 이들에게 전기를 준다는 것은 건강에도 도움이 되고 아이들이 밤에도 책을 읽을 수 있다는 뜻입니다."

은 빛 덕분에 밤에도 아이들이 읽을 수 있고 공부할 수 있게 된다는 것입니다. 아이들의 교육 차원에서 매우 뜻 깊은 일입니다."

밥은 또 태양 전력광 펀드가 시도하는 다른 창의적 사안에 대해 들려줬다. "우리는 2년 전 브라질에서 프로젝트를 시행했습니다. 아마존협회와 아마존 열대림 아주 깊은 곳에 사는 원시적인 인디언 그룹과 공동으로 일을 시작했습니다. 우리는 이들에게 태양열 에너지를 사용할 수 있도록 해 줬습니다. 이들은 지금 그 에너지로 물을 뽑아 올리고 학교와 건강 클리닉에도 사용하며, 위성통신용 안테나로 초고속 인터넷 접속도 가능해졌습니다. 이것은 지속 가능한 개발 차원에서 그들에게 아주 거대한 혜택을 가져다준 것입니다. 그들이 더 좋은 교육과 건강관리에 접근할 수 있게 되면서 삶의 질은 높아졌고, 여전히 열대림에서 살아갈 수 있습니다. 이것은 인디언들이 열대림을 파괴하지 않고 어떻게 지속 가능한 방식으로 살아갈 수 있는지를 보여 주기 위한 아마존협회의 실험입니다."

석유수출국기구(OPEC)가 석유 값을 네 배나 올렸던 1973년으로부터 30년이 지난 뒤 미국은 마침내 깨끗하고 재생 가능한 에너지에 대해 깊이 고민하고 있다. 비록 배럴당 석유 가격이 70달러까지 올랐지만 1973년보다 안정적인 달러 측면에서 보면 덜 비싼 셈이다. 수입 석유에 덜 의존하려는 정책은 이제 아주 중요하다. 비전 있는 기업가들이나 소규모 기업, 벤처 자본가들이 그것을 현실로 만들고 있다. 태양에너지 산업협회는 태양열 전기만으로도 전 세계 산업에서 연간 50억 달러를 생산하고 있으며 그 양은 해마다 40퍼센트씩 증가하고 있다고 발표했다.

대부분의 지속 가능 전문가들은 지속 가능하지 않은 에너지에 주는 현재의 왜곡된 보조금 지급이 중단된다면 태양에너지와 재생 가능한 에너지가 아주 손쉽게 이길 수 있다는 것에 동의하고 있다. 나는 1970년대 후반 나사(NASA)

행정관인 제임스 플레처와 함께 미국 기술 평가국의 고문으로 일했다. 제임스는 이런 왜곡된 보조금이 재생 가능 에너지와 효율적인 에너지에 주어졌다면 미국은 벌써 지속 가능 경제권이 됐을 것이라고 말했다.

풍력은 이제 가장 빠르게 성장하는 전력 방식이다. 유럽의 일부 지역에선 풍력이 전체 전력 생산량의 25퍼센트를 제공하고 있다. 현재 풍력은 미국 전기 생산에서 아주 적은 부분을 차지하고 있지만 우리의 심장부인 '대평원 great plains'은 미국 전역에 전력을 공급하기에 충분할 정도로, '풍력 에너지의 석유수출국기구'라 불릴 만큼 축복받은 곳이다. 텍사스와 캘리포니아가 앞장서고 있는 사이 중서부 지역의 농부들은 바이오 연료 생산에 박차를 가하고 있다. 풍력과 바이오 연료뿐 아니라 태양에너지도 농부의 미래를 밝게 해 주고 있다. 화석연료에 대한 큰 보조금을 중단하는 것은 아주 중요하다. 이제 농부들도 에너지 생산자가 되고 있다. 큰 에너지 회사들이 행동에 나서고 있다. 연간 90억 달러의 수익을 올리는 에프피엘(FPL) 그룹은 15개 주에서 40퍼센트의 미국 풍력 농장을 운영하고 있다. 제너럴 모터스는 풍력 생산으로 연간 20억 달러의 수익을 올리고 있다. 흥미로운 사실은 그 규모가 이제 화석연료와 경쟁할 만하다는 것이다. 물론 핵에너지와도 마찬가지다. 방사성 폐기물을 다루는 사회 비용과 정부 보조금이 고려된다면 말이다.

에너지 효율은 이제 하나의 큰 배당금이 되고 있다. 민간 부문에서 태양력, 풍력, 하이브리드 자동차, 연료전지, 그리고 다른 재생 가능 기술에서의 창의성이 이런 변화를 이끌어가고 있다. 현명한 국가 전력망이 도움이 될 것이다. 그러나 지금까지 정부는 뒤에 숨어 있었다. 코네티컷 하원의원 조 리버만과 애리조나 하원의원 존 매케인이 국회에 도입한 '기후 책임법'에 대한 조사에 따르면 이 법 제정으로 재생에너지 개발에 적극적인 미시건, 미네소타, 네바다, 뉴욕, 오하이오, 사우스다코타, 위스콘신 등이 당장에 많은 혜택을 입겠지만 그보다 8십만 개 이상의 일자리 창출 효과가 더 크다고 보았다. 2백 개 도시의 시장들이 2012년까지 자기 도시에서 교토의정서의 목표를 충족시키겠다는 약속을 담은 '미국 시장 기후 보호 조약'에 서명했다.(『타임』, 2006년 3월 26일자) 이제 우리는 재생 가능 에너지로 전환하는 것이 온실 가스와 지구 온난화를 줄이고, 경제를 성장시키며, 많은 일자리를 만들며, 건강과 환경을 개선한다는 것을 알게 되었다. 비록 2006년 말에 계절적 요인과 많은 투기꾼들의 선물 계약으로 인해 석유 가격이 떨어졌다 해도 대부분의 전문가들은 전세계적 석유 생산은 최고점에 와 있으며 가격은 더 떨어지지 않을 것이라 내다봤다. 전 지구적 위기가 닥치게 되면 큰 폭으로 석유 값이 오를 것이라고도 전망했다.

마지막으로 새롭게 설계된 매력적인 대안 에너지를 잊지 말자. 인도의 '국제 개발 기획'과 같은 회사들이 만들어 수백만의 소농들이 사용하는 자전거의 페달 펌프, 그리고 다른 혁신적 기술들 말이다.

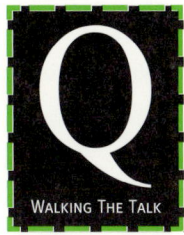

말한 대로 행동하기 8

태양에너지의 핵심,
광전지 모듈 생산 업체 '에버그린'

심런 세티와 마크 파버

심런이 '에버그린 태양 코퍼레이션' 의 공동 창시자이자 부사장인 마크 파버와 기업 애널리스트 휴슨 발첼과 함께 광전지 모듈을 개발하고 생산하는 에버그린 기업을 살펴봤다. 광전지 모듈은 장거리 발전에 사용되며 태양 전기 시스템의 엔진이다.

심런 세티: 에버그린은 태양에너지를 이용해 주주와 소비자들에게, 그리고 속해 있는 지역공동체와 환경에 어떤 혜택이 돌아가도록 하고 있습니까?

마크 파버: 우리는 주로 소위 '오프 그리드off-grid' 와 '온 그리드on-grid' 라 불리는 두 개 시장에 서비스를 제공하고 있습니다. '오프 그리드' 는 사람들이 전기에 접근

할 필요가 없는 무선통신과 같은 것들을 의미합니다. '온 그리드'는 우리가 살아가고 일하는 가정과 직장 빌딩을 의미합니다. 그런 곳에서 깨끗한 전기를 원하는 사람들에게 태양에너지를 부차적 전원으로 제공합니다.

휴슨 발첼: 에버그린은 광전지 모듈과 태양에너지로 환경에 아주 중요한 기여를 해오고 있습니다. 그러나 그런 것을 만드는 것은 어떻습니까? 작업 과정에 문제는 없습니까?

마크: 에버그린의 주요 기술은 태양 전지와 태양 판을 저렴한 가격으로 만드는 것입니다. 태양 전지를 만드는 데 중요한 성분인 실리콘을 덜 사용한다는 점, 제품을 제조할 때 산을 덜 사용해서 오폐수를 줄인다는 점, 그리고 마지막으로 에너지를 덜 사용한다는 점이 우리 작업의 특징입니다.

휴슨: 에버그린은 최근 독일의 한 기업과 합작해서 삼사백 명이 일하는 공장을 지을 것이라고 했습니다. 그 점에 대해서 말해 주세요. 그 공장은 환경적으로 어떤 면을 고려해 만듭니까?

마크: 우리는 독일에서 크게 번창하고 있습니다. 아마도 미국의 세 배는 될 것입니다. 아시다시피 독일은 미국보다 더 환경 친화적인 사회입니다. 게다가 에너지와 환경문제는 공장을 디자인하고 운영하는 데 중요한 항목입니다.

심런: 에버그린에서 일하는 사람들의 문화에 대해서 말해 주세요. 이 산업은 제조 산업인데도 사람들이 아주 열정적이라고 들었습니다.

마크: 사실 우리는 제조 업체입니다. 70퍼센트의 직원이 생산직이며, 자신이 하고

있는 일에 아주 만족스러워합니다. 전 세계 사람들에게 다른 제품보다 깨끗한 전기를 생산하게 해 주는 태양 판에 대해서 특히 그렇습니다.

휴슨: 미국에서나 유럽의 많은 지역에서도 태양에너지 산업이 이제 보조금을 지급받고 있습니다. 미래에는 어떻게 될 것 같습니까, 그리고 그것이 에버그린에는 어떤 영향을 미치고 있습니까? 보조금은 미래와 재생 가능한 형태의 에너지에 바탕한 지속 가능한 사회로의 변화에 아주 중요하다고 생각합니다.

마크: 화석연료와 원자력 에너지에 대한 보조금이 태양에너지에 대해 왜곡된 경쟁의 장을 만들어 놓고 있는 게 사실입니다. 보조금을 지급받지 않는 자연적인 시장이 있습니다. 특히 '오프 그리드' 시장이 그렇습니다. 지역과 국가에서 태양 및 재생 가능 에너지를 위한 시장을 지지하는 프로그램과 정책도 있습니다. 그것들은 시장의 성장을 이끄는 데 매우 큰 도움이 됩니다. 독일과 일본은 이런 프로그램 때문에 이 분야에서 오늘날 가장 큰 시장을 형성하고 있습니다.

휴슨: 저는 태양과 재생 가능 에너지가 수익 피라미드에서 최하층에 속하는 가난한 사람들에게 어떻게 혜택을 주는지에 관심이 많습니다. 사실 그들 가운데 2백만 명은 하루 2달러 이하의 수입으로 살아가고 있습니다. 가난한 사람들을 위한 기회에 대해선 어떻게 생각합니까? 피라미드 맨 밑바닥에 속하는 사람들은 전기 없이 살고 있는 듯합니다. 그곳에 지구상에서 가장 가난한 사람들이 살아가고 있고 그들은 에너지에 접근이 불가능합니다.

마크: 지구상에서 3분의 1인 20억 명이 전기 없이 살아가고 있는 것은 놀라운 일입니다. 그들이 태양에너지 시장의 핵심이지만 그 사람들이 태양 전지판을 갖기란 쉽지 않습니다. 그런데도 우리가 맨 처음 태양 전지판과 두 개의 백열전구를 판매한

곳은 바로 볼리비아의 시골에 있는 120개 초등학교였습니다. 이 세계는 태양에너지를 필요로 하고 있습니다.

심런: 전지판의 수명은 어떻습니까? 유럽 같은 데서 만약 취소를 할 경우 어떻게 회수하나요?

마크: 태양 전지판은 상당히 오래 갑니다. 우리는 우리 제품에 25년 보증을 제공하며, 그 유지 보수가 별로 필요 없습니다. 우리가 사용하는 재료들은 아주 질이 좋습니다. 그러니 취소 같은 건 하지 않으리라 기대합니다.

09 주주 행동주의

SHAREHOLDER ACTIVISM

9장에서는 의식 있는 주주들의 등장에 대해 깊이 들여다볼 것이다. 의식 있는 주주란 투자 이득을 얻기 위해 주식과 뮤추얼 펀드에 투자하면서 동시에 이웃과 이 지구의 개선에도 관심을 갖고 있는 이들을 말한다. 사회 책임 뮤추얼 펀드를 사는 개인 투자자로서 주주 행동주의자들은 지속 가능성 사회로의 전환을 촉진하고 있다. 많은 사람들이 자신들의 연금 계획이 여러 가지 기준을 따지는 통합적인 3대 축(사회·경제·환경)의 폭넓은 기준으로 집행될 것을 요구하고 있다. 이런 변화는 주주에게뿐 아니라 다양한 이해관계자에 대한 기업 책임에 영향을 미친다. 수천 명의 활동적인 주주들은 사회 책임 뮤추얼 펀드와 연금 계획 수탁자들의 자산 매니저 수백 명과 함께 세계 시장에서 성공의을 새롭게 정의하고 있다. 매년 이런 활동적인 주주들을 통해 폭넓은 사회적·환경적 관심을 다루고 있는 수천 개의 제안서들이 기업 연차 총회에 제시된다. 2006년 연차 총회에서 주주들은 3백여 개의 사회문제들에 대한 대리 투표자들을 모았다. 그 사람들의 주요 관심사는 환경, 동등한 기회, 그리고 정치적 기여였다.(『비즈니스위크』, 2006년 4월 17일) 3백억 달러의 교회 포트폴리오와 연금 계획을 대표하는 '기업 책임에 관한 대화 센터(Interfaith Center on Corporate Responsibility, ICCR)'는 이런 회사들에 대해 보고서를 작성하고 주주 결의는 연차 총회에 제출한다.(www.iccr.org)

1970년 시카고 대학의 경제학자 밀턴 프리드먼은 "비즈니스에서는 오직 하나의 사회적 책임이 있는데, 그것은 이익을 증대시키기 위해 혹은 주주의 가치를 최대화하기 위한 활동에 참여하는 것"이라고 주장했다. 몇몇 경제학자들은 여전히 프리드먼이 주장한 내용을 지지하고 있지만 많은 변화가 일어나고 있다. 지난 30년 동안 21세기 자본 시장의 윤리적인 진보가 다가왔다. 이는 주로 민주화, 투명한 정보의 흐름, 세계경제에서 시민 단체의 상승 등이 주요 인이었다. 이런 변화는 자본주의의 아버지 아담 스미스를 놀라게 할지도 모른다. 아시다시피 아담 스미스는 1776년 영국에서 출간된『국부론』을 쓴 사람이다. 오늘날 주주 행동주의자들은 기업의 일부 소유주라는 자신의 신분을 이용해 기업 경영과 이사회를 압박해 더 큰 사회적·환경적 책임을 떠맡도록 하고 있다. 엔론 사태 이후 기업 범죄가 새롭게 드러나고 봇물을 이루자 대중들은 기업 감시가 더 잘 이뤄져야 한다는 것을 지지했고, 당시 뉴욕 주 법무장관 엘리엇 스피처는 기업 범죄 소탕자로 대중의 영웅이 됐다.

2002년 통과된 사베인즈—옥슬리법(기업 회계 개혁 및 투자 보호법)은 수익을 과장하는 등의 기업 남용에 대해 철퇴를 가했다. 이로 인해 120개 주요 기업이 회계를 다시 작성해야 했다. 1980년대 평균 노동자 임금의 33배에 이르렀던 최고경영자 월급은 2004년 104배나 됐다. 주주나 노동자, 의결권자 모두 이에 대해 커다란 충격을 받았다.(『포춘』, 2006년 7월 10일자)

베테랑 주주 행동주의자인 엘리사 그라비츠는 코업 아메리카 전무이사로, 하버드에서 엠비에이(MBA)를 취득한 사람이다. 그는 기업 조직 및 증권법 전문가다.

"당신이 사회 · 환경 문제에 관심을 갖고 있고 주주 행동주의자가 되려고 한다면 지금이 정말 좋은 기회입니다. 주식을 소유하고 있거나 뮤추얼 펀드와 연금 수익자라면 당신은 실제로 기업의 소유주입니다. 그리고 그 회사의 비즈니스가 어떻게 돌아가는지 경영에 대해 말할 권리와 책임을 둘 다 갖고 있는 것입니다."

팀 스미스(1장 참조)도 '기업 책임에 관한 대화 센터'를 창시한 이로 오랫동안 주주 행동주의자로 활동해 왔다. 팀은 사회 투자 포럼의 대표이자 보스턴에 있는 '월든 자산 경영'의 부사장이다. 팀은 정의와 빈자에 대한 기독교의 가르침에 아주 흥미가 많은 성직자였다. '기업 책임에 관한 대화 센터'는 기업의 사회적 활동을 감시해 왔으며, 그 사이 팀은 사회적 · 환경적 · 윤리적 회계 감독자에게 감시받는 기업 포트폴리오를 운용하는 회사의 대표로 옮겨 갔다. 팀의 회고를 들어 보자.

"거의 35년 동안 투자자들은 주주 결의와 대화를 통해 기업에 간여해 오면서 기업이 훌륭한 '기업 시민'이 되도록 독려했습니다. 예컨대 종교 단체나 재단, 뮤추얼 펀드, 월든 같은 자산 관리 회사는 주주 결의를 지지할 수 있습니다. 주주총회에서는 모든 주주들이 투표에 참여할 수 있습니다. 이것은 하나의 전략으로서 엄청난 파급 효과(riffle effect, 서서히 조금씩 미치는 영향)를 가져올 수 있습니다. 우리는 수년 동안 기업들이 의식 있는 투자자들이 기업에 미치는 영향에 대해 더욱더 많은 관심을 보이고 있는 것을 확인했습니다. 기업들은 소비자와 직원, 미래의 직원이 될 수 있는 학생 등 다양한 이해관계자들이 자신들의 사업이 어떻게 이뤄지고 있는지 관심을 갖고 있다는 것을 이해하고 있습니다. 이해관계자들은 기업이 훌륭한 기업 시민이 되기를 원합니다. 그래서 기업의 사회적 책임에 관한 보고서나 기업 시민정신 보고서 등을 통해 훌륭한 기업 시민이 되기 위해 자신들이 얼마나 노력하고 있는가를 보여 주려는 기업이 늘어나고 있습니다. 그렇다고 기업들이 사회적 의무감을 지니고 있기 때문은 아닙니다. 그런 활동이 곧 훌륭한 사업으로 연결된다는 것을 알기 때문에 하는 것입니다."

주주 행동주의는 남아프리카공화국의 아파르트헤이트(apartheid, 분리 격리를 뜻하는 말로 극단적인 인종 차별 정책과 제도를 말한다. 옮긴이)를 무너뜨리는 데도 기여했다. 맥도날드에 합성수지 폴리스티렌 용기를 단계적으로 없애고, 사무 용품 매장인 스테이플스에서 종이에 재생한, 대안 섬유질의 양을 늘리도록 했고, 건축 자재 전문 회사인 홈 디팟에는 지속 가능하게 벌채할 수 있는 나무를 사용하도록 설득했고, 투자 철수를 통해 강제했다. 시민들이 변화를 가져올 수 있는 것이다. 최근까지 린다 크롬튼은 투자 책임 연구센터(IRRC)의 대표였고, 지금은 워싱턴 D. C.에 있는 연구 그룹인 투자 책임 연구 센터의 고문으로 있다. 린다의 설명이다.

"IRRC는 'Investor Responsibility Research Center'를 줄인 말입니다. 때로 사람들은 투자 책임 연구 센터를 주주 행동주의자 회사로 혼동하기도 합니다. 투자 책임 연구 센터는 공공연하게 거래된 기업에 대한 데이터나 정보에 관심 있는 사람들을 위한 정보 제공자입니다. 그래서 연금 펀드 관리자나, 주 재무부장관 등 편견 없는 데이터 소스를 찾는 사람들, 그리고 스스로

투자 책임 연구 센터 고문
린다 크롬튼

"우리는 주주의 권리 행사가 경영에 도움이 되도록 돕고 있습니다. 이제 주주들은 자신이 중요하게 생각하는 문제에 투표할 수 있습니다."

의 판단으로 센터를 도우려는 기관 투자가들이 많이 찾습니다. 정보 제공 업무 외에는 의결권 행사에 관심이 있습니다. 주주 권리를 펀드 매니저나 뮤추얼 펀드가 대행하는 것이 마땅치 않다면 스스로 할 수도 있고, 우리 같은 기관에 맡길 수도 있을 겁니다. 직접 투표하려면 그렇게 할 사내 직원이 필요할 겁니다. 우리에게 맡길 경우 아주 포괄적 지침을 줍니다. 모든 표가 경영에 도움이 되도록 하라는 겁니다. 몇 년 전까지만 해도 이건 상식이었죠. 이젠 의결권에 대한 관심이 높아져 고객들은 '이게 바로 우리가 중요하게 생각했던 우선순위예요.'라고 말할 수 있게 됐습니다. 투자 책임 연구 센터는 제기될 문제에 귀 기울이면서 투표 틀을 만들기 위해 고객들과 함께 일할 겁니다.

어떤 문제가 투표로 의결돼야 하느냐는 문제에서 주주가 목소리를 낼 수 있다는 결론이 나온 후 우리 단체의 틀이 잡혔습니다. 그 뒤에 베트남 전쟁에 대한 저항운동이 나왔지요. 투자 책임 연구 센터가 처음 행한 연구 조사 부문은 남아프리카공화국의 아파르트헤이트 문제였습니다. 남아프리카공화국에서 자신들의 투자로 그들을 돕기 위해 공평하고 객관적인 정보를 갖기를 원하는 대규모 재단들이 많았습니다. 그래서 돈을 모아 투자 책임 연구 센터를 만들었습니다."

캘버트 그룹은 남아프리카공화국에서 사업을 하는 회사들로부터 투자를 철회하려는 뮤추얼 펀드 가운데 가장 앞장서고 있었다. 나는 1980년대 남아프리카공화국이 아파르트헤이트 정책을 폐지하던 날을 기억하고 있다. 나는 캘버트의 고문 위원회 회의에 참가하고 있었는데, 주요 텔레비전 매체가 캘버트 이사들이 맡은 역할에 대해 인터뷰하기 위해 몰려왔다.

게리 브라우스는 창조적인 주주 행동주의자이고, 미국 인디언이며, '기업 책임에 관한 대화 센터(ICCR)' 뉴욕 본사에서 기업 거버넌스 책임자로 일한

기업 책임에 관한 대화 센터
게리 브라우스

"남아프리카공화국에서 투자를 철회한 것이 아파르트
헤이트 정책을 포기하게 할 수 있었습니다. 이제 기업
은 우리 모두의 책임입니다."

다. 그는 미국 기독교 교회 협의회(National Council of Churches of Christ, NCCC)의
교회 지도자들과 사무실을 같이 쓰고 있는데 게리의 설명이 흥미롭다.

"기업과 교착 상태에 빠졌던 남아프리카공화국에서처럼 아주 힘든 일이 우
리 조직에 맡겨집니다. 사람들은 그런 메시지를 들으려 하지 않는 기업들
과 소통하는 유일한 방법은 투자 철회라고 말합니다. 남아프리카공화국에
서 투자 철회를 한 뒤로, 투자 철회는 관심 있는 기업의 레이더에 늘 걸려
왔습니다. 오늘날 투자를 위해 더 강력한 사회적 기준들이 생겼나고 있습
니다. 그래서 기업들은 올바른 정책과 실천들이 있어야 한다는 새로운 사
회적 기준들을 중시하고 있습니다. 그래서 기업들은 사회적 기업 포트폴리
오에서 벗어나지 않도록 하려는 것입니다. 이것이 요즘 기업들의 관심 중
하나입니다. 남아프리카공화국에서의 투자 철회를 계기로 우리가 얻게 된
것이 바로 이런 점입니다. 오늘날 그리고 미래에 주주 행동주의를 통해 기
업들에 전달하는 내용은 미국 주주들이 지원해서 아파르트헤이트에 맞서
승리한 경험 때문에 더욱 심각하게 받아들여질 수 있습니다.

기업에서 일어난 여러 가지 위기 상황들을 보게 되면(엑손 발데즈의 해상
원유 유출, 월드콤 사태, 엔론 사태, 인종차별, 이라크 전쟁, 기업 계약 사기 등등) '기
업 책임에 관한 대화 센터' 같은 조직이나 주주 행동주의가 위기 상황이 닥

치기 전에 이런 문제들을 제기해 왔다는 것을 알 수 있을 것입니다. 이런 회사에 책임과 투명성이 그토록 중요한 이유가 바로 여기에 있습니다. 이것이 바로 우리의 목표 가운데 하나입니다. 기업들과 서면으로 의사를 주고받거나 대화를 하거나 주주 권리를 사는 것들은 모두 기업들과 소통하기 위해서입니다. 이렇게 해서 주주와 직원, 소비자, 그리고 대중들은 기업이 하고 있는 일이 무엇인지, 어떤 일이 일어날 것인지 알게 됩니다."

게리 브라우스는 이렇게 덧붙였다.

"이것은 모두의 책임입니다. 주주나 기업 임원뿐 아니라 이해관계자들의 책임이기도 합니다. 모든 사람들이 특정 기업에 일종의 투자를 합니다. 사용하는 제품이 포함하고 있는 세금을 내거나, 그 기업이 자신들의 지역에 있거나, 또 그 지역에 어떤 영향을 미치거나, 일자리를 제공하거나 물을 오염시키기도 합니다. 모든 사람이 할 말이 있습니다. 기업의 이해관계자이면서, 기업에 어떤 영향을 미칩니다. 사람들은 너무 자주 정치 시스템이건 정부건 법이건 우리 사회의 오직 한 측면만 바라보면서 문제들을 해결하려고 합니다. 기업 측에 사람들이 직접 우리의 문제를 전달하려고는 하지 않습니다."

게리는 또 기업들의 광고가 종종 미국 인디언들의 품위를 떨어뜨리는 결과를 낳았고, 부족의 이름과 아이콘에 대한 권리를 훔쳐 왔다는 것을 기업들에게 알리는 데 앞장서 왔다.

앨리사는 또 다른 성공 사례를 이야기했다.

"사회적 책임 투자자들은 제이시 페니와 같은 기업들에게 수은 온도계를 쓰지 못하게 했습니다. 수은은 가정에서 아주 위험한 상황을 초래할 수 있는데, 그런 온도계를 만드는 사람들에게도 마찬가지입니다. 사회적 투자자들은 에이치아이비(HIV)와 후천성면역결핍증(AIDS)에도 참견하며, 셰브론

텍사코나 엑손 모빌 같은 회사가 공장을 운영하는 나라에서 끔찍한 에이즈를 겪고 있는 사람들을 돕기 위해 정책을 바꾸도록 하고 있습니다. 사회적 투자자들은 아메리칸 전력회사 같은 기업들이 기후변화에도 관심을 갖도록 하고 있습니다."

때로 주주 행동주의자들은 학생, 시민단체, 노조와도 손을 잡는다. 콜롬비아 병 제조 회사에서 코카콜라의 운영을 반대하는 캠페인을 했던 것도 사례가 될 것이다. 그곳에서는 노동자 파업으로 네 명이 죽기도 했다. '국제 노동 권리 펀드'는 미국 철강노조와 연합해서 코카콜라를 고소했다. 뉴욕 대학과 미시간 대학, 칼리턴 컬리지, 바드 컬리지 등의 학생들은 학교에서 코카콜라 자판기를 없애 버렸다.(『비즈니스위크』, 2006년 1월 23일자)

캐나다에서는 무기 거래 반대 연합, 담배 없는 캐나다를 위한 의사들 모임, 법무 그룹인 인터파레스 등의 단체들이 캐나다 공공 연금 투자 위원회(Canada's Public Pension Investment Board, CPPIB)를 공격했다. 왜냐하면 이 위원회가 거의 9백억 달러의 자산을 갖고 있으면서 무기 제조사인 록히드 마틴, 레이시온, 노드럽 그루먼, 할리버턴 그리고 다른 무기 거래사들과 담배 회사에 투자했기 때문이었다.(『토론토 스타』, 2005년 12월 22일자)

미국의 가장 큰 연금 펀드는 교직원 연금보험(TIAA-CREF)이다. 교직원 연금보험은 '더 큰 선을 위한 금융 서비스'라는 슬로건으로 광고를 했다. 그런데 2005년 연차 주주총회에서 시민단체들이 연합해 피켓 시위를 벌이는 일이 생겼다. 이곳의 주식 포트폴리오에 말보로 담배, 필립 모리스 앨트리아를 포함해 월마트, 우노컬, 코카콜라, 코스트코 등 사회적 책임 비즈니스 기준을 충족하지 못하는 기업들이 포함돼 있는 까닭을 밝히라는 시위였다.

전미지방공무원노조연맹(AFSCME)과 리치 퍼로토 같은 주주 행동주의자 지도자들을 포함해 노동조합들은 자신들의 연금 펀드의 힘을 활용해 자본의 힘을 더욱 키우기 위해 점차적으로 비슷한 전략들을 펴고 있다. 미국 노총(AFL-CIO) 지도자들은 노조가 소유한 보험회사 울리코와 아말가메이티드 은행, 3천 백만 개의 노조 신용카드를 발급한 유니언 프리빌리지 등에 영향력을 확장해 오고 있다.(『비즈니스위크』, 2005년 3월 28일자) 비록 미국에서 노조 회원들이 13 퍼센트나 떨어졌지만 그들의 단결심은 커다란 영향력을 행사하고 있으며, 노조 운동은 결코 사라지지 않고 있다. 8천4백만 명의 비노조 노동자 가운데 47 퍼센트의 노동자들이 자사 노조를 지지할 것이라고 위협하고 있다.(『비즈니스위크』, 2004년 9월 13일자) 미국 노동부에 따르면 일반 노동자들의 주급은 2001 년 1월 이래 65개월의 절반 이상이 그대로이거나 오히려 준 것으로 나타났다.

또 다른 큰 손은 캘리포니아 공무원 퇴직 연금 캘퍼스와 다른 공무원 연금 펀드를 통해서 움직이고 있는 캘리포니아 주 정부다. 캘리포니아 주 재무장관 필 안젤리데스는 기업의 사회 활동에 관심이 많은 사람이다. 필은 '그린 웨이브 이니셔티브'를 출범시켰는데 재정 이득을 강화시키고 일자리를 창출하며 환경을 깨끗하게 하려는 차원에서 만들어졌다. 새크라멘토의 주도에 있는 위엄 있는 사무실에서 필은 자신의 철학을 공개했다.

"우리 연금 펀드의 수탁자로서 제 책임은 단순합니다. 연금을 지급할 수 있도록 장기간 많은 이득을 남기는 것이지요. 이제 저는 '당신은 재정적으로

캘리포니아 재무장관
필 안젤리데스

"환경 기술과 재생에너지에 투자함으로써 우리는 청정 에너지 확대, 일자리 창출, 에너지 독립 모두에 기여하고 있습니다."

도 잘 할 수 있고 동시에 사회를 위해서도 좋은 일을 할 수 있다.'고 믿는 굳건한 신념가가 됐습니다. 재무장관으로 선출되기 전에 민간 부문에서 15년간 일해 왔던 사람으로서 이는 큰 변화라고 생각합니다.

우리는 환경 기술과 재생에너지 부문에 많은 투자를 하고 있습니다. 우리는 이것을 '그린 웨이브 이니셔티브'라고 부릅니다. 이를 통해 큰 이익을 남길 수 있고 또 동시에 청정에너지도 확대할 수 있고, 새 일자리도 창출하고, 미국의 에너지를 독립적으로 만들 수도 있다고 믿기 때문입니다. 이것은 이익을 남길 뿐만 아니라 경제 전체와 사회에도 좋은 일을 하는 방법입니다. 저는 이런 전제를 갖고 출발했습니다. '장기적으로 경제와 사회를 위해 운용해 나갈 때만이 성공적인 투자일 수 있다.'고요."

자신들의 유일한 관심은 투자자들을 위해 금융 축을 성장시키는 데 있다는 밀턴 프리드먼 같은 보수 경제학자와 같은 생각을 하고 있는 전통적 월스트리트 금융인들의 반발에 대해서 필은 이렇게 얘기했다.

"보수주의자들은 사실을 있는 그대로 보기보다는 이런 변화를 '사회적 투자'라고 이름 붙이려 하고 있습니다. 좋은 투자라는 것을 무시하려는 것은 아닙니다. 이 또한 사회를 위해 좋을 수 있으니까요. 사실 분석 이전에 그저 이름만 붙였다면 '그린 웨이브' 역시 이들과 같은 보수적 생각을 갖고 있는 셈이지요.

지구 온난화가 커다란 경제적 문제가 되고 있다는 것은 이미 입증되었습니다. 재생에너지와 환경 기술은 미국이 21세기에 가야 할 방향이라는 것 또한 입증됐습니다. 늘 그랬듯이 모험이라는 것은 무지와 반발을 불렀습니다. 우리가 위험을 극복하는 방법은 계속해서 밀고 나가는 것이고, 과제를 해내는 것이며, 실상을 입증하는 것입니다. 재무장관으로서 제가 가장 자랑스러워하는 것은 우리가 접근한 모든 것이 바로 사업적인 방식이었다는 점입니다."

캘퍼스 연금은 112억 달러 이하로는 자금을 공급하지 않는 엑손 모빌과 역시 45억 달러 이하로는 자금을 공급하지 않는 록히드 마틴을 포함해 이익이 더 많은 기업들의 연금보다 더 많은 수익을 낸다.(『비즈니스위크』, 2006년 5월 29일자)

아리안 반 부렌은 세레스(CERES)의 투자 확대 담당 간부다. 아리안은 1989년 세레스가 어떻게 창설됐는지를 설명했다. 이 단체는 지구와 그 거주자들의 이익을 위해 기업 활동에 영향을 미치는 방법으로 자산 배당, 즉 투자자와 그들의 돈을 활용했다.

"세레스는 80개 이상의 기관과 연금 펀드와 투자 기관, 노동조합 연금 펀드, 그리고 환경단체들이 연합해서 만들었습니다. 아주 광범위한 대중 이해 기관이자 투자자입니다.(www.ceres.org) 연합 단체들은 기업 행동에 영향을 미치기 위해 투자자 신분을 이용하고 있습니다. 지속 가능성이란 국내외적으로 전 세계 자산의 활용에 바탕을 둔 기업의 장기적 경제 생존력을 뜻합니다. 지구와 그 자원, 주주의 돈, 그리고 기업이 어떻게 자신들의 자원을 활용하느냐 하는 문제는 우리 모두에게 영향을 미칩니다. 수많은 연금 펀드들은 세레스를 이끄는 주요 회원들입니다. 코네티컷 주, 뉴욕 주, 뉴욕 시와 같은 곳들이 대표적이지요. 캘리포니아 주 정부 등은 수년 동안 세레스 연합체를 이끌어 왔습니다. 그들은 다른 주의 재무장관들을 통해 하나의 이니셔티브를 시작했습니다. 재무장관들이 공공 연금 펀드의 수탁자들이기 때문입니다. 공공 연금 펀드는 수조 달러에 이르지요. 각 주의 재무장관들은 문제의 핵심과 파워 구조의 핵심에 접근할 권리를 갖고 있습니다. 이들이 바로 감독하는 사람들입니다. 이들이 펀드 사에 무엇을 할 것인지 이야기하면 펀드 사는 월스트리트의 자산 운용사에게 다시 지시합니다."

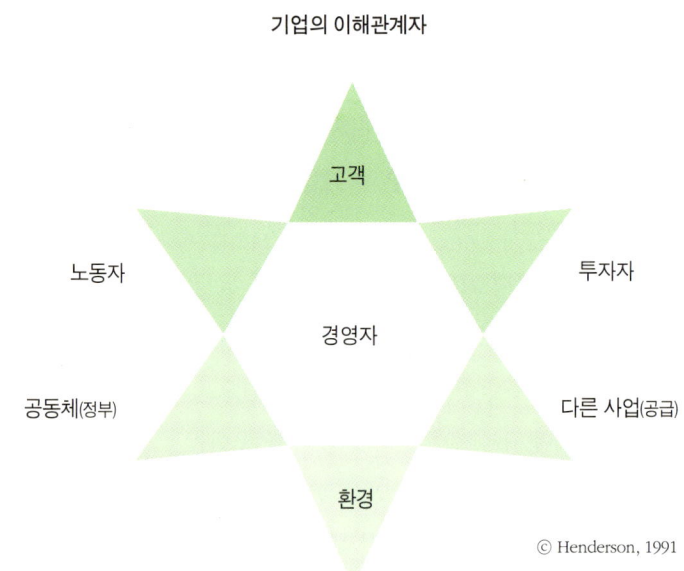

기업의 이해관계자

고객

노동자

투자자

경영자

공동체(정부)

다른 사업(공급)

환경

© Henderson, 1991

필은 최근의 기업 범죄들에 깊은 우려를 표시하고 있다.

"지난 몇 년 동안 미국은 대공황 이래 가장 더러운 기업 스캔들에 시달렸습니다. 우리의 두 개 연금 펀드는 월드콤 사기 사건만으로 약 8억 5천만 달러를 잃었습니다. 우리는 연금 수혜자들과 더 큰 경제에 대해 금융시장에서 기업의 이사들을 깨끗하게 하기 위해 우리가 할 수 있는 모든 것을 다할 책임이 있습니다. 이것이 바로 우리와 비즈니스를 함께 하는 투자 은행과 뮤추얼 펀드를 위해 엄격한 기준을 정한 이유입니다. 이것이 바로 우리가 이사들로 하여금 돈을 현실 영역에 돌려주도록 하려는 이유입니다. 여기에서 '현실 영역'이란 최고경영자들이 연간 천만 달러, 2천만 달러, 3천만 달러를 벌어들이고 회사 돈을 훔치는 것이 아니라 진정한 실천으로 보상을 받는 상황을 말합니다. 이것이 바로 소유주로서 우리의 의무입니다. 그 책임과 의무를 실천하지 못하면 우리는 무책임한 사람이 되는 것입니다.

기업 개혁에 대해서는 이렇게 말하고 싶습니다. 수백만의 미국인들이 자신의 돈을 기꺼이 위험에 맡길 수 있는 신뢰감 있는 시장이, 기업과 경제를 위해서 최선의 시장이라는 것을 이해하는 지도자들이 많다는 것은 분명합니다. 하지만 현 상태를 고수하려는 이들도 있습니다. 분명한 것은 우리는 엔론 사태 이전으로, 월드콤 사태 이전으로 돌아갈 수 없다는 사실입니다. 그런 것은 지속 가능하지 않습니다. 변하지 않으려는 이들도 있습니다. 그러나 다수의 진보적인 사업가들은 금융적·사회적 책임의 최전선에 기꺼이 뛰어들고 있습니다."

세계경제에서 이처럼 확대된 이해관계자 모델은 미국과 유럽, 그리고 전 세계 어디에서든 기업에 영향을 미치고 있다. 자산 관리자들은 이런 폭넓은 이해들을 자기 기업의 사회 계약의 일부로 고려하고 있다. 예컨대 기업 애널리스트인 앨리스 티퍼 멀린이 이끄는 '사회적 책임 인터내셔널'을 포함해 인권 그룹의 컨소시엄과 나이키, 갭, 파타고니아 같은 기업들은 단일한 국제 노동 기준과 공장 감독 시스템을 만들었다. 워싱턴에 있는 '공정 노동연합'과 런던에 있는 '윤리적 거래 이니셔티브'와 함께 이 컨소시엄은 유엔 기구들과 국제 노동기구에 상당하는 민간 부분의 국제 기준을 제공하고 있다.(『비즈니스위크』, 2005년 5월 23일자)

소비자들은 종종 국제적으로 기업 책임을 실천하는 기업들에게 우호적인 메시지를 보낸다. 바로 그들에게 힘이 있다. 앨리사 그라비츠는 우리가 하는 모든 구매가 우리 미래에 대한 투자라고 말한다.

"우리는 양질의 제품과 서비스, 좋은 실천을 행하는 기업을 지지하고 그들의 제품을 구매하기 위해 돈으로 지지할 수 있습니다. 혹은 돈을 빼냄으로써 배척할 수도 있습니다. 저는 늘 경제적 선택으로 지지하자고 말합니다. 돈으로 지지하자고 말입니다. 그리고 목소리로 지지하자고 합니다. 이메일을 보내고 기업에게 전화를 건다는 뜻입니다. 그래서 '이봐요, 당신 기업이 이 환경을, 이 노동 규정을, 이 사회적 정의 실행을 개선할 때까지 당신네 제품, 주식을 더 이상 사지 않겠어요.' 라고 말하세요. 그러면 기업들이 들을 겁니다! 만약 고객 가운데 2퍼센트라도 기업들이 갖고 있는 관심에 대해 똑같이 말한다면 그들은 똑바로 앉아서 듣게 될 겁니다. 기업은 고객인 여러분들을 잃고 싶지 않을 것이기 때문입니다."

주주총회는 간단하고 조용한 업무에 속했다. 자산 매니저들은 거수기처럼 늘 해 오던 대로 이사 후보자들에게 투표하고 경영에 찬성표를 던졌다. 사회적 책임에 관한 주주들의 변화는 1970년대 이래 탄력이 붙어 왔다. 베트남 평화와 남아프리카공화국에서의 사회적 정의에 대한 초기의 관심은 기업과 자산 매니저들을 놀라게 했다. 1980년대와 1990년대를 통틀어 주주들의 관심은 직장 안전, 다양성, 최저임금, 인권, 환경보호, 기후 변화 등으로 확대돼 왔다.

이 새로운 정치학은 전통 경영자들과 경영대학, 금융가 사람들에게 비난받아 왔다. 교과서는 여전히 비즈니스는 비즈니스에만 집중해야 한다고 말하고 있다. 그들이 말하는 비즈니스의 사회적 책임은 주주의 이익을 확대하는 것일 뿐이다. 몇몇 완고한 보수주의자들은 이런 견해를 고집한다. 이 가운데 하나인 『이코노미스트』도 2005년 1월 「좋은 기업」이라는 조사를 통해 다시 한 번 그런 견해를 보여 줬다. 기업의 사회적 책임에 대한 폭넓은 정의가 득세하고 있고 주주에게서 돈을 앗아 가는 그런 노력을 요구하고 있다는 것에 대해 슬프다는 것이다. 보수주의자들은 사회적으로 책임 있는 기업들이 전통적인 기업들을 능가하고 있고 주주들이 금융 이익 이상의 다른 목표를 갖고 있다는 것을 무시한다.

기업들과 확정 갹출형 기업 연금 401K, 그리고 연금 계획들은 소유주들의 시각을 반영해야 한다. 주주들은 또 주류 교회들이 수십 년 동안 해 왔던 것처럼 시장에서 가치를 평가하기 위해 연금 수탁자들과 노조와 환경주의자들을 조직할 권리를 갖고 있다. 이제 중국의 투자자들과 소비자들도 활동적이다. 기업의 사회적 책임 문제는 '차이나시에스아르닷컴(www.ChinaCSR.com)'이나 '윤리적 시장'(www.EthicalMarkets.com)에서 매주 다룬다. 중국 소비자들은 휴대전화로 수백 명의 쇼핑객을 조직해서 단체 구매를 통해 텔레비전과 가구, 그리고 다른 아이템들에 대해 가격 할인을 받고, 이를 요구하기도 한다.(『이코노미스트』, 2006년 1월 1일자)

대부분의 기업들은 이처럼 새로운 책임을 개화된 이기주의로 받아들인다. 그들은 브랜드 가치를 올리고 에너지와 재료와 돈을 절약해서 거둬들이는 이득을 잘 알고 있다. 기업들은 책임을 제한하는 계약은 특권 계약이라는 것을 알고 있다. 그들은 또 많은 기업들이 책임감을 더 심어 주는 계약들을 바꾸기 위해 로비를 하고 있다는 것도 알고 있다.(『오드』, 2005년 1/2월호) 기업들이 민주적이지 않고, 주주 대리 투표권이 투표와 같지 않다는 것은 절박한 재앙의 징조다. 어디에서건 더 민주적이고 책임 있는 기업들에게 주주들이 요구하는 내용은 전 세계적으로 민주주의가 확장되고 있다는 것을 반영한다. 과거에도 그랬듯이 이 세기에 시장은 인간의 새로운 요구와 목표를 충족시키기 위해 진화하고 있다.

말한 대로 행동하기 9

리즈 클레어본을 통해 본 기업 행동 강령

WALKING THE TALK

제니퍼 바스키
심런 세티
로베르타 카프

심런이 리즈 클레어본 그룹의 기업 업무와 총괄 상담(Corporate Affairs and General Council, CAGC) 선임 부사장인 로베르타 카프와 기업 애널리스트이자 지속 가능 상임 고문인 제니퍼 바스키를 초빙해 주주 행동주의에 대해 토론했다.

심런 세티: 국제 공인회계사 연합은 전 세계적으로 2천 개가 넘는 기업이 사회적·환경적·윤리적 문제에 대한 각각의 연간 보고서를 냈다고 추정했습니다. '윤리적 시장' 팀이 그 보고서를 파고들어 어느 기업이 정말로 말한 대로 실천하고 있는지 알아보기로 했습니다. 의류 회사 리즈 클레어본은 2004년 3월 『포춘』 지가 선정한

가장 존경받는 기업 리스트에 이름을 올렸습니다. 로베르타, 어떤 실천 때문에 리즈 클레어본이 그처럼 앞서가는 기업이 되었나요?

로베르타 카프: 리즈 클레어본은 전 세계에 매장을 두고 있는데, 각 매장의 근무 환경이 어떠해야 하는지에 대해 많은 것을 배워야 한다는 것을 깨달았습니다. 우리는 리즈 클레어본이 그 지역에서 최고의 공장이어야 한다고 생각했습니다. 그러려면 우리가 더 깊숙한 것까지 파고들어야 하며 현지 시민단체와 정부들과도 손을 잡고 같이 일해 나가야 한다는 것을 배웠습니다. 그렇게 시작했고, 그 때문에 위험도 감수해야 했습니다.

제니퍼 바스키: 공장의 환경을 감시하는 것은 사실 아주 어려운 일이었을 텐데 어떻게 했나요? 환경 감시를 더 잘할 수 있도록 외부와 제휴를 맺기도 했나요?

로베르타: 감독은 우리 스스로 했습니다. 그것이 제대로 작동된 것은 우리가 공정 노동연합 회원이었기 때문입니다. 독립적인 환경 감시는 공정 노동연합에서 선택한 공장에서 실시됐습니다. 그리고 웹사이트에 있는 보고서와 요약본으로 공적 보고서 카드를 만들어야 합니다.

심런: 공장들은 얼마나 자주 조사받았나요?

로베르타: 공장들 중 절반은 1년에 한 번씩 조사를 위한 프로그램이 실시됐습니다. 물론 내부적으로는 더 자주 실시됐지요. 그 다음 공정 노동연합 측이 자신들이 원하는 공장에서 위험도 평가를 실시했습니다. 공정 노동연합이 그 모든 것을 통제했지요. 우리가 운영하는 백여 개의 모든 공장이 대상은 아니었지만요. 이런 조사는 다른 기업들도 받았습니다.

제니퍼: 2004년 정밀 보고서를 낸 기업들 가운데 한 곳이 갭GAP입니다. 처음으로 자신들이 직면한 도전에 대해 말하는 기업이 나타난 거지요. 그들은 '좋아요, 우리는 완벽하지 않습니다. 사실 우리가 모르는 부분도 많을 겁니다. 그리고 우리가 통제할 수 있는 문제들도 있을 겁니다.' 라고 말했습니다. 이는 기업 공개에 대한 새로운 기준을 정한 것이었습니다. 리즈 클레어본이 생각한 것도 이런 것이었나요?

로베르타: 저도 갭에 아주 좋은 점수를 주고 싶습니다. 그들은 그렇게 할 의무가 없었기 때문입니다. 이런 일들은 결국 우리가 반복해서 보고하는 것들이고, 그것을 보고 다른 기업들도 우리에 대해 보고서를 쓰고 있습니다.

제니퍼: 2004년 말에 또 다른 일이 있었지요. 미국과 유럽에 섬유 쿼터가 끝났지요. 그것은 스리랑카와 몽골처럼 초보적인 의류 산업을 갖고 있는 나라에 아주 큰 충격을 주었습니다. 그런 나라들은 중국과 파키스탄, 인도 등과 경쟁하고 있지요. 가장 큰 영향을 받았을 나라들에 리즈 클레어본은 공장을 갖고 있으니 관계를 어떻게 좋게 해 왔나요?

로베르타: 패션 기업인 우리로선 훌륭한 생산품을 생산할 수 있는 공장, 독특한 기술 집단을 찾고 있습니다. 그래서 우리는 공장의 수준에 더 초점을 맞췄습니다. 적어도 5년간은 정부 관리들과 경제 장관들을 만나 왔고, 자국의 산업 발전을 위해 무엇을 할 것인지 이야기했습니다. 그것은 우리에게만 중요한 일이 아니고, 그 지역 전체에 중요한 일이기 때문입니다.

심런: 세계무역기구 규정으로 수혜를 입고 있는 국가 중 하나가 중국입니다. 그들은 저임금 부분에서 아주 경쟁력이 있고, 전체 임금을 낮추려는 경향도 있습니다. 이런 도전이 다른 나라 의류 분야에 어떤 영향을 미치는지, 그리고 또 어떻게 대응

하고 있는지요?

로베르타: 이 분야는 가격으로 경쟁하는 곳이고, 이 산업은 기초 생산품 제조업입니다. 임금은 오르고 있지만 우리는 차별성 있는 제품을 얻기 위해 전 세계를 거점으로 삼아 일하고 있습니다.

심런: 그러면 임금 표준이 있습니까? 예컨대 '최저임금을 지키고 합당한 임금을 지불하겠다' 뭐 그런 것 말입니다.

로베르타: 우리는 노동자들이 받기로 한 임금을 제대로 받는지 모니터합니다. 그리고 임금이 공정하게 지급됐는지, 시간 외 수당은 잘 지급됐는지 등도 따집니다. 그런데 조사하는 것 자체도 쉽지 않은 일입니다. 어떤 보고서에 보면 판매인이 두 개의 장부를 갖고 있습니다. 그런 일이 일어나지 않게 하고, 그들이 자기 노동자들에게 임금을 지불하게 하는 것이 우리의 일입니다. 우리는 아주 많은 양을 사들이고 우리 판매인들을 지원합니다. 그들은 우리가 아주 진지하다는 것을 알고 있습니다. 게다가 더 많은 기업들이 해외로 나가고 있으니까 우리만 독불장군이 되어야 하는 것도 아닙니다. 우리는 우리 공장에서 충분히 강한 목소리를 내고 있습니다. 우리도 판매인들과 같이 공장들을 공유하고 있기 때문입니다.

제니퍼: 그 말은 당신들이 시행하고 있는 기업의 사회적 책임과 주주의 요구, 즉 이윤 동기 사이에 균형을 맞추는 어려움에 지속적으로 직면하고 있다는 것처럼 들리는군요.

로베르타: 기업의 사회적 책임은 사실 전체 비즈니스 업무에 비하면 일부분입니다. 우리는 기업이고 일정한 평판도 얻고 있습니다. 그래서 우리는 좋은 제품을 내놓아

야 합니다. 책임 있는 방법으로 말입니다. 실패하기를 원하지는 않을 겁니다. 여러 분들도 자신의 자산을 보호해야 합니다. 기업의 사회적 책임은 평가받는 부분의 하나라고 할 수 있습니다. 모든 분야의 평가가 동시에 영향을 끼친다는 것이 이치에 맞겠네요.

심런: 어떤 종류의 행동 강령이 있습니까?

로베르타: 첫 번째 행동 강령은 1994년에 만들어졌습니다. 1993년이라고 할 수도 있습니다. 제가 동료의 도움을 받아서 썼고, 점차 진화해 왔습니다. 공정 노동연합은 표준적인 행동 강령을 갖고 있습니다. 행동 강령들에 맞춰서 모니터링하면서, 토론하고, 노동자들과 대화하며, 무슨 일이 일어났는지 이해하기 위해 안전한 대화 채널을 갖는 것 등이 핵심입니다. 지금으로부터 5년 뒤 우리는 더 잘 하고 있을 겁니다. 그리고 이 세계도 그런 방향으로 움직이기를 기대합니다.

10 직업의 변화

GE

TRANSFORMATION OF WORK

지난 30년 동안 미국인들의 노동시간은 지속적으로 늘어났다. 미국 노동 통계 사무국에 따르면 2002년, 보통의 미국인은 한 해 평균 1,801시간을 일했다. 이는 1976년보다 5주 반이나 많다. 더욱이 평균 미국인은 1년에 휴가로 열흘 정도 사용했다. 블랙베리(이메일 송수신 기능을 갖춘 PDA. 옮긴이), 휴대전화, 랩 탑 컴퓨터를 갖추고 일은 오직 마우스를 클릭하는 것이다.

이런 커뮤니케이션 기술들이 우리를 사무실에서 자유롭게 하고 시간을 절약시켜 줄 거라고 약속하고 있지만,『비즈니스위크』경제 담당인 마이클 만델은 기업이 이런 자유를 만들기 위해선 위계질서식 경영을 재조정할 필요가 있다고 지적했다. 마이클의 커버스토리「당신이 그렇게 열심히 일하는 진짜 이유, 그리고 그것에 대해 당신이 할 수 있는 것」(2005년 10월 3일자)에서 특히 지식 노동자들을 위해서 그럴 필요성이 크다고 했다. 이 모든 것은 여전히 산업 시대에 맞추고 있는 기업 조직의 역기능이다.『지식의 진보』의 저자 베르나 앨리(1장 참조)는 오늘날 같은 정보 시대에 생산성과 창의성은 기업 내부에서 직원의 가치를 창조하는 네트워크의 결과라고 지적했다. 또 이 모든 것은 건물과 각 부서를 가로지르며 협력하는 직원들을 중요하게 여기고 있다. 그러나 여전히 낡은 방식의 위계질서 구조가 일반적인데, 이는 여가 시간에도 이메일과 블랙베리를 사용해야 한다는 말이다. 그래서 시간의 압박이 더 심해지고 있는 것이다. 맥킨지가 전 세계 7천8백 명의 매니저를 대상으로 조사한 최근 보고서에 따르면 대기업의 매니저 25퍼센트는 자신들의 이메일, 음성메일, 그리고 회의들은 거의 혹은 완전히 통제 불능이라고 답했다고 한다. 더 나쁜 것은 거의 40퍼센트의 응답자가 무의미한 소통 때문에 일주일 가운데 12시간에서 24시간을 허비한다는 사실이라고 『비즈니스위크』(2005년 10월 3일자)가 보도했다.

영국의 '옥스퍼드 경력 창조 회사'는 2006년 전 세계 지식 노동자들을 대상으로 조사를 한 적이 있다. 그 결과 노동자의 55퍼센트가 직장에서 만족하지 못한다는 것을 확인했다. 54퍼센트는 자신들의 기술이 사용되는 방식이 불만이고, 56퍼센트는 직장과 삶에 균형감을 얻는 자신들의 능력이 불만이었다. 일과 삶의 균형에 대한 전문가 넬라 바클리는 "대기업들이 이 사안의 중요성을 이해하기 시작했으나 대응이 너무 더디다."고 말했다.(『이코노미스트』, 2006년 6월 17일자)

많은 미국인들은 업무에서 아웃소싱이 늘어나 휴가를 제대로 가지 못하며, 비감독직의 임금은 인플레이션에 가까스로 맞추고 있다고 느끼고 있다. 관리직 임금은 1980년대 이래 약 30퍼센트 상승했지만 노동자 임금은 그대로다. 자본 투자로 그런 경비를 계산함으로써 연구와 개발 같은, 손에 쥘 수 없는 것들의 기여를 더 잘 평가하여 국내총생산의 국가 회계 평가를 개선하기 위한 최근의 실험은 미국 노동자들이 내팽개쳐져 있고 기업 이익으로 가는 몫은 증대했다는 것에 대해 분명히 했다. 이런 변화는 또한 다음의 사실도 보여 주고 있다. '연방준비제도이사회' 경제학자 캐롤 코레이도와 대니얼 지첼, 메릴랜드 대학 경제학자 찰스 헐튼이 최근 조사한 바에 따르면 "이러한 지식 투자로 벌어들인 숨겨진 소득은 노동자들에게 공평하게 분배되지 않고 있다."(『뉴욕 타임스』, 2006년 4월 9일자)고 한다. 과학 기술과 자동화는 많은 업무를 불필요한 것으로 만들어 왔고, 미국 조세법도 노동자와 비교해 자본 설비를 상대적으로 싸게 해서 이런 경향을 촉진해 왔다. 값싼 월마트 제품처럼 아웃소싱의 혜택은 소비자들에게 돌아간다. 그러나 더 많은 일자리를 약속했던 나프타(미국, 캐나다, 멕시코 간의 북미자유무역협정, NAFTA) 같은 무역 거래는 1994년에서 2002년 사이 미국에서만 50만 개의 일자리를 없어지게 한 책임이 있다고 미국 노동부가 밝혔다.

'경제 동향 연구 재단'의 제레미 리프킨은 지체 없이 이처럼 복잡한 문제를 파고들었다.

"중요한 것부터 짚어 봅시다. 우리는 이처럼 세련된 과학 기술과 정보 기술, 지식 기술을 갖고 있고, 그런 것들이 모든 분야, 모든 산업, 모든 영역에서 인간의 노동을 점차 대체하고 있습니다. 제가 『노동의 종말』을 쓸 때 전 세계 실업자와 불완전 고용자의 숫자가 8백만 명이었습니다. 십 년 전의 일입니다. 지금은 10억 명입니다. 실업은 전 세계적인 문제입니다. 이것은 또한 전 세계적인 기회이기도 하지요. 우리는 역사에서 가장 중요한 변화의

경제 동향 연구 재단
제레미 리프킨

"더 이상 대량 노동력이 필요한 세상이 다시 오지는 않을 겁니다. 아무리 임금이 싼 노동자들도 기술만큼 싸거나 더 효율적이지 않기 때문입니다."

순간, 노동을 재정의해야 하는 순간에 서 있습니다. 세계에서, 공장과 사무실에서, 전문가들 사이에서 가장 노동력이 싼 노동자도 자신의 일을 대체할 지식 기술만큼 값이 싸지는 않을 것입니다. 40년 전 제가 펜실베이니아 대학의 와튼 스쿨 재학생이었을 때, 지금은 제가 가르치고 있는 곳인데요, 미국 노동자의 3분의 1은 블루칼라였습니다. 오늘날은 17퍼센트 미만이 공장 노동자입니다. 그러나 미국 산업 1위는 여전히 제조업입니다. 30년 뒤 공장 노동은 사실상 전 세계에서 사라질 겁니다. 심지어 중국에서도 7년 안에 공장 노동자의 15퍼센트가 줄어들 것입니다. 왜냐고요? 중국의 노동 임금은 아주 싸지만 가장 싼 중국 노동자들도 중국 전체를 자동화하는 지식 기술보다 싸거나 더 효율적이지 않기 때문입니다.

산업화 시대는 조금씩 기계 기술과 함께 대량 노동력으로 특화돼 왔습니다. 기계 기술은 여전히 노동을 대체하고 있고, 우리는 고급 노동력으로 이동하고 있습니다. 우리는 새로운 상품과 새로운 서비스, 새로운 기술 수준을 개발하고 있으며 새로운 기회를 맞고 있습니다. 그러나 대량 노동력은 다시는 필요 없을 겁니다. 인류에게는 거대한 변화입니다. 우리는 이를 준비하지 않았습니다."

나도 이 문제를 다른 책에서 다루었고, 지난 30년 동안 이 문제를 제기해 왔다. 슈마허는 그의 베스트셀러 『작은 것이 아름답다』(1973)에서 자동화로 인해 일자리가 없어질 것임을 예견했다. 슈마허는 산업화는 노동 절약에 대한 것이고, 이는 가난한 나라에서 생존 가능한 개발 모델이 되지 못해 사람들을 충분히 고용할 수 없다고 지적했다. 그러자 마하트마 간디 대학의 한 학생은 슈마허에게 "우리는 '대중들에 의한 생산production by the masses'이 필요하기보다 '대량 생산mass-production'이 필요합니다."라고 말했다.

산업혁명은 과학 기술과 혁신에 더 많은 자본을 투자해 일인당 생산성을 높여 노동력을 절약했다. 슈마허는 미국에서 어렴풋이 나타나는 세계적 실업 문제를 정확하게 예측했다. 농장이 먼저 기계화되고 이전의 농장 일손은 공장으로, 도시로 떠나갔다. 그리고 공장은 점차 자동화되었고 그 노동자들은 미국과 다른 산업화 사회에서 늘어나는 서비스 업종의 사무직 노동자로 바뀌었다. 오늘날 서비스 업종은 은행과 슈퍼마켓, 전화 회사, 그리고 끝없는 전화선으로 자동화되고 있다. 혹은 인도나 다른 저임금 국가로 아웃소싱되고 있다. 북유럽 국가들은 콜센터 업무를 유럽연합(EU) 가운데 비교적 저임금 국가인 스페인으로 아웃소싱했다. 일본은 중국 북부의 일본어를 할 줄 하는 지역으로 아웃소싱하고 있다. 그러나 사회적 기준, 경제 교과서, 그리고 정부 정책은 이런 변화에 맞추지 못하고 있다.

패트리샤 켈소는 남편 루이 켈소와 함께 종업원지주제(Employee Stock Ownership Plans, ESOPs)를 만들었다. 패트리샤는 기업 소득에서 직원들의 몫을 늘리기 위해 일하고 있다. 이런 종류의 사회적 창의는 일반적으로 커다란 시간적 차이를 두고 과학기술 혁신이 뒤따른다. 켈소 부부처럼 비전을 가진 사람들은 종종 자신들의 제안서와 아이디어가 너무 낯설다는 이유로 거부당한다는 것을 알게 된다. 혹은 그들이 낡은 체제와 특별한 이해관계에 도전하기 때문에 그렇게 된다는 것을 알고 있다. 나는 1970년대 이후 켈소 부부의 제안

 켈소 인스티튜트
패트리샤 켈소와 루이 켈소

"노동자는 자본 수익이 늘어나면 자신의 임금을 올려 달라고 요구할 권리가 있습니다. '노동' 하나로 '노동과 자본' 둘 다에 수익을 배분하는 건 무리입니다."

을 지지해 왔으며 기업과 정부 당국뿐 아니라 노동조합에서조차 거절당해 왔다는 것을 잘 알고 있다. 노조의 경제학자들도 정부와 사업을 위해 일해 온 사람들과 같은 학교에서 훈련받은 사람들이다. 패트리샤 켈소는 샌프란시스코의 '켈소 인스티튜트'의 대표로 재직하고 있다. 이 단체는 동유럽과 러시아, 중국 등에서 종업원지주제, 경제 민주화, 그리고 21세기 자본주의의 새 모델을 활성화시키고 있다. 패트리샤의 설명이다.

"경제학에서 기본적인 의문은 사람들이 어떻게 생계를 꾸려 갈 것인가 하는 점입니다. 보수적 경제학자들은 '노동, 일, 임금을 통해서'라고 대꾸합니다. 루이 켈소의 답은 이렇습니다. '한 사회의 경제가 당신에게 필요로 하는 정도의 노동을 통해서, 그러나 경제가 필요로 하지 않는 정도의 자본 소유권을 통해서'라고 말입니다. 멕시코 만이나 유럽 북해의 석유 채굴 작업장을 보세요. 타워와 값비싼 도구 그리고 몇몇 사람을 볼 수 있을 겁니다. 노동자들은 임금을 위해 일하지만 자본은 소유주를 위해 일합니다.

이제 문제는 소비자가 물건을 살 돈을 어디에서 얻는가 하는 점입니다. 그들은 노동과 자신의 자본을 통해 물건을 살 수 있습니다. 혹은 루이가 충고했듯이 둘 다를 통해 살 수 있습니다. 핵심은, 일하는 사람은 자본 수익과 더불어 임금을 늘릴 필요가 있다는 점입니다. 우리는 오직 하나의 생산요소인 노동이 있다는 신화를 갖고 경제를 꾸려 갑니다. 현실에서 우리는 두 가지 요소를 통해 부를 만들어 냅니다. 노동과 자본입니다. 세상은 여전히 노동이라 불리는 한 가지 요소를 통해서 두 가지 요소의 수익을 분배하려고 합니다. 그렇게는 잘 작동되지 않습니다. 제 남편은 자본이 어떻게 공급되는지에 대해 생각하기 시작했습니다. 그것은 저축에 의해 융통됩니다. 현실에서는 저축에 의해 공급되지 않습니다. 신용에 의해 돈이 융통됩니다. 그러나 이런 신용은 저축을 하고 있는 사람에게만 주어집니다."

켈소 부부는 『두 가지 요소 이론: 8천만 노동자가 어떻게 빌린 돈으로 자본가가 되었나?』(1967)에서 이들은 어떻게 지속적인 노동생산성(예컨대 일인당 생산성 늘리기) 추구가 자동화와 실업을 낳게 됐는지를 예견했다. 어떻게 구매력이 재순환되어 생산 라인에서 쏟아져 나오는 물품을 실업자가 살 수 있게 되었을까? 산업 사회는 이런 문제를 풀기는 고사하고 좀체 직시하려고도 하지 않았다. 켈소는 정부가 모든 노동자가 자본가가 될 수 있도록 하기보다는 지속적으로 그 가능성을 감출 것이라고 내다봤다. 결국 이는 전쟁과 노동자 재교육과 복지로 연결될 것이다.

리치 퍼로토(2장 참조)는 이런 문제들이 전미지방공무원노조연맹(AFSCME) 회원들에게 어떤 영향을 미칠 것인지 깊이 고민해 왔다.

"엔론 스캔들이 터졌을 때 우리는 전미지방공무원노조연맹 회원들의 퇴직 자산을 보호하기 위해 직접 해야 할 일이 있다는 것을 이해했습니다. 그리고 전미지방공무원노조연맹 회원들의 자산을 조직하기 위해 많은 자원을 투입해야겠다고 결심했습니다. 엔론 스캔들 때문에 이후 2년간 공공 퇴직 시스템만 자산에서 3천억 달러를 잃어야 했습니다. 그것은 전체 자산의 15퍼센트나 되었습니다. 이것은 기업 연금 401K나 뮤추얼 펀드에 들어 있는 공공 퇴직 시스템들이 회복되지 못할 큰 타격을 입었다는 것입니다."

미국 철강노조는 이제 '좋은 일자리와 깨끗한 환경'을 촉진하기 위해 시에라클럽(Sierra Club, 1892년 설립된 미국 환경 단체. 미국에서 금광 개발로 서부의 산림지대가 훼손되자 이를 지키기 위해 설립됐다. 옮긴이) 같은 환경 단체와 협력하고 있다.

오늘날 노동자들은 저축과 안전한 퇴직 혜택을 받고 생산성 파이에서 자기들 몫을 늘리기 위해 어느 때보다 열심이다. 항공사와 강철, 전신, 자동차 등 문제가 생길 소지가 있는 영역의 회사들은 파산해 왔다. 그들의 연금 계획은 수혜자에 대한 지급권을 넘겨받은 '연방 연금보증공사'로 넘어갔다. 노동자들은 약속된 연금의 상당액을 손실했다. 그러는 사이 수백 개의 기업이 확정 급여형defined-benefit에서 '기업 연금 401K'나 개인 퇴직 계좌(IRA) 등을 통해 피고용자들에 의해 지급되는 확정 기여형defined-contribution으로 전환했다. 켈소의 종업원지주제는 노동자들이 자사 주식을 사기 위해 저축해야 한다기보다 자사의 자본 수익에서 나오는 주식 소유권을 획득하도록 하고 있다. 패트리샤의 설명이다.

"루이 켈소가 저축이 없는 사람들에게 자본 접근을 허용하는 종업원지주제를 만들기 전까지 우리는 아무런 체계가 없었습니다. 종업원지주제가 바로 우리가 바라던 체계입니다. 이것은 성공적인 기업의 노동자가 바로 그 회사에서 주요 주주가 될 수 있게 하는 제도이며, 회사 자본으로 만들어진 수익, 그리고 그 수익에서 나온 자본을 노동자에게 지불하는 것입니다."

자본 소유권을 확장하는, 이처럼 혁명적인 접근이 이뤄진 것은 켈소 부부와 그 지지자들이 1980년대 종업원지주제가 제정될 때까지 몇 년 동안 끈질긴 노력을 벌인 결과다. 로젠, 케이스, 그리고 스토버스가 쓴 『평등』(2005)에 자세히 기록되었듯이 이제 종업원 소유 기업은 그 실효성을 스스로 입증해 왔다.

버니 글래스맨은 영적인 믿음으로 노동자들의 파이를 키우기 위한 노력을 통합하는 데 성공했다. 브루클린 태생의 인디언인 그는 고위직 선승으로, 쿠키 하나로 단번에 지역사회 용커스에 활력을 불어넣은 회사 '그레이스턴 베이커리'를 만든 사람이다. 버니가 자신의 미션에 대해 이렇게 얘기했다.

"우리가 그레이스턴을 시작했을 때 용커스의 가장 큰 문제점은 노숙자였습니다. 용커스는 미국에서 지역당 노숙자가 가장 많은 곳이었습니다. 그러나 이 지역은 미국에서 가장 부유한 지역 가운데 한 곳인 웨스트체스터 카운티에 속해 있습니다. 그래서 제가 물었습니다. 용커스에서 노숙자 문제를 해결할 수 있을까? 노숙자들에게 가장 분명한 것은 집이 필요하다는 거지요! 제가 이 일을 시작하기 전 십 년 동안 웨스트체스터 카운티는 계속해서 구역 규정을 바꿔 크기를 키워 갔습니다. 이것은 집이 더욱 부족해진다는 것을 의미했지요. 그레이스턴 일을 시작하기 전 십 년 동안 웨스트체스터 카운티에는 어떤 형태의 새로운 아파트도 들어서지 않았습니다. 그래서 주택 보급률이 떨어졌지요. 그때는 레이건 행정부가 연방 주택 예산을 줄인 효과가 피부로 느껴질 때였지요. 용커스에선 많은 것들이 노숙자 발생을 늘린 셈입니다.

그레이스턴 베이커리를 시작하게 된 철학요? 함께 일하는 사람들에게 일자리를 제공한다는 의미였지요. 노숙자뿐만은 아니었습니다. 초기에 우리가 고용한 사람들은 노숙자가 아니라 오랫동안 일이 없던 사람들이었습니다. 그들 중 몇몇은 마약을 거래하고, 죽을지도 모른다는 공포감 때문에 혹은 다른 이유로 그 일을 그만뒀지요. 그레이스턴 베이커리로 데려온 사람들은 처음엔 빵을 만드는 어떤 기술도 없었고, 일을 계속하지도 못했습니다. 하지만 그레이스턴 베이커리가 일자리를 제공하고, 그 일을 통해 돈을 버는 사람들이 자신과 가족을 넘어 타인들까지, 사회의 공동 목표를 바라볼 수 있게 했습니다. 회사를 처음 시작할 때 원칙은 이익을 내고, 지역사회에 봉사하는 것이었고 그 원칙들은 지금도 유효합니다.”

 그레이스턴 베이커리 창업자
버니 글래스맨

“처음에는 오로지 노숙자와 실업자에게 일자리를 제공하겠다는 생각으로 시작했습니다. 자신과 가족을 넘어 공동체를 바라볼 수 있도록 말입니다.”

그레이스턴 베이커리의 관리자 웬디 파웰은 이런 통찰을 들려줬다.

"제가 그레이스턴에 취직한 지 십 년이 지났을 뿐 아니라 제가 처음 집을 마련한 지도 십 년이 됐어요. 제가 막 단기 과정 학위associates degree를 받았고 아들이 네 살이었을 때는 집이 없었습니다. 그레이스턴은 아주 구체적으로 집을 취득하는 과정을 갖고 있었습니다. 삶을 변화시키기 위해선 진지해야 하고 일정한 과정을 거쳐야 합니다. 저는 그렇게 했고, 그것이 계획대로 잘 이뤄졌습니다. 제가 그레이스턴의 탁아소에서 일할 때 여러 차례 승진을 했습니다. 제가 앞으로 나아갈 수 있는 그 순간이 자랑스러웠고, 모든 것이 순조로웠습니다. 제가 그렇게 할 수 있었던 유일한 이유는 회사가 저를 믿었기 때문이었습니다. 회사는 제가 해낼 수 있다는 믿음을 갖고 있었기 때문에 저에게 책임감을 심어 줬습니다. 솔직하게 말하면 당시 저는 제가 그것을 해낼 수 있을지 믿지 못했습니다. 그레이스턴은 일반적으로 이런 종류의 기회를 가져 보지 못했을 사람들에게 기회를 넓혀 줍니다. 물론 누구나 그렇게 되고 싶어할 정도로 급여가 엄청나게 많은 직업은 아닙니다. 그러나 날마다 존경받는다는 느낌을 갖고 정직한 급여를 받는 기회라고는 분명히 말할 수 있습니다."

미국과 캐나다 일본, 그리고 유럽의 성숙한 산업 국가들은 지난 세기 동안 대부분 서비스가 중심이 되는 경제로 변해 왔다. 그런 경제는 정보가 바탕이 되고 지식 집약적이다. 따라서 지식은 아주 중요한 새로운 형태의 자본이 되었다. 몇몇 경제학 교과서들과 회계 기준들은 정보와 지식의 가치를 정확히 평가하는 방법들을 개선해 왔다. 정보와 지식은 '자원 부족scarcity'이라는 가설에 근거한 낡은 경제학 교과서 모델을 따르지 않는다. 경제학자들은 부족한 자원을 차지하기 위한 기본 경쟁이 경제성장의 동력이 된다고 가정한다. 이런 경제학적 시각은 여전히 원료 수준에서는 말이 된다. 석유는 이 세기에 바닥을 드러낼 것이며, 어족 자원도 전 세계 바다에서 위험에 처해 있고, 아주 외진 곳의 광물은 채산성이 떨어진다. 그래서 이런 상품들은 가격이 상승하고 있다. 그러나 정보에는 부족함이 없다. 만약 여러분들이 나에게 정보를 제공한다면 나는 부자가 되겠지만, 당신 역시 여전히 그 정보를 가지고 있을 수 있다. 산업 경제가 정보와 서비스 산업으로 성장해 감에 따라 경제학에서 필요한 혁명적 변화는 아직 일어나지 않았다. 우리가 경제학 분야 전문가들의 대대적인 분석을 기다리고 있는 동안 켈소 부부나 다나, 데니스 메도우스, 에이머리와 헌터 러빈스, 프리초프 카프라, 엘리자벳 사투리스, 리안 아이슬러, 그리고 나와 다른 많은 시스템 분석가들이 그 빈틈을 메워 왔다. '캘버트—핸더슨 삶의 질 지수'에서 나는 '생산성 측정의 정치학'이라는 주제를 다뤘고, 소비에서 투자까지 교육을 재분류하는 것을 포함해서 경제 모델에서 필요한 변화를 여전히 요구하고 있다.(www.Calvert-Henderson.com에서 'Current Issues' 클릭)

『비즈니스위크』의 경제 담당 마이클 만델은 커버스토리 기사 「경제학 가면 벗기기」(2006년 2월 13일자)에서 같은 결론에 도달했다. 베르나 앨리 역시 『지식의 미래: 가치 네트워크를 통한 번영』(2003)에서 산업이 지식 기반 경제로 대전환하고 있는 사실에 초점을 맞추고 있다. 베르나는 창의적인 기업이 어떻게 거대한 사회적 변화를 이끌어 가는지, 그리고 다른 기업들과의 게임을 변화시켜 왔는지 설명하고 있다.

"이런 변화는 많은 기업들이 놓쳤던 것입니다. 그들은 여전히 과학 기술과 비용 절감, 효율, 생산 라인과 가치 사슬(value chain, 기업에서 부가가치가 생산되는 과정. 옮긴이)에 기반한 경쟁력 우위를 가지려고 노력합니다. 그들은 지식 네트워크와 지식 실행 공동체, 시민사회 조직의 부상 등을 공유하고 있는 엄청난 양의 사회적 창의를 놓치고 있습니다. 이런 것들은 모두 낡은 경계를 가로질러 네트워킹을 하고 있지요. 이런 회사들은 비즈니스 모델의 눈에 보이지 않는 측면을 완전히 무시하고 있습니다. 그 대부분은 치열하답니다. 당신이 오랫동안 지속할 수 있는 비즈니스를 창조하고 싶다면, 그리고 그 비즈니스가 특히 창의성과 새로운 아이디어에 기대는 것이라면 좋은 아이디어를 가진 사람들이 당신을 믿고 찾아오도록 해야 합니다.

우리는 1997년에 '가치 사슬 분석'을 활용해 막 부상하는 전자 상거래 비즈니스를 살펴보았습니다. 우리는 전자 상거래 기업들이 의식적이고 매우 의도적으로 그 비즈니스 그룹의 주주들과 함께 지식 교환을 활용하고 있는 방법을 보았습니다. 그들은 고객, 즉 공급자의 지식을 활용하며, 파트너들과 함께 전략적 목표를 공유하고 있었습니다. 이런 새 영역을 이해하고 있던 3개 회사는 시스코, 이베이, 아마존이었습니다. 당시 아마존은 상업 언론에 조금씩 알려지기 시작했고, 시스코와 이베이에 대해서는 누구도 이야기하지 않았습니다. 그러나 우리는 그들이 비즈니스 모델에서 차입금으로 투자하고 있던, 눈에 보이지 않는 셀 수 없이 많은 거래에 매우 깊은 인상을 받았습니다. 정말로 흥미로운 것은 그들 세 기업 모두 닷컴 붕괴에서 멋지게 살아남았다는 것입니다."

정보가 넘치고 네트워크화된 사회와 시장은 신뢰를 바탕으로 운영된다. 이 신뢰는 경제학자들의 모델에서 무시되는 아주 중요한 다른 가치 요소다. 더욱이 생산의 새로운 지식 요소는 회사 본부의 금고에 보관돼 있는 게 아니라 직원들의 머리 속에 있다. 그래서 창의적 기업들은 직원들의 신뢰를 유지하기 위해서, 그들을 행복하고 생산적인 상태가 되도록 노력한다. 종업원지주제나 탁아소와 체육관 운영 등 다양한 임직원의 혜택을 다양한 방식으로 고민한다.

운동선수들을 위한 유기농 스낵 제조 회사인 '클리프 바' 대표인 게리 에릭슨이 자신의 회사 운영 방침을 설명해 줬다.

"사람들은 우리가 색다른 방식으로 기업을 운영하고 있다는 것을 알아차렸습니다. 직원들을 보살피는 것은 우리의 원칙 가운데 하나고, 지역사회를 보살피고 이익을 환원하는 것도 그렇습니다. 우리는 업무 시간에 직원들이 지역 봉사를 하도록 하고, 연간 2,080시간의 목표를 채웁니다. 이것은 한 사람의 연간 업무 시간과 맞먹습니다. 그리고 클리프 바 제품을 여러 푸드 뱅크에 많이 기부합니다. 우리는 업무 시간이 그저 고생하며 일하는 것 이상이라고 믿습니다. 그래서 우리 회사에는 세계적인 수준의 체육관이 있고, 요가 수업과 가라데, 킥복싱, 힙합을 즐길 수 있는 멋진 댄스홀이 붙어 있습니다. 많은 기업들이 체육관을 갖고 있지만 우리 직원들의 참여율은 아주 높습니다. 우리는 그것도 일이라고 생각합니다. 트레이너들은 사람들에게 용기를 주는 사람들입니다. 그들은 밖으로 나가서 노동자들이 휴식을 취하도록 설득합니다. 노동자들은 회복할 필요가 있지요. 그것이 바로 트레이너들이 하는 일입니다. 몸에 스트레스를 줬다면 거기에서 벗어나야 합니다. 하루에 여덟 시간을 계속 일하면 몸이 지치게 됩니다.

우리는 건강 테스트도 합니다. 관리 서비스도 있지요. 목요일에는 세차를 하고, 세탁을 하고, 머리를 자를 수 있습니다. 친환경적인 드라이클리닝도 할 수 있습니다. 래프팅, 암벽 타기, 스키 여행도 갑니다. 3백 명까지 들어갈 수 있는 멋진 강당에서 웃음 파티를 열기도 합니다. 매주 우리는 자유

클리프 바 대표
게리 에릭슨

"우리 직원들은 연간 업무 시간과 맞먹는 봉사 활동을 하고, 건강관리도 받고 있으며 세차, 세탁, 이발까지 하는가 하면 래프팅, 스키, 웃음 파티까지 즐깁니다."

로운 커뮤니케이션을 하는 하나의 기업으로서 강당에서 만납니다. 우리는 작은 회사이기 때문에 스톡옵션을 제공하지는 못합니다. 그래서 우리가 선택한 것은 연간 성과급을 지불하는 방식입니다. 그렇게 우리는 이익을 공유합니다."

게리는 기업을 어떻게 운영하고 정보가 넘치며 네트워크 조직으로 번창할 수 있는지를 확실하게 이해하는 사람이다. 클리프 바는 거대 식품 회사와 성공적으로 경쟁하고 있다. 85퍼센트의 미국인은 공정하고 정당한 사회에 사는 것이 '아메리칸드림'의 개념이라고 믿고 있으며, 점증하는 미국의 불평등은 『이코노미스트』 2006년 6월 17일자 특집 기사의 주제가 되었다. 사람들은 임금뿐 아니라 뭔가 의미 있는 것도 함께 제공하는 일을 찾고 있으며 이 세계에서 하는 일이 뭔가 다르기를 원하고 있다.

사회학자 폴 레이(7장 참조)는 『문화적 창조자』의 공동저자 셰리 앤더슨이 '문화적 창조자'라고 부른 5천만 명의 다양한 출신의 미국인들에 대해서 더 흥미로운 이야기들을 들려줬다. 문화적 창조자들은 세대와 빈부를 가리지 않고 '공유 가치shared values'로 규정될 수 있다.

"언론 매체는 문화적 창조자들을 인정하려고 들지 않습니다. 그래서 그들의 얼굴을 텔레비전에서 보지 못합니다. 신문에서도 그들의 주장을 볼 수 없습니다. 직장에서 서로 이야기를 나누는 그들의 가치가 무엇인지 듣지 못합니다. 예컨대 거대 석유회사 중 한 곳(공공 캠페인에 대해 컨설팅을 해 준 적이 있습니다만)에 보통 그룹에 행하는 환경 질문을 가져갔습니다. 그 회사는 그것을 직원들에게 주고 큰 충격을 받았습니다. 70퍼센트 이상의 직원이 환경문제에 대해 문화적 창조자들과 똑같은 생각을 갖고 있었던 겁니다! 회사는 직원들이 경영에 동의하지 않는다면 집중해야 할 필요가 있는 뭔가 다른 중요한 것이 있을 것이라고 파악하고 있기 때문에 천천히 변화를 시작했습니다."

미국 인구 가운데 5천만 명이라는 강력한 동료들(문화적 창조자들)은 공화당과 민주당으로 나뉜 진부한 정치 지형을 바꾸기 시작했다. 깊은 지식과 정보 기반의 네트워크 사회에 살고 있는 그들의 경험을 둘러싼 새로운 지지 세력은 독립적 투표자들의 지위를 부풀리고 있다. 낡은 산업 경제가 장악하고 있는 것에 전면적으로 도전장을 내던지고 있는 그들은 이제 유권자의 40퍼센트나 된다. 공화당원과 민주당원은 이제 30퍼센트 미만의 소수 당원들이 되고 말았다. 그래서 그들은 대부분의 미국 유권자들의 삶의 현실을 껴안는 통찰력 있는 메시지를 어떻게 개선할 것인가 대해 자기성찰을 하고 있다. 캐나다 여론조사원인 마이클 애덤스는 이런 현실을 자신의 책 『미국의 반동』(2005)에서 묘사했다.

『돈의 영혼』(2004)를 쓴 작가이자 새로운 오피니언 리더인 **린 트위스트**의 이야기를 들어 보자.

"잘 아시겠지만 우리들 머릿속에 늘 맴도는 말이 있습니다. '충분하지 않다' 는 말입니다. 그렇죠. 시간이 충분하지 않고, 돈이 충분하지 않고, 사랑도 충분하지 않으며, 잠도 충분하지 않고, 이것도 저것도 충분하지 않다고 생각합니다. 이런 종류의 정신 상태는 사회에서 끔찍한 행동을 정당화합니

『돈의 영혼』의 저자
린 트위스트

"모든 것이 부족하다고, 충분하지 않다고만 외치는 광고에서 벗어나야 합니다. 광고의 홍수에서 벗어나지 못하면 늘 돈에 굶주릴 수밖에 없습니다."

다. 이런 소비자 문화는 우리가 누구인지 알 수 있는 능력을, 어떤 경계 안에서 살아가는 능력을 깨뜨립니다. 그래서 제가 추천하는 것이 놀랍고 매력적이며 충격적인 '충족 혹은 만족' 의 진실입니다. 그리고 국제사회는 소비자가 돈의 중심이 되는 사회가 되었습니다. 모든 사람은 소비자로서 목표가 되고 연구 대상으로 취급당하며 이야기 대상이 됩니다. 절대 그 이상도 이하도 아닙니다. 돈과 우리의 관계를 이해하는, 더 집중된 방식에 대한 굶주림이 있습니다. 광고의 홍수에 빠져서 이 소비자 문화에서 빠져 나가려는 필사적인 외침이 있습니다."

린은 베시 테일러의 '새로운 아메리칸드림 센터' (1장 참조)에서 행한 많은 연구에서 드러난 같은 감정에 대해 묘사했다. 개인적 성장과 환경 의식에 대한 이처럼 새로운 라이프스타일 관심들이 '관심의 경제학' 을 창조하고 있다. 이 관심의 경제학에서는 시간이 돈보다 더 가치가 있다. 이를 다룬 다른 책으로 『세계화를 넘어』(1999)와 『지구적 시민』(2004)이 있다.

직장은 계속 변화해 오고 있다. 한 회사에 충성을 다하고 혜택을 받는 '평생 직장' 이라는 개념은 더 이상 없다. 미국인들은 시간제 일자리와 구조 조정, 일시적 혁신 같은 것들을 겪어 오고 있다. 지금 그들은 아웃소싱 혁명을 맞이하고 있다. 이는 제조업이 멕시코, 중국, 그리고 다른 저임금 국가들로 이동하면서 생기는 문제다. 국제자유노동조합연맹(ICFTU)은 2006년 3월에 2천5백만 명의 일반 노동자들과 6백9십만 명의 연방, 주, 지역에 고용된 이들이 노동 관계법의 보호를 받지 못하게 될 것이라고 계산했다. 단체 결성권을 지닌 노동자들에게는 반노조 차별에 대항한 법적 보호가 불충분하다. 국제자유노동조합연맹 사무총장 가이 라이더는 그 보고서에서 이렇게 강조했다.

"미국이 국제적 인권 문제에 상당히 관심을 보이고 있으면서도 정작 노동자들은 보호하지 못하면서 그 신뢰가 상당히 손상된 게 사실입니다. 그것 역시 미국 국경 안에서 벌어진 일입니다. 이런 점은 단지 다른 나라 정부들이 국제시장에서 자국 노동자의 기본 권리를 어김으로써 경쟁력에서 유리한 고지를 얻도록 독려하는 것이나 마찬가지입니다.(인터프레스 서비스, 2006년 3월 15일) 이제 첨단 기술직과 전문직 일자리도 미국을 벗어나고 있습니다. 심지어 연구 개발(R&D)직 자리도 외국으로 떠나는 양상인데, 이 분야에서 인도와 중국 박사들은 미국 박사들의 10분의 1도 벌지 못하고 있습니다."

그러나 미국인들은 융통성이 있고, 창업가적인 자질이 있는 사람들이다. 세 시간이나 걸리는 출퇴근을 기꺼이 받아들이는 이들도 있다.(『비즈니스위크』, 2005년 2월 21일) 그들은 일자리를 찾아다니고, 기술을 업그레이드하며, 이력에도 변화를 가져온다. 미국 노동부에 따르면 2004년 천4백만 명의 미국 노동자들이 시간제로 재택 근무를 했다. 그리고 7백만 명의 노동자들이 가정에서 사업체를 운영했다. 어떤 이들은 인터넷 사업을 시작했고, 새로운 비즈니스 덕분에 미국이 아직도 세계에서 가장 역동적인 경제가 되고 있다. 가장 빠르게 성장하는 20개의 직업은 환경엔지니어링과 네트워크, 데이터 분석, 사금융 자문, 소프트웨어 엔지니어, 의료 종사자, 카운셀러, 사회 노동자 같은 고도 서비스 분야 등이 포함돼 있다.(『포춘』, 2005년 3월 21일자) 미국과 유럽에서 수천 명의 기업가들이 이베이에서 사업을 운영하고 있다.(『비즈니스위크』, 2006년 4월 3일자) 국외 고용의 대안이 되는 재택 근무자는 2005년에 20퍼센트가 늘어나 11만 2천 개의 일자리가 생겼고, 2010년까지는 33만 개에 이를 것이다. 대부분의 재택 근무자들은 고학력자이고, 시골 지역에 사는 전업주부들이며, 알파인, 액세스, 라이브오프스, 윌로, 워킹 솔루션(『비즈니스위크』, 2006년 1월 23일자)처럼 버추얼 콜센터 제공자들에 의해 고용되고 있다.

그러나 이런 역동적인 상황으로 인해 가정과 공동체가 시간과 안정성의 손실이라는 대가를 치러야 한다. 이 긴 역사를 요약해 보자. 산업주의는 혁신 기술로 기계를 도입해 노동력 절감을 가져왔고, 결과적으로 효율적인 최초의 기계 영농 시대를 열었다. 추방된 농장 노동자들은 공장으로 몰려갔다. 그리고 자동화된 생산 라인들이 노동자들을 저임금 서비스 업종으로 내몰았다.(미국에는 빈곤 선인 연간 18,800달러 이하를 버는 가난한 노동계급이 2천8백만 명이나 된다. 이들은 대부분 서비스 업종에 종사하고 있다.) 세법에도 여전히 기계는 세금이 싸고 사람은 비싸다. 이런 문제를 해결하기 위해서 많은 그룹들이 지불 급료 총액과 수익에서 오는 세금을 오염과 쓰레기, 자원 소모 부분으로 전환하기 위해 노력하고 있다. 유럽은 환경세 전환 부분에서 앞서고 있다. 미국의 전통 산업들은 세금의 논리적 변환에 강하게 반대하고 있다. 예컨대 석유 회사들은 더 이상 석유 고갈 보상을 받지 않고 석유 오염에 대한 비용을 세금으로 내야 하는 상황이 오기 때문이다. 윌리엄 드레이튼(2장, 5장 참조)은 워싱턴에 기반을 두고 있는 '미국에 노동을'이라는 비정구기구를 만들었는데, 이는 자원을 보존하고 수백만 개의 새 일자리를 마련하기 위해 환경세로의 전환을 요구하는 단체다.(www.getamericaworking.org)

산업혁명의 약속 가운데 위대했지만 부분적으로만 실현되었던 것이 '레저 사회'였다. 주당 노동시간도 계속 줄어들 거라고 약속했다. 사람들은 예술과 스포츠, 자기 개선, 신기술 습득, 더 많은 여행과 휴가 같은 것들을 누릴 수 있을 줄 알았다. 그래서 이것이 하나의 전체적인 신경제를 만들게 되리라 여겼다. 1970년대의 논쟁은 쏟아지는 상품을 사기 위한 구매력을 어떻게 유지하고, 자동화된 생산 라인을 어떻게 지속적으로 돌릴 것인가에 모아졌다. 해고된 고용자들은 어떻게 먹고살 것인가? 이런 문제점을 해결하기 위해 세 가지 아이디어가 제안됐다. 첫째, 모든 사람들을 위해 최소 생계보장금을 역소득세(negative income tax, 정부가 저소득층에게 지급하는 보조금. 옮긴이)로 마련한다. 둘째, 일자리 보장. 셋째, 켈소의 아이디어, 즉 고용자 주식 보유 계획. 기계가 당신의 일자리를 대신한다면 당신이 그 기계의 일부분을 소유하는 게 좋을 것이라는 생각에 대부분 동의했다. 그래서 어떻게 됐나? 일자리 보장은 인도에서 법으로 지정됐다. 수익을 보장하는 역소득세는 성공할 가망이 없는 계획이었다.("일하지 않는 자는 먹지도 말라.") 그러나 종업원지주제는 활기를 띠고 있어 1만 천 개 기업이 이를 도입했다. 버몬트의 '크로마 기술'도 마찬가지다. 종업원지주제 사회는 가능하다. 지금 우리는 교양 있는 21세기 모델에 어울리는 직장으로의 전환을 목격하고 있다.

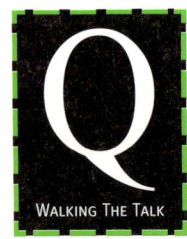

종업원지주제로 성공한 기업, 크로마 기술

폴 밀먼   심런 세티   폴 프리언들리치

심런이 종업원지주제를 실시하고 있는 '크로마 기술'의 최고경영자 폴 밀먼, 이해관계자 분석 가이자 공정무역 재단 사장이며 코업 아메리카 창시자인 폴 프리언들리치를 초대해 '크로마 기술'에 대해 이야기했다.

폴 밀먼: 크로마가 종업원지주제를 시작한 것은 이 회사에서 노동자들이 어떤 역할을 할 수 있는 유일한 방법은 모든 고용인이 회사를 소유한 것처럼 여길 때라는 것을 분명히 알고 있었기 때문이었습니다.

폴 프리언들리치: 종업원지주제가 크로마 기술에 동기를 부여해 더 효율적이고 창

의적이며 혁신적인 기업이 되도록 했나요?

밀먼: 그렇습니다. 이곳에서 일하는 모든 사람은 자신의 일에 책임감을 가지고 있습니다. 그리고 아주 잘합니다. 모두가 회사의 주인이고, 자신이 일하는 만큼 보상을 받을 것이기 때문입니다.

심런 세티: 크로마 기술은 뉴 햄프셔로 회사를 옮기지 않고 버몬트에 머물기로 하셨네요. 뉴 햄프셔가 더 기회가 많은 곳인데도 말이죠.

밀먼: 부분적으로 버몬트가 더 가치 있는 곳이기 때문입니다. 버몬트 기업으로서 사회적 책임을 생각했습니다. 버몬트에는 '버몬트 고용인 소유권 센터'가 있습니다. 버몬트와 오하이오는 종업원지주제를 성장할 만한 비즈니스 조직으로 인식하고 있습니다.

프리언들리치: 크로마는 주식회사는 아닙니다. 만약 크로마 기술이 공적인 거래를 하거나 공적인 투자자들을 갖고 있다면 그때도 그보다 종업원지주제가 더 낫다고 할 수 있을까요?

밀먼: 이 시대 말로 하면 지금은 소유 사회(ownership society, 소비보다는 저축의 가치를 알고 각자 자기 책임하에 미래에 대비하는 사회로, 조지 부시 대통령이 강조했다. 옮긴이)라고 할 수 있겠지요. 그렇습니다. 이 사회는 정말로 소유 사회입니다. 우리는 우리 스스로의 주인입니다. 여러분이 회가 주식을 소유할 때 여러분의 회사에서 일어나는 모든 것이 좋든 나쁘든 여러분에게 영향을 미칩니다. 이것은 여러분이 외부 주식 소유자일 때와 아주 다릅니다. 당신은 그 기업이 어떤 업무를 하는지와는 상관없이 돈을 벌기를 원할 뿐입니다. 우리는 과학자들의 연구와 관련된 전형적인 일을 하기

도 하는데, 그것이 모두 손실과 연결됩니다. 그러나 그것은 미래를 위해 투자하는 것이기 때문에 진짜 손실은 아닙니다. 우리가 그런 일에 대해 더 많은 돈을 받으려고 하면 상상할 수 있듯이 더 많은 돈을 벌 것입니다. 그러나 우리는 과학자들에게 연구에 더 충실하라고 말합니다. 기업의 주인이 외부 주식 소유자들이라면 손실이 발생하는데도 문책받지 않거나 투자한 돈보다 적은 돈을 받으려고 하겠습니까? 절대 그렇지 않지요.

프리언들리치: 크로마에는 멀리 내다볼 수 있는 눈이 있을 겁니다. 그리고 지금부터 2년 뒤, 5년 뒤, 10년 뒤에도 시장에서 성장할 수 있는 기업을 원한다고 말할 겁니다. 당신의 회사가 곧 일자리니까요. 이것은 많은 공개 거래 회사의 최고경영자의 입장과 아주 다릅니다. 이런 회사들은 분기마다 생긴 어려움과 발생한 이익 잉여금 처분 계산서를 내야 합니다.(월스트리트의 주식 분석가들의 이런 압력은 많은 기업들을 망하는 길로 이끌기도 한다고 말한다. 이런 분석가들에게 지속적인 성장세를 보여 주기 위해 수치를 날조하기 시작했다. 이런 '창의적인' 회계는 사베인즈─옥슬리법에 따라 불법으로 처리된다. 그리고 수백 개의 기업들이 자사의 수익을 낮추거나 더 현실적 수준으로 다시 작성해 왔다.)

밀먼: 그렇다고 우리에게 압력이 없다거나, 단기간에 높은 이득을 남길 수 있는 기회가 없다는 말은 아닙니다. 다만 우리가 원하는 것은 우리가 할 수 있는 한 우리가 가진 가치를 지속적으로 실행하는 회사를 만들고 싶다는 것입니다.

심런: 기업이 제품을 제조하는 과정에서 환경에 미치는 영향을 줄이기 위해서는 어떤 일을 하고 있습니까?

밀먼: 제조에 쓰이는 물의 양은 엄청납니다. 2004년에 우리의 새 건물은 이런 물을 재사용하는 시스템을 갖췄습니다. 덕분에 우리는 사용하는 물의 양을 줄일 수 있었

습니다. 수억 갤런의 물을 사용했는데 4만 갤런 이하로 줄였습니다. 우리는 또 에너지 보존법을 개선했고, '버몬트 효율상'도 받았습니다. 우리는 고도의 에너지 사용 도구들을 만들기 위해 많은 양의 에너지를 사용하고 있지만 가능하면 효율적이고 환경 친화적인 방법으로 사용하려고 합니다.

노동자 소유 회사, 크로마 기술

11 클린 푸드

CLEAN FOOD

전 세계 개인과 기업은 유기농으로 재배하거나 지속 가능하면서도 맛있으며, 이익도 남길 수 있는 방법으로 기르고 소비하는 방식으로 바꾸고 있다. 유전자 조작 식품이 아니고, 유기농이며, 농약을 뿌리지 않은 음식에 대한 폭발적인 수요는 먹을거리에 대한 새로운 인식을 반영하고 있다. 이런 현상은 주로 우리가 먹는 음식의 안전성에 대해 언론에서 지속적으로 다루고 있는 끔찍한 이야기들 탓에 자극받고 있다. 광우병, 고기 속 수은 혹은 우유의 다이옥신 같은 것들이 입증하는 것은 명백하다. 음식 공급의 산업화, 지속적인 제초제 사용, 에너지 집약적인 단일 작물 재배는 지속 가능하지 않고 건강하지 못하다는 사실이다. 미국에서 유기농 시장은 지난 5년 동안 해마다 20퍼센트씩 성장해 왔다. 전체 산업 성장이 3퍼센트에서 4퍼센트에 머무르고 있는 것에 비하면 엄청난 성장세다. 2007년까지는 307억 달러로 규모가 커질 것으로 기대했다. 2004년 '푸드 마케팅 인스티튜트'가 실시한 조사에 따르면 56퍼센트의 미국인이, 잘 먹는 것이 약을 먹는 것보다 질병 예방에 더 좋은 방법이라고 생각하고 있었다. 2005년 미국 정부는 새로운 음식 섭취 가이드라인을 발행했다. 이 가이드라인은 사람들이 과일과 야채(하루에 아홉 접시), 도정하지 않은 통밀이나 현미, 저지방 유제품, 저당, 저염, 낮은 트랜스지방 등을 많이 섭취하도록 장려하고 있다.(『유에스 뉴스 앤 월드 리포트』, 2005년 1월 24일자)

펜실베이니아 주 엠마우스의 '로데일 프레스 앤 인스티튜트'는 수십 년 동안 인기 잡지 『유기농 정원과 예방』을 발행해 왔다. 로데일은 여전히 가족 소유의 사업을 하고 있으며 대표는 아데이스 로데일이다. 아데이스의 딸 마리아 로데일은 상임이사이며, 아들 앤서니 로데일은 이 회사의 비영리 연구 기구인 로데일 인스티튜트의 사장이다. 앤서니는 로데일 기업 철학에 대해 이렇게 말했다.

"로데일 인스티튜트의 목적은 수요에 맞추기 위해 더욱더 많은 농부들이 유기농 농사를 지을 수 있도록 하는 것입니다. 우리는 농부들을 훈련시키고 교육시켜 더욱더 환경 친화적이고 지속 가능한 농사를 지을 수 있도록 돕기로 약속했습니다. 유기농에 대한 과학적인 이해를 높이고 유기농법과 기술을 사용할 때 실제로 토양이 개선된다는 것을 알게 됐습니다."

미국에는 1만 2천 명의 유기농가가 있으며 이들은 전체 농업 인구의 약 5퍼센트를 차지하고 있다. 이 정도로는 유기농 식품의 수요를 맞출 수 없다. 그래서 소비되는 유기농 식품의 10퍼센트는 수입해야 한다. 이런 사실은 상당히 흥미로운 딜레마를 제공하고 있다. 즉 사람들은 잘 먹기를 원할 뿐 아니라 자국의 농부들을 돕기 원하며, 농장에서 식탁으로 음식을 운반하는 데 들어가는 화석연료를 줄이고 싶어한다. 앤서니 로데일의 추가 설명을 들어 보자.

"일단 수확하고 나면 식량은 변하기 시작합니다. 일단 땅에서 베어 내면 그 생명이 줄어드는 것이지요. 마찬가지로 영양소도 변합니다. 지역에서 자란 음식을 먹으면 식량이 먼 거리를 이동하지 않기 때문에 영양소도 덜 파괴됩니다. 국내 농산물을 로컬 푸드를 통해 공급하는 음식 시스템은 놀랍도록 안전합니다. 그래서 사람들도 만족스럽게 느낄 수 있는 거지요.”

영양학자이자 뉴욕 대학 교수인 메어리언 네슬도 자신의 책 『무엇을 먹을 것인가』(2006)에서 이에 동의했다.

오늘날의 세계화된 경제에서는 위기에 처한 칠레산 농어나 철 지난 과일 같은 음식이 소비자들에게 닿기 위해 수천 킬로미터를 이동해야 한다. 프랑스 음식 대기업 소속인 '스토니필드 팜'의 최고경영자인 게리 허쉬버그는 그 딜레마를 이렇게 요약했다.

“만약 우리가 24킬로미터에서 160킬로미터 안에서 모든 것을 살 수 있다면, 그리고 그것이 자연법칙과 합치되는 방식으로 생산됐음을 의미하는 유기농이라면, 당연히 우리는 그 농산물을 사야 합니다. 불행하게도 인류의 85퍼센트는 도시에 거주하고 있으므로 대부분은 그렇게 할 수 없습니다. 그래서 사회 발전의 현 단계에서 우리가 유기농 음식을 섭취하는 것은 아주 중요한 의미가 있습니다. 결국 화석연료비가 상승하고, 운송 요금도 매우 비싸질 겁니다. 수십 년 동안 유럽이 해 온 것처럼 운송 요금의 실제 값을 인식함에 따라 농업은 더욱더 지역화되고, 생태적으로 지역주의화될 거라고 생각합니다.”

유기농산물 분야의 개척자이면서 포리스트레이드의 공동 창립자인 토머스 프릭은 세계적 기준의 필요성을 역설했다.

“유기농 인증이 필요합니다. 처음부터 철저하게 풀뿌리에서부터 작업할 필요가 있다는 뜻입니다. 그래서 우리는 전 세계 수백 개 지역에서 8천 명의 농부들과 공동 작업을 하고 있습니다. 유기농은 통합 시스템적인 접근입니다. 이는 생산자와 소비자 간의 관계가 가능하도록 하고 있습니다. 사람들이 개인적 관계를 형성하고 생산자의 삶의 방식을 보존하는 데 정말로 중요한 영향을 미칠 수 있게 합니다. 이는 또 매우 중요한 자연 생태 시스템을 보호할 수 있게 합니다. 그래서 우리는 지역 문화적 행위와 관습, 가치들에 관여하고 주목할 필요가 있습니다."

그러나 소규모 생산자들이 전 세계에 음식을 충분하게 공급할 수 없다는 견해가 널리 퍼져 있다. 오직 산업농과 산업적 식품 제조만이 인류의 수요를 충족시킬 수 있다는 것이다. 앤서니 로데일은 생각이 다르다.

"많은 사람들이 유기농은 생산력이 낮다고 믿고 있습니다. 우리 농장에서 최악의 가뭄을 겪었을 때 유기농이 기존 방식의 농법보다 우수하다는 것을 발견했습니다. 비가 많이 온 올해도 우리는 유기농작물이 기존 농법보다 훨씬 더 수확이 많다는 것을 발견했습니다. 평년을 따져 봐도 유기농 생산이 결코 처지지 않는다는 것을 알게 됐습니다. 슈퍼마켓이 생긴 것은 40년이 조금 넘었을 뿐입니다. 그 전에는 사람들이 대부분의 음식을 국내에서, 지역에서 구했습니다. 계절과 자연의 순환 안에서 살았던 것입니다. 오늘날에는 아무 때나 필요한 음식을 구할 수 있습니다. 사람들이 원하고 있으니까요. 요즘 일어나고 있는 국내와 지역 운동이 중요한 것은 사람들이 재결합을 원하고 있기 때문입니다. 지역에서 생산되고 생산한 농장에 관해 알고 있는 훌륭한 치즈를 사는 사람은 믿을 수 없을 만큼의 교육적 인식 효과를 낳기도 합니다. 사람들은 음식에 관해 이야기하기를 좋아하거든요.

 포리스트레이드 공동 창립자
토머스 프릭

"유기농은 통합 시스템입니다. 소비자가 어떤 식품을 선택하느냐가 생산자가 삶의 방식을 지킬 수 있느냐 없느냐를 결정합니다."

그리고 이는 지역적으로, 유기농 방식으로 기른 음식과 다른 사람을 연결하는 훌륭한 방법입니다.”

환경 친화적 식품 산업의 급격한 성장세를 확인한 월마트도 이제는 유기농 산물을 팔고 있으며 유기농 우유를 가장 많이 파는 곳이 되었다. 농업 관련 사업은 이제 전쟁에 돌입했다. 스스로 건강한 생산품을 만들어 내고 소규모 유기농과 클린 푸드 회사를 사들이기도 한다. 유기농산물 제조 업체인 ‘변화의 씨앗’ 은 엠앤엠 마스M&M Mars 소유가 되었고, ‘벤 앤 제리스’ 는 유니레버 소유가 되었으며, ‘보카 푸즈’ 는 담배 회사 필립모리스의 후신인 앨트리아 소유가 되었다. 딘 푸즈는 ‘호라이즌 오가닉스 앤 실크 소이 밀크’ 를 사들였다. 게리 허쉬버그는 ‘스토니필드 팜’ 이 대기업인 다농에 팔린 것이 자기 사업에 어떤 영향을 미쳤는지 설명했다.

“이 회사를 22년 동안 운영하면서 가장 자랑스럽고 성취감 컸던 일이 바로 다농 그룹과의 결합이었습니다. 저는 ‘결합marriage’ 이라는 단어를 일부러 사용합니다. 합병이 아니라는 것입니다. 우리는 하나의 독립적인 이사회를 갖고 있고 저는 여전히 이사회에서 주도권을 행사합니다. 비록 저는 지분의 20퍼센트밖에 갖고 있지 않지만요. 지난 3년 동안 다농은 외야석에 앉아서 우리를 응원해 왔습니다. 다농은 우리 회사에 돈을 투자하지 않았는데

스토니필드 팜
게리 허쉬버그

“우리는 대기업이 어떻게 사업 방향을 바꿔야 하는지, 하나의 모델이 되어 주고 있습니다. 대기업을 바꾸는 것이 우리에게는 의무이며 그들에게는 기회입니다.”

도 그들이 쓴 돈은 우리 투자자들에게서 나왔으며, 투자에서 큰 이익을 보았습니다. 저는 지금 전 세계 수많은 유기농 사업을 위해 저의 시간을 많이 투자하고 있습니다.

다농은 글로벌 기업입니다. 저는 우리가 다농이 비즈니스를 하는 방식에 큰 변화를 가져온, 다농 내부의 작은 홀씨 중 하나라고 생각합니다. 저는 처음부터 스토니필드가 지구를 구하려는 것은 아니라고 생각했습니다. 우리가 해야 할 일은 하나의 모델 노릇을 하는 것이고, 그 방법을 대기업이나 기존 기업들에 보여 주는 것입니다. 솔직히 말해서 맥도널드와 코카콜라, 제너럴 밀스, 다농은 단 한 번의 구입 주문으로 제가 평생 할 수 있는 것보다 훨씬 큰 일을 할 수 있습니다. 이 기업들 가운데 단 한 곳이라도 유기농산물 제품에 대해 제대로 약속을 한다면 이 세상을 바꿀 수 있을 겁니다. 스토니필드도 이 세상을 바꾸고 있는 것은 사실이지만 그 속도가 훨씬 느립니다. 저는 이들 기업을 바꾸는 것이 우리의 도덕적 의무라고 생각합니다. 이것이 이들 기업들에게는 커다란 기회입니다. 다농은 그것을 깨닫고 있습니다. 그래서 다농이 우리 회사를 독립적으로 놓아 두고 있는 것입니다."

다농은 펩시콜라가 합병을 노리고 있는 흥미로운 대상이다. 이제 대기업들이 유기농 생산자들을 사들이고 있기 때문에 농무부(USDA)에 로비를 해서 유기농 기준을 낮추고 유기농 제품 준비와 절차, 포장에 어느 정도 합성 화학을 허용해 달라고 요구했다. 그러나 '유기농 소비자 연합'은 '유기농 식품 생산 조약(OFPA)'의 성취하기 어려운 기준을 유지하기 위해 크래프트, 월마트, 딘 푸즈 같은 대형 회사들의 로비스트들과 격렬하게 대립해 왔다. 유기농 생산자들의 합법적인 우려에도 '유기농 거래 연합'을 장악하고 있는 크래프트, 딘 등 다른 대형 회사의 로비스트들은 이 싸움에서 결국 승리했다. 상대적으로 낮은 유기농 기준은 2006년 중반부터 그 효력이 발생했다.(『비즈니스위크』,

2006년 4월 10일자) 소비자 모임이 저항하는데도 미국 농무부장관 마이크 조앤스는 '국립 유기농 표준 위원회'에 소비자 항목을 채워 넣는 것을 거부했다.(www.cspinet.org/integrity)

클리프 바(10장 참조)는 기업 차원의 지지 없이도 성공해 왔고, 높은 유기농 기준을 지키고 있다. 이 기업의 '여성을 위한 루나 영양 바'는 네슬레 사社의 '파워 바'보다 많이 팔려 식료품 가게에서 가장 잘 팔리는 에너지 영양 바가 되었다. 그 결과 창업자 게리 에릭슨의 약속, 회사의 개인 소유권을 지킬 수 있게 해 주고 있다.

"제가 '클리프 바'를 시작한 이유는 전에 쓰던 제품이 저에게 맞지 않아서였습니다. 저는 가끔 자전거 레이싱과 알프스 여행을 즐깁니다. 1990년 어느 날 장거리 자전거 여행 중이던 저는 가게에서 여섯 개의 바를 샀지요. 125마일을 달린 뒤 저는 6개 가운데 5개의 바를 먹었어요. 그리고 80킬로미터를 더 가야 했습니다. 연료가 필요했지요. 뭔가 먹을 것이 필요했습니다. 그러나 마지막 남은 한 개의 바를 바라보았는데, 도저히 더 먹을 수가 없었습니다. 그때가 저에게는 통찰과 직관의 순간이었지요. '이것보다는 나은 것을 만들 수 있겠다.'하고 생각했고, 결국 제가 그것을 해냈습니다!"

'클리프 바'는 별도의 투자자 없이도 1992년 7십만 달러에서 1999년 4천만 달러의 연매출을 기록했다. 다시 게리의 말이다.

"우리는 사적 소유 기업이고 두 명의 파트너와 50 대 50의 지분을 나눠 갖고 있습니다. 두 개의 거대한 경쟁자인 '파워 바'와 '밸런스 바'는 전 세계에서 가장 큰 식품 회사들인 네슬레와 크래프트가 각각 사들였습니다. 우리는 전 세계에서 가장 큰 두 개의 식품 회사에 맞서 경쟁하고 있는, 버클리에 본사를 둔 캘리포니아 스타일의 작은 히피 회사입니다.

처음에 외부 세계 전문가들은 우리에게 '당신들은 경쟁이 될 수 없소.'

라고 말했습니다. 그랬던 그들이 '당신 정말 잘 해냈군요. 당신은 훌륭한 기업가입니다. 이제 투자자들을 데려다가 더 큰 재미를 볼 때군요.' 라고 하더군요. 나는 중요한 순간에 기꺼이 위험을 무릅쓸 생각이 있었지만, 어쩌면 우리가 성공할 수 없을지도 모른다는 생각에 빠지고 말았습니다. 회사는 매각을 위해 내놓았습니다. 그러나 저는 한때 버클리 시내 차고에서 난방 장치도 샤워 시설도 없이 연간 1만 달러를 벌며 살던 사람입니다. 지금은 6천만 달러를 벌어들일 기회를 만났습니다. 그 돈을 벌어들일 수 있는 마지막 두 시간 전, 저는 제가 살던 차고의 블록을 돌아 걸어갔습니다. 절반쯤 가다가 저는 매각하지 않기로 결정했습니다. 그때의 비전이 여전히 살아 있고 기준도 유지될 수 있는 유일한 방법은 사적 소유 회사로 머무는 것이라고 생각하고 있습니다. 우리 회사의 경우 100퍼센트 소유권을 갖는 것이 훨씬 더 쉬울 거라고 믿습니다."

게리 에릭슨과 클리프 바의 성공은 감동적인 사례다. 그러나 60억 명의 인류에게 적당한 영양을 제공하는 것의 딜레마는 여전히 많은 의문을 제기하는 격렬한 토론 대상이다. 월마트는 유기농산물 생산을 민주화하고 그것을 더 싸게 공급하기를 원한다고 말한다. 소비자와 유기농 단체들은 월마트가 유기농 기준을 낮추고 중국에서 아웃소싱하는 것을 끝낼 것이라고 말한다.(『뉴욕타임스』, 2006년 5월 16일) 반면 『비즈니스위크』는 2006년 10월 16일 「유기농 신화」라는 기사를 다뤘다. 유전자 조작 식품은 가난과 영양 결핍에 시달리고 있는 이들을 위한 대규모 식품 회사들의 답변으로 알려져 왔다. 대부분의 미국 대두는 이제 유전자 조작 식품인데, 몬산토 사가 대부분의 미국산 옥수수와 대두를 생산하고 있다. 미국은 전 세계 유전자 조작 수확물의 60퍼센트를 생산하고 있는데, 아르헨티나, 오스트레일리아, 캐나다, 그리고 브라질이 나머지를 차지하고 있다.

유럽연합은 소비자들의 반대로 유전자 조작 식품을 오랫동안 금지해 왔다. 2006년 세계무역기구는 미국의 촉구로 유전자 조작 식품에 대한 유럽연합의 금지가 불법이라고 판결을 내렸다. 이는 부시 행정부가 몬산토나 아벤티스, 듀퐁, 다우 케미컬, 전국 옥수수 재배자 연합, 그리고 '미국 기업 인스티튜트' 등의 로비에 굴복했기 때문이다. 소비자와 환경 옹호자들은 세계무역기구 규정 변화가 지속적으로 지역 농산물에 대한 수요가 커지면서 유전자 조작 식품에 대해 광범위하게 퍼져 있는 소비자들의 반감을 변화시키지 못할 것이라고 기대하고 있다.(인터프레스 서비스, 2006년 2월 6일자) 유전자 조작 식품과 관련 있는 건강과 환경 위험에 대한 공포는 대중적 논란을 단계적으로 확대해 왔다. 유전자 조작 식품이나 유기농, 혹은 또 다른 형태의 무엇이든 대규모 식품 제조업자들은 미국의 소규모 생산자들에게뿐 아니라 대만과 같은 개발도상 국가의 농부에게도 영향을 깊이 미쳐 왔다. 태국에서 농업은 여전히 중요한 생계 수단이다. 니콜라 불라드는 방콕에 있는 비영리단체인 '포커스 온 더 글로벌 사우스'를 이끌어 가고 있는데, 이는 지역 경제와 농촌 개발을 지원하고 있다. 니콜라의 설명이다.

"태국에서는 60퍼센트 이상의 사람들이 농업 생산에 종사하고 있습니다. 지난 20년에서 25년 동안 농업 부문에서는 진정한 변화가 있었습니다. 이

포커스 온 더 글로벌 사우스
니콜라 불라드

"수출 중심의 농작물 생산은 지역 자치를 잃게 했고, 농부들은 자신들을 위해서가 아니라 돈을 위해 식량을 생산하도록 내몰려야 했습니다."

곳은 지역 생산을 위해 농작물을 기르는 것보다는 식량 수출 지향적으로 바뀌었습니다. 이것은 농업 비즈니스와 대규모 농작물 생산이 일반적이라는 것을 의미합니다. 이제 지역 농부들은 이런 결과로 인해 정말 힘든 고통을 겪고 있으며, 여러 측면에서 지역 자치를 잃어 가고 있습니다. 수출을 위한 식량을 생산하도록 내몰리고 있습니다. 시장에 대한 통제 능력도 거의 없습니다. 농부들은 자신들이 기른 농산물의 가격에 대해서 아니라고 말하지 못합니다. 쌀 가격이나 대두 가격, 혹은 양파 가격이 떨어져도 농부들은 여전히 비료나 그들 자신의 노동력, 종자 등에는 같은 가격을 지불하고 있습니다. 심지어 20년 전보다 훨씬 더 빚이 많아졌습니다. 1960년대에는 농촌 가구의 20퍼센트만이 빚을 지고 있었는데 이제는 80퍼센트가 빚을 지고 있습니다. 그래서 농부들은 이런 문제에 대한 해결책을 찾기 위해, 가족을 먹여살리는 방법을 찾기 위해, 식량에 대한 적정한 가격을 보장받기 위해, 종자나 농약 비료 같은 것에 부과하는 세금을 거부하기 위해 농민을 조직하려고 애쓰고 있습니다.

태국에서는 대안적인 생산 시스템에서 조직된 농부들의 환상적인 운동을 볼 수 있습니다. 그들은 지역 시장을 일으키고, 전통 기술을 되찾고, 자신들이 기르는 벼의 다양한 종자를 복원하고 있습니다. 그들은 농업 비즈니스에 대한 직접적인 도전이 아니라 제대로 된 활로를 개척하려고 노력하고 있습니다. 게다가 이들은 생존하기 위한 방법뿐 아니라 번창하기 위한 방법까지 찾으려 하고 있습니다."

인도, 아시아나 라틴아메리카의 여러 나라에서는 비슷한 이야기들이 많다. 인도의 활동가이자 과학자인 반다나 시바(3장 참조)는 농부들과 소비자들이 행동에 나설 수 있도록 영감을 제공하고 있으며 공공 정책과 기업 절차를 만들고 있다. 시바는 델리 근처에서 전통 농법 보존을 위한 '나브다냐'를 설립한 이유를 이렇게 설명했다.

"산업화되고 세계화된 농업의 악순환은 매우 큰 세 가지 미신에 근거하고 있습니다. 첫째, 화학비료와 유전자 조작 씨앗을 바탕으로 한 산업 농업이 더 많은 식량을 생산한다는 것입니다. 그건 그렇지 않습니다. 저는 15년 동안 생태 시스템과 농업 시스템에 작용하는 과학적인 생활을 해 왔습니다. 이들 시스템은 생물이 다양하게 살아 있고, 유기농법의 생태적인 시스템을 말하는데, 외부 자원을 전혀 사용하지 않고도 열 배 내지 백 배 가량 더 높은 생산성을 보여 왔습니다. 두 번째 큰 미신은 세계화된 농업은 경쟁에 근거한다는 것입니다. 그렇지 않습니다. 세계화된 농업은 투입과 배분, 소비자 가격을 통제하는 5대 농산물 기업에 근거하고 있습니다. 세 번째 큰 미신은 세계화된 농업은 자연 발생적인 잉여 농산물에 근거를 두고 있다는 것입니다. 그러나 미국조차도 식량 잉여 국가는 아닙니다. 수출보다 수입이 더 많습니다.

농업 시스템이 해 온 것은 소위 대규모 식량 교환이라고 할 수 있습니다. 모두가 수출하고 모두가 수입하고 있습니다. 오직 농업 비즈니스 거래상들만 수입과 수출에서 돈을 벌고 있습니다. 그들의 이익은 치솟고 있지만 소농들은 사라지고 있습니다. 미국인 3분의 1이 비만으로 고통받고 있는 것에서 알 수 있듯이 소비자 건강은 파괴되고 있습니다.

우리 모두는 지속 가능한 건강과 정당하고 평화로운 식량 경제를 만들어 가는 공동 생산자로서 의무가 있습니다. 소농은 여전히 생산자 대부분을 차지하고 있습니다. 우리 모두, 같은 나라에 살지 않는 사람들조차도 공동 생산자입니다. 우리가 어떤 음식을 선택하는 것은 우리가 어떤 생산 시스템을 선택하느냐 하는 문제와 직결되기 때문입니다. 바로 먹는 행동을 통해 우리는 식량 경제를 만들어 가고 있는 것입니다. 먹는 행동을 통해 우리는 소농이 사라질 것인지, 농업 비즈니스가 더욱 더 많은 이익을 낼 것인지를 결정하게 되는 것입니다."

미국과 캐나다, 유럽 그리고 다른 성숙한 산업사회에는 구매력과 정치적 행동주의로 소농 운동을 지지하는 수백만의 시민과 소비자들이 있다. 어떤 이들은 세계은행과 국제통화기금, 세계무역기구 같은 기관들에 로비를 하거나 시위를 하기도 하며, 또 어떤 이들은 포리스트레이드 사가 촉진하는 것처럼 공정무역 표시 제품을 찾기도 한다. 포리스트레이드 사 공동 창립자 토머스 프릭의 설명이다.

"우리는 새로운 모델을 만들고 있습니다. 이것은 중개인이나 무역인, 수입업자 같은 고정된 틀에 맞지는 않습니다. 내가 붙인 이름은 농부, 사업가, 생활협동조합, 도매점 등 여러 이해관계자 파트너십을 위해 필요한 중개자들입니다. 여기에는 우리의 파트너들이자 시장을 만드는 데 실질적인 도움이 되며 그 이야기가 알려지는 데 도움을 주는 유럽과 미국의 수많은 기업들도 포함됩니다."

앤서니 로데일도 여기에 동의했다.

"엄청난 수요를 맞추기 위해 유기농 방식으로 농작물을 기르는 사람이 많아지면 가격은 떨어질 겁니다. 사람들이 도시 지역이나 시골에서 어떻게 더 건강하고 신선한 최고의 음식을 먹을 수 있을까요? 그것은 농부들의 시장에 의해서, 지역 슈퍼마켓이 지역 식품을 갖춰 놓음으로써, 그리고 농부들과 지역 소비자 간의 직접적인 연결에 의해서 이뤄집니다. 전국적으로, 전 세계적으로 보여 줄 수 있는 성공 사례는 풍부하고 다양합니다."

패스트푸드 회사들은 비만과 당뇨를 퍼뜨리는 데 기여하고, 짜고 살찌는 음식을 제공함으로써 소비자들의 비난의 대상이 되고 있다. 그런데 '파네라 브레드 컴퍼니'라는 패스트푸드 회사는 신선한 통밀 샌드위치와 피자, 샐러드를 제공하면서 번창하고 있다. 또한 직원들에게 급료도 많이 주고 건강 보험과 기업 연금 401K, 할인된 회사 주식도 제공하고 있다. 『비즈니스위크』의 초고속성장 소기업 리스트 37위에 올랐던 파네라는 2005년 8천백만 달러의 이익을 남겼으며, 주식도 다섯 배나 뛰어 한 주당 73달러가 되었다.(『비즈니스위크』, 2006년 4월 17일자) 식품과 농업 문제는 이제 '선진8개국 정상회담'과 세계 무역기구에서도 주요 아젠다가 되었다. 브라질, 인도, 중국이 주도하고 있는 'G20 개발도상국'들도 모든 개발도상국에서 식품 생산자를 위한 형평성과 공정성을 요구하고 있다.

오늘날 산업화된 공정을 거치는 식품들은 건강에 관심이 많고 상류층 소비자들에게 외면당하고 있다. 캔에 들어 있거나, 말린 것이나 냉동한 식품, 혹은 보존 처리된 제품들 말이다. 심지어 식품을 조리하는 것도 원래의 영양 가치를 다소 줄이게 된다고 해서 유행을 좇는 많은 레스토랑들이 샐러드 바와 유기농 방식으로 세심하게 기르고 청결함을 유지하는 천연 식품들을 중요하게 취급하고 있다. 우유와 과일 주스를 포함해 많은 음식들이 여전히 저온 살균될 필요가 있다. 소비자들은 여전히 먹이사슬에서 축적되는 수은처럼 농약과 독성 물질에 오염되지 않은 농산물과 식품을 찾고 있다.

영국 국가 소비자 위원회는 '건강 책임 지수'를 제공하고 있는데, 이는 슈

농부들의 장터

"지역 장터가 지역 식품을 갖춰 놓으면서 농부와 지역 소비자의 직접적인 연결이 이루어지면, 풍부하고 다양하게 성공할 수 있는 길이 열립니다."

퍼마켓에 점수를 매겨서 질 낮은 식품과 높아지고 있는 어린이 비만에서 아이들을 보호하기 위한 것이다. 2006년 사상 최초로 미국 아이들이 이전 세대 어린이들보다 더 병약하다는 것이 밝혀졌다. 어린이들을 위한 의학 영양 처방 요법을 전공하는 전문 영양사이자 공중 건강 전문가인 주디 컨버스에 따르면 비만은 거의 5분의 1이 겪고 있으며, 1980년의 세 배나 된다. 자폐증은 한 세대 만에 천 배나 늘었다. 천식은 75퍼센트나 늘었고, 생명을 위협하는 음식 알레르기는 거의 여섯 배 늘었다. 영양 결핍은 수십 년 동안 보이지 않았는데, 지금은 다시 늘어나고 있다. 주디와 다른 건강 전문가들은 지나치게 적극적인 예방접종(많은 아이들이 열두 살까지 대부분 수은을 포함하고 있는 예방접종 주사를 54번이나 맞도록 권고하고 있는데)은 건강상의 문제를 일으킬 수 있다는 점에 주목하고 있다.(www.redflagsdaily.com)

미국에서 많은 부모들은 학교에서 정크푸드나 설탕으로 가득찬 음료 자동 판매기를 없애는 데 성공하고 있다. 그것들이 주의력 결핍 장애나 문제 행동에 영향을 미칠 수 있다는 증거들이 나타났기 때문이다. 주의력 결핍 장애에 쓰는 리털린 사용량이 늘어나면서 영국에서도 상당히 논쟁이 되고 있다. 영국에서는 어린이들을 위한 처방전이 2000년에는 40만 건, 2002년에는 70만 건으로 뛰어올랐다. 2004년 12월 4일자 『이코노미스트』에서 편집자들은 나쁜 영양 상태가 나쁜 행동을 유발하는지 여부를 질문했다.

유기농 방식으로 기른 농산물은 수요가 해마다 20퍼센트씩 늘어나고 있으나 공급을 맞출 수가 없다. 미국은 여전히 유기농산물을 수입해야 한다. 역설적인 것은 사람들이 건강상의 혜택을 알게 되면서 음식에 유전자 조작 식품이 들어 있는지 여부를 알기 위해 전쟁을 하듯 해야 한다는 것이다. 미국 소비자들과 달리 유럽 소비자들은 현재까지 유전자 조작 식품을 예의주시해 왔다. 유럽에서는 유전자 조작 식품 판매가 법으로 금지돼 있고, 미국에서 생산되는 많은 유전자 조작 농산물들은 유럽 수출이 금지돼 있다. '이노베스트 전략 가치 자문'의 2005년 1월 보고서는 몬산토에 대한 것인데, 이 회사의 유전자 조작 전략으로 제기된 금융과 명성의 잠재적 위험도에 초점을 맞췄다. 몬산토 사가 유전자 조작 농작물을 위해 인도네시아 환경부 관리에게 뇌물을 준 사실을 미국증권거래위원회(SEC)가 밝혀 낸 뒤 몬산토는 벌금 백5십만 달러를 물어야 했다.(www.socialinvest.org)

이제 대규모 유전자 조작 식품 생산자들은 종묘 회사들을 사들이고 있는데, 생물 다양성이 지속 가능성을 위한 핵심 요소가 된 이래 주목할 만한 현상이라고 할 수 있다. 세계화된 경제에서 식량 산업의 이런 변화는 사람들에게 매우 잘못된 영향을 미치고 있다. 세계적으로 고기잡이는 악화되고 있으며, 많은 대형 어류 종이 멸종을 눈앞에 두고 있다. 연어잡이의 증대는 다른 야생종의 희생을 바탕으로 하고 있다. 고유 식물에 대한 특허는 이를 보호하려는 국가적 운동을 불러일으켰다. 미국, 유럽, 일본 등에서는 계약 영농이 늘어나고 있다. 소비자들이 그룹을 만들어 지역 농부들과 계약을 맺고 유기농 작물을 재배하는 것이다. 다행스럽게도 건강한 대안 식품을 건강 식품 가게나 슈퍼마켓, 레스토랑, 그리고 지역의 농부 가게에서도 구입할 수 있게 됐다. 일반적인 슈퍼마켓에서도 그것들을 요청하는 것을 잊지 말라. 내 친구들인 안나와 프란시스 라페(Anna and Frances Lappe, 1970년대의 고전인 『굶주리는 세계』, 『희망의 경계』의 저자. 옮긴이)는 '정당한 식량과 정당한 세계를 위한 10대 행동 계획'을 제안했다. 이는 『희망의 경계』(2002, 시울)에 나온다.

1. 농장에서 나온 신선한 음식을 찾아라

농가에서 직접 사고, 농가 생산품을 찾고, 지역 식품 가게와 음식점도 같은 일을 할 수 있도록 용기를 줘라. 여러분 주변의 지역 농산물을 찾으려면 '지역 수확'(www.localharvest.org)과 '지속 가능한 식탁'(www.sustainabletable.org)에 들어가 보라.

2 여러분의 돈(그리고 수단)으로 가치 있는 일을 지원하라

모든 소비와 저축, 자선 선택은 거대한 변화를 만든다. 은행과 대학, 연금이 투자하는 곳이 어디인지 찾아라. 노동자와 이 지구의 건강을 개선하는 선택에 대해서 이야기를 나눠 보라. '사회적 투자'(www.socialinvest.org)에 대해 배우고, '열대우림보호네트워크'(www.ran.org)에서 영감을 받아라.

3. 지속 가능한 자연 식품을 먹으라

농산물과 가축을 지속 가능한 방법으로 기르는 농부들을 지원하라. 공기와 물을 오염시킬 뿐 아니라 지구 온난화에도 영향을 미치는 공장형 축산을 피하라. 유기농 식품에 관해서는 '유기농 소비자들'(www.organicconsumers.org)에서 더 많은 것을 배워라. 지속 가능한 방식으로 사육된 고기는 '잘먹기 가이드'(www.eatwellguide.org)에서 찾을 수 있다.

4. 공정무역 제품과 노동자 권리를 지원하라

공정무역은 농부들에게 공정한 가격을 보장한다. 이제 공정무역을 통한 커피와 차, 과일 등 여러 가지를 살 수 있으며, 공정무역을 지역의 카페와 레스토랑, 병원과 학교에도 가져올 수 있다. 더 자세한 내용은 트랜스페어(www.transfairusa.org)에서 확인할 수 있다.

웹사이트 글로벌 익스체인지(www.globalexchange.org)를 이용하고 트레이드 매터(www.trademeatters.org)를 통해 참가하라.

5. 공동체의 구매력을 바꿔라

우리는 모두 교회나 병원, 직장, 학교, 시의회 같은 기관들에 속해 있다. 그곳은 우리가 공유 가치에 기반해 물품을 구입하도록 장려할 수 있는 곳들이다. 예컨대 지역의 신선한 유기농 식품을 학교와 다른 기관에 가져다주는 방법에 대해 알려면 '음식 안전' 사이트(www.foodsecurity.org)를 방문해 보라.

6. '광고가 없는 공간'을 만들어라

광고주들은 교실이나 병원, 심지어 대중 목욕탕에서까지 수많은 광고를 소비자들에게 퍼붓고 있다. 즉 우리가 먹고 입고, 믿는 것에 대해 말하기 위해 매년 수십억 달러를 쏟아 붓는다. 우리는 부엌이나 학교, 의약품 캐비닛 같은 곳을 광고 없는 공간으로 만들 수 있다. 커머셜 프리(www.commercialfree.org)와 광고 파괴자(www.adbusters.org)에서 영감을 얻을 수 있을 것이다.

7. 다양한 언론을 접하라

여섯 개 기업들이 대부분의 주요 미디어를 장악하고 있지만 다양한 정보를 독립 네트워크에서 얻을 수 있다. 인디미디어(www.indymedia.org, www.gnn.tv, www.frepress.net)를 방문해 보라. 그리고 일상에 언론 민주주의를 가져오는 데 힘써 보라.

8. 당신에게 중요한 문제들에 개입하라

우리는 지지자 그룹에 가입하고, 선출된 관리들에게 글을 쓰며 지역사회에 개입함으로써 우리 목소리를 낼 수 있다. 여러분들이 걱정하는 문제, 사람들이 효과를 내기 위해 어떻게 조직하는지 더 많은 것을 배워라. 식량과 농장, 무역 정책은 www.foodfirst.org, www.publiccitizen.org, www.marketradefair.com, www.iatp.org를 방문해 보라.

9. 토론회와 스터디 그룹, 집회를 개최하라

당신에게 중요한 집회와 이벤트, 지역 조직에 대한 창조적인 아이디어가 필요하면 시민 참여 사이트(www.moveon.org)를 방문하라. 지역 디너 파티를 만드는 아이디어는 건강한 음식을 안내하고 있는 사이트(www.eatgrub.org)를 참조하라.

10. 투표하라

민주주의를 위한 참정권 실현 단체 사이트(www.indyvoter.org)나, 투표를 통해 지역적으로 혹은 전 국가적으로 민주주의를 쌓아 가는 다른 그룹에 가입하라. 명확하고 단순하게 투표하라.

그리고 '윤리적 시장'(www.EthicalMarkets.com)도 잊지 말라.

유기농 농부가 소유 · 경영하는 기업,
라파르지 오가닉 밸리

심런 세티와 조지 시먼

심런이 위스콘신의 '라파르지 오가닉 밸리' 최고경영자인 조지 시먼과 이해관계자 분석가이자 '이노베스트 전략 가치 자문' 공동 창업자인 휴슨 발첼을 초대해 얘기를 나눴다. 북미의 최대 유기농 농장의 협동성을 살펴보기 위해서였다. 이 회사는 유기농 농부들이 소유하고 운영하는 유일한 유기농 브랜드다.

조지 시먼: 생활협동조합은 일반적인 회사와 아주 비슷합니다. 다만 일반 회사는 소유주를 만족시키는 것을 우선한다는 것이 조합과 다른 점이지요.

휴슨 발첼: 생활협동조합 안에서 실제 지배 구조는 어떤가요?

조지: 물론 우리도 기업과 비슷합니다. 농부들로 이뤄진 이사회가 있고요. 그 밖에 우리 조합은 우유와 달걀, 주스, 다양한 종류의 생산품과 농산물을 취급하는데, 각 부문마다 자체 지배 구조 이사회가 있습니다. 그들은 모두 둘러앉아서 품질, 유기 농 기준, 계약 충족 여부, 가격 등 자신들에게 영향을 미치는 문제들에 대해 토론합니다. 한 달 간격으로 열리는 이사회는 농부들이 사업에 직접 개입할 수 있는 장을 마련해 주는 셈이지요. 우리는 그런 과정을 정리한 훌륭한 의사록을 회람시킵니다. 교육받은 농부들이 미래를 향해 가는 최선이라고 믿기 때문입니다.

휴슨: 조합에서 말하는 '우리 농부들의 서약We The Farmers Pledge'은 무엇입니까?

조지: 우리는 스스로 고안해 낸 차별성 있는 기준들이 있습니다. 이 서약은 농부들의 회원 협약이며 일종의 자발적 선언문 같은 것입니다. 우리는 농부들이 스스로 단지 판매 공간 이상의 무언가에 동의한다는 것을 알고 있습니다. 그들은 회원이 됨으로써 뭔가 훌륭한 것에 가입하고 있는 것이지요. 우리는 농부들이 이 서약에 동의한다는 표시로 생활협동조합에 투자하게 합니다.

심런 세티: 농부들이 유기농 기준을 지키도록 하기 위해서 어떻게 합니까?

조지: 가장 중요한 사항은 다른 농부들에게 받는 동료의 압력peer pressure입니다. 그래서 모든 지역에 지역 대표자를 두고 자주 접촉합니다. 어떤 문제가 있다면 주변에 그것을 체크할 수 있는 사람이 있습니다. 물론 여론도 하나의 훌륭한 확인 수단입니다.

휴슨: 안정적인 수입을 보장하기 위한 프로그램도 갖고 있다고 들었습니다. 시장 우유 가격은 오르락 내리락해서 가족농들을 불안하게 할 수 있습니다. 이 부분에 대해 말씀해 주시겠습니까?

조지: 우리가 출범했을 때 가장 중요한 목표 가운데 하나가 농부들이 안정적으로 생활하고, 안정적 수익을 보장받을 수 있게 돕는다는 것이었습니다. 그래서 그들이 자신의 삶을 계획할 수 있도록 말입니다. 이것이 우리의 가장 큰 성취 가운데 하나 이며, 전체 유기농 산업의 보상 가운데 하나이기도 하지요. 농부들은 자기 사업으로 한 해 동안 얼마를 벌 수 있을지 계획할 수 있습니다. 물론 이러저러한 변이들이 있을 수 있지만 크게 눈에 띄는 것은 없습니다.

심런: 지역 분배 체계를 통해 사람들이 지역에서 상품을 살 수 있는 거지요?

조지: 사람들이 구입하는 유기농 제품들은 바로 그 지역에서 생산된 제품들입니다. 뭔가 좋은 일을 하고 싶어하는 사람들은 농부들이 보상을 받기를 원하지요. 농부들은 진심으로 지역 생산 체계의 일부가 되기를 원하지요. 그래서 만약 우리가 뉴앵글랜드 지역에 살고 있다면 우리가 생산하는 우유는 '저온 살균 처리된 뉴잉글랜드 제품' 이라는 표시를 달게 될 겁니다. 농부들은 지역 가게에서 자신들의 우유를 사는 것을 자랑스러워할 수 있습니다. 우리는 농부들이 시위에 참가하고 무역 박람회에서 목소리를 높이게 합니다. 그래서 다른 제품을 몰아내고 농부들의 제품을 전시할 수 있도록 말입니다. 이를 통해 우리가 더 큰 판매망과 공조할 수 있고, 지역에서 소비자와 농부 간의 연결망을 만들 필요성을 알릴 수 있습니다.

심런: 판매망과의 관계는 어떻습니까? 점점 더 많은 유기농 제품을 취급하는 월마트 같은 곳에서도 오가닉 밸리 제품을 구할 수 있습니까?

조지: 자연 식품 거래가 중요하다고 생각하지만 물론 그런 큰 판매망에서도 우리 제품을 구할 수 있습니다.

휴슨: 인증 문제에 대해서는 어떤가요? 제가 알기로 유기농 기준에 대한 다양한 토론이 있어 왔습니다. 그 토론이 사업에 어떻게 영향을 미쳤고, 규제에 대해 어떤 생각을 갖고 있는지요?

조지: 인증은 아주 유효한 시스템입니다. 우리는 미국 농무부(USDA) 인증 제도를 활용하고 있습니다. 규제 당국과 일하는 것이 골치 아픈 점도 있지만 성숙한 산업으로서 상훈과 허가도 받고 있습니다.

휴슨: 소비자들이 지불하는 추가 비용은 어떻게 생각합니까? 4.5리터의 유기농 우유와 일반 우유의 가격 차이를 어떻게 정당화합니까?

조지: 그 점에 대해서는 세 가지 근거가 있습니다. 먼저 유기농 방식으로 기르는 것은 생산 비용이 많이 드는 반면 생산량이 적습니다. 그래서 추가 비용을 지불해야 합니다. 둘째, 매일 파산하는 농부들의 식품 판매 체계를 극복하기 위해서입니다. 그래서 그들이 안정적인 생활을 누릴 수 있도록 하려 합니다. 셋째, 우리가 성취한 것을 자랑스럽게 여길지라도 아직은 불충분합니다. 유기농 우유는 이제 시장에서 3퍼센트를 차지하고 있습니다. 십 년 전과 비교하면 엄청난 성장을 한 셈이지요. 앞으로 가격 차이가 더 줄어들 수 있기를 바랍니다.

GE

12 건강과 복지

HEALTH AND WELLNESS

야망 있는 의사들은 그리스 의사이자 서양의학의 아버지인 히포크라테스가 말한 것으로 알려진 지침(사실은 출처가 불분명하지만 의대생들은 이를 의사의 기본 철칙으로 배운다.)인 "먼저, 더 나쁘게 하지 말라!first, do no harm"는 말에 익숙하다. 오늘날 미국의 보건 복지 상태를 판단해 볼 때 이런 단순한 요구조차도 쉬운 것은 아니다. 미국의 건강관리 시스템은 위기에 봉착했다. 4백6십만 명은 의료보험도 없으며 환자와 의사, 간호사뿐 아니라 병원 측의 불만도 커져 가고 있다. 『이코노미스트』는 특집 기사 「미국의 건강관리 위기」(2006년 1월 28일자)에서 "미국의 건강관리 시스템은 괴물과 같다."고 말했다. 이 기사는 미국의 건강관리 시스템이 세계에서 가장 비싸서 다른 비슷한 선진국 평균보다 두 배나 되며, 미국 국내총생산의 16퍼센트를 차지한다는 점을 지적하고 있다.

클린턴 행정부 시절 힐러리와 빌 클린턴 부부를 포함해 많은 미국의 개혁자들은 미국 병원 협회나 미국 의료 협회, 대규모 제약회사와 보험회사, 하이테크 의료 기술 제조 업체 등의 강력한 로비에 반대해 왔다. 미국 건강관리 시스템에서 가장 부끄러운 점은 불공정성이다. 이는 거의 4백6십만 명에 달하는 보험 미가입자들을 보면 명확히 드러난다. 2004년『뉴잉글랜드 의학 저널』의 조사 보고서「계층: 무시되어 온 국내 보건의 결정적 요인」에 따르면 진실은 이렇다. 가난한 이들은 평균수명이 더 짧고, 인종과 계층에 따라 위험한 이웃들과 살아야 하며 평균보다 못한 집에서 살아야 하므로 덜 건강한 생활을 해 나가고 있다. 개인의 건강을 결정하는 사회 요인들은 삶의 초기에 이미 작동하기 시작한다. 이는 하버드 공중 보건 스쿨의 낸시 크리거 박사와 시애틀 공중 보건국의 제임스 크리거 의사가 보고한 내용이다.

세계보건기구는 사회경제적 지위와 건강의 연결고리를 분명하게 인식하고 있다. 미국은 이 관계를 외면하고 있다. 대부분의 다른 선진 민주 사회가 일원화된 의료보험 제도로 전환했는데, 미국은 국민의료보조제도(Medicaid, 65세 미만의 저소득자 신체장애자를 대상으로 함. 옮긴이)와 노인의료보험제도(Medicare, 65세 이상의 노인을 대상으로 함. 옮긴이) 아래서 각 주와 연방 프로그램을 고비용으로 시행하는 동안 민간 의료보험과 고용자 기반의 뒤죽박죽인 의료보험 등을 고수하고 있다. 미국에서 가장 잘 된 의료 보장 제도로 알려진 '재향군인 관리국' 만이 일원화된 의료보험 제도로 운영되고 있다.(『비즈니스위크』, 2006년 7월 17일) 미국 의료 체계에 대한 토론이 병적 흥분 상태에 이르자 기업들은 변화를 요구하고, 건강 적용 범위를 좁혔으며, 피고용자 건강 보험 가격이 엄청나게 오르게 되자 정부 구제를 요구하고 나섰다. 예컨대 제너럴 모터스의 전현직 직원들의 의료보험 청구서는 미국에서 제너럴 모터스가 생산하는 모든 차 가격에 1,525달러를 더 붙게 만든다.

'캘버트―헨더슨 삶의 질 지수' 의 보건 전문가들은 정기적으로 관련 내용을 웹사이트(www.calvert-henderson.com)에 올리고 있다. 이 보건 지표에 따르면 미국의 보건 시스템은 낭비적이고 불공평한 것으로 보인다. 이 보고서는 상승된 보건 비용은 그것을 지불할 수 있는 사람들만이 받아들이는 것처럼 보인다. 그들은 더 비싼 보건 비용으로 건강을 더 잘 지킬 수 있다고 믿기 때문이다. 현실적으로 미국인들은 다른 선진 경쟁국 국민보다 더 나은 보건 제도를 누리지 못하고 있다. 이는 매릴랜드 볼티모어의 존스홉킨스 의대의 바버라 스타필드 박사의 논문에 보고된 내용이다. 기대 수명, 저체중 아이 출산, 유아 사망 등 16가지 항목을 측정한 결과 일본, 스웨덴, 프랑스, 캐나다 등 13개 산업국가들 가운데 미국은 12위에 올랐다. 인간개발보고서(HDR)와 인간개발지수(HDI)는 비슷한 결과를 발견했다.(1장 참조) 미국 보건 체계는 부자들에 대한 과도한 관심, 성형수술과 소규모 전문 병원boutique practice의 증가를 볼 때 비이성적으로 보인다. 이 소규모 전문 병원은 의사들이 부자 환자들을 방문 진단하고 치료하는 명목으로 고액의 연간 의료비를 받고 있다.(『뉴욕타임스』, 2005년 10월 30일자) 『포춘』지는 2005년 11월 28일자 기사, 「프로잭(우울증 치료제) 국가의 문제」에서 많은 환자들이 기분 전환용으로 의심스러운 값비싼 약들을 너무 많이 복용하고 있다고 설명했다. 데브라 스파가 쓴 『유아 산업』(하버드 경영대학 출판부, 2006)은 연간 30억 달러에 이르는 출산 산업의 놀라운 성장에 대해 설명하고 있다. 게다가 근거 중심 의학(Evidence-Based Medicine, EBM)의 개척자인 데이비드 에디 박사는 치료의 20퍼센트에서 25퍼센트만 효과가 있다는 점을 발견했다.(『비즈니스위크』, 2006년 5월 29일자)

그러는 사이 의료 비용은 인플레이션의 두 배나 오르고, 피고용자인 의료보험에서 고용인의 부담과 공제 금액이 치솟아 올랐으며, 피고용인의 복리 후생제도가 축소되거나 사라졌다. 위축된 피고용인들은 보증이 제대로 되지 않는의료 할인 카드(의사 진료나 입원, 정기검진 등에 사용되지만 보험 적용이 되지 않는다. 옮긴이)를 구매해 왔다고 『비즈니스위크』(2005년 12월 26일자)가 보도했다. 모든개인과 회사가 의무적으로 건강 보험에 가입토록 하는 급진적인 처방을 시행한 것은 2006년 매사추세츠 주지사 미트 롬니였다. 자유주의자들은 반대했지만 많은 주에서 이를 따를 것이다. 그러나 개혁 없이 방만하고 비효율적인 시스템에 가입만 강제하면 전체 비용만 늘어날 수 있다.

제도가 스스로의 무게를 파괴하도록 위협하면서 아주 강력한 해독제가 나타났다. 병원에서의 예방과 같은 단순한 해법이 해마다 십만여 명의 불필요한 죽음을 구하는 데 아주 큰 효력을 발휘한다고 『뉴스위크』가 2005년 12월 12일 보도했다. 스티븐 로리스 박사는 미국의 보건 의료 체계와 미래를 연결하는 방법을 발견했다. 낡은 제도의 최상을 취하고 컴퓨터 기술로 더욱 안전한 처치와 진단을 보장하며 투약 사고도 줄일 수 있도록 했다. 미국 경제의 다른 부문에서 대부분 사용하고 있는 컴퓨터 기록을 적용한 결과 어림잡아 연간 8백억 달러를 절약할 수 있다는 것을 확인했다. 경영학 석사 학위도 갖고 있는 로리스 박사는 '네무스 재단'의 주요 지식 관리자이며 약 처방과 병원, 의사, 환자 기록을 위해 컴퓨터를 응용하는 데 개척자 노릇을 하고 있다. 로리스 박사의 주장은 이렇다.

"해마다 9만 8천 명이 죽어 가는 것을 그냥 둘 순 없습니다. 단 한 명도 그렇게 되어선 안 됩니다. 저에 대해서 조금 말씀드리자면 저는 소아과 인텐시비스트(intensivist, 한국의 레지던트에 해당. 옮긴이)입니다. 그래서 집중 치료실에서 근무하는 것이 주요 업무인지라, 불치병에 걸린 아픈 아이들을 치료해서 낫게 해야겠다는 열정이 있습니다. 제가 보기에 아이들에게 내리는 처방의 20퍼센트에서 40퍼센트는 잘못된 것입니다. 그래서 약사가 수정을 해야 하거나 의사에게 다시 전화를 걸게 됩니다. 대부분은 잘 알아보기 힘든 의사의 수기 때문이지만 처방 내용이 정확하지 않을 때도 있습니다. 의사는 다른 환자가 먹고 있는 다른 약에 대해서는 알지 못하며, 어느 정도를 먹어야 적당한지를 모르고 있습니다. 그 환자가 약초나 비슷한 걸 먹고 있는지 같은 정보들은 알려지지 않습니다. 얼마나 많은 처방이 환자의 문제와 연결되겠습니까? 많은 환자들이 약을 먹고 다른 의사나 다른 체계가 그들을 돌볼 때가 있습니다. 그런 연계 부족으로 약물 부작용 기록 같은 것을 의사들이 알 수가 없고, 환자의 기록에도 남지 않습니다."

의사와 병원은 컴퓨터 정보를 활용하는 미국 경제 대부분의 부문보다 현저하게 뒤처져 있다고 『이코노미스트』(2005년 4월 30일자)가 보도했다. 로리스 박사의 추가 설명이다.

"우리는 전국에서 가장 큰 소아과 레지던트 건강관리 클리닉 중의 한 곳입니다. 우리에겐 컴퓨터 시스템이 있습니다. 우리는 더 통합적인 과정을 갖고 있습니다. 즉 의료의 질과 임상의들이 교차하는 수술, 그리고 수술과 사업이 교차하는 과정입니다. 내 일 중의 하나는 이 모든 것을 서로 소통하게 하는 것입니다. 일반 병원은 연간 수백만 번 약을 제조합니다. 그 숫자를 쌓아 올린다면 여러분들은 병원에서 수백 번의 죽음에 대해서 이야기해야 할 것입니다. 병원 사망 사고 가운데 상당수는 잘못된 투약이 원인인 경우가 많습니다. 제조하고 확인하고 모든 것이 제대로 됐는지를 점검하는 컴퓨터 시스템을 갖추고 있다면 그런 문제는 해결될 것입니다. 환자의 복용량을 적절히 조절하면 사고율이 줄어들 거라고 확신합니다.

우리가 하려는 것은 시스템을 연결시켜서 약사와 실제적으로 제휴하는 것입니다. 약사들은 무엇이 어떻게 돌아가는지 우리에게 말해 줍니다. 모든 것이 컴퓨터에 기록됩니다. 무엇이 잘못됐는지 약사들이 우리에게 말해 주면 우리는 그것을 다시 기록합니다. 이 모든 것을 컴퓨터에 넣어서 의사들이 폐쇄회로로 무슨 일이 일어나고 있는지 알게 합니다. '새로운 사회 책임'이 바로 여기에 있습니다. '새로운 사회 책임'이란 모든 것이 연결돼 있다면 내 기록도 오랫동안 남아 있을 것이라는 점을 아는 것입니다. 의료진의 능력에 대한 정보는 어디에서나 접근이 가능해집니다."

여러 주에서 시민단체들은 의사와, 그 능력을 요구하는 동시에 의료 소송에 대한 기록도 요구하고 있다. 한 가지 좋은 정보원은 『영양 행동』을 발행하는 '공익에 관한 워싱턴 과학 센터' 다.

관료 제도의 비효율성은 2004년 제정돼 2006년 시행된 '약품 혜택법'에서 극명하게 드러난다. 노인들은 십수 개의 생명보험회사들의 의료보험 제도와 자신들의 투약 치료 기록에 관한 몇몇 기록을 갖고 있는 주와 연방 관료 제도에 갇혀 있었다. 민주당과 공화당에 대규모 기부금을 내는 제약회사에 수백만 달러의 지원금을 쏟아 붓게 하는 이런 쓸데없는 법이, 왜 약품 가격이 통제불능의 고가로 상승하게 되는지를 알려 주는 예가 된다.

별로 놀랄 일은 아니지만 사람들은 비용이 덜 드는 의료 체계로 몰려가고 있다. 미국인들은 대안적 건강관리와 비타민과 건강 보충제를 구입하는 데 해마다 평균 4백억 달러를 쓴다. 몸과 마음의 복지를 위해 예방적·자연적·체계적 접근에 기반을 두고 미국 경제에서 이제 싹트는 이 새로운 부문은 모두를 위해 '건강'을 새롭게 정의하고 있다. 점차 많은 사람들이 전통적 서양 의학의 의사와 병원을 찾기보다는 대안 의학을 찾고 있다. 디팩 초프라 박사의 『늙지 않는 몸 영원한 마음』(1993)과 앤드류 윌 박사의 『자연적 치료』(1995) 같은 대안 의학 의사들이 쓴 책들이 장기 베스트셀러에 올라 있다.

2006년 2월 6일자 『뉴욕타임스』는 왜 그렇게 많은 환자들이 '의산 복합체 medical-industrial complex'를 믿지 않고, 대체 의학과 보완 의학을 선호하는지에 대해 다뤘다. 이는 주로 수세기 동안 존재했던 동종요법, 고대 인도 의학 Ayurveda, 한의학 같은 전통 치료를 바탕으로 하고 있다. 현재의 의학적 접근 법을 가장 괴롭히는 것은 과도한 전문화인데 지난 3백 년간의 학술적인 환원주의(reductionism, 복잡하고 추상적인 사상事象이나 개념을 단일 레벨의 더 기본적인 요소에서부터 설명하려는 입장이다. 옮긴이) 전통에 근거한다. 이 사상은 전체를 세분화해 그 일부를 연구함으로써 전체를 이해하려 든다. 이는 프랑스 수학자 르네 데카르트의 이름을 따서 소위 '데카르트 방식'이라 불리는데, 인간의 과학 지식의 폭발을 불러 왔다. 이제 우리는 잘게 쪼겠던 부분들을 하나의 더 큰 시각으로 합쳐서 더 체계적인 접근법을 만들고 있다. 나는 이를 '후기 데카르트 과학관'(Henderson, 1981)이라 이름 붙였다.

우리는 우리의 몸과 마음과 사고방식, 영적인 생활, 사회적·육체적 환경이 상호작용해서 우리를 건강하게도 하고 아프게도 한다는 것을 알고 있다. 많은 미국인들이 주류 서양의학 의사들보다 대체 의학 제공자를 찾고 있는데, 이는 서양의학이 자신들의 요구를 정확히 맞추지 못한다고 느끼기 때문이다. 어떤 이들은 운동에 초점을 맞추고, 커지고 있는 휘트니스 산업을 설명하기도 한다. 하나의 실용적인 움직임을 보자. 엘리베이터를 타지 않고 계단을 오르내리는 사무실 노동자들이 있다. 해마다 열리는 엠파이어 스테이트 빌딩 계단 오르기 대회에서 최근 참가자들은 86층 건물을 10분에서 20분 사이에 뛰어올라갈 정도로 훈련을 한다. 이런 달리기 대회는 이제 여러 나라에서 열리고 있다.(www.towerrunning.com)

전 로드아일랜드 의원 **클로딘 슈나이더**는 의회에서 최초로 '1988년 지구 온난화 방지 조약'을 후원하고 1990년대 환경법 제정을 이끌었다. 지금은 콜로라도에 있는 재생에너지 회사 '에코너지 인터내셔널'의 고문으로 있다. 클로딘의 개인적 이야기가 흥미롭다.

"의사들이 여러분들에게 말해 주지 않는 것들이 많이 있습니다. 그들은 우선 여러분 자신의 기분을 주시하고, 몸의 소리에 귀 기울이는 것이 얼마나 중요한지에 관심 없습니다. 의사들은 또한 여러 가지 의견을 가진다는 것이 얼마나 중요한지 강조하지 않습니다. 몇몇 의사들만 치료에는 다른 대안적인 방법이 있다는 것을 깨닫습니다.

8년 전 제가 암에 두번째 걸렸을 때는 아주 어려웠습니다. 의사는 '죄송합니다만, 우리가 할 수 있는 일이 없습니다.' 라고 말했습니다. 다행히 저는 다른 여러 얘기를 듣기 전까지 의사의 의견에 완전히 동조하지 않았습니다. 중요한 것은 제가 마음가짐을 달리 했다는 사실이고, 아직은 죽을 때가 아니라고 생각했다는 점입니다. 그래서 저는 늘 마지막이라고 생각하면서도 내가 할 수 있는 일이 무엇인지 찾는 데 꼬박 일 년을 보냈습니다.

여기저기 전화도 많이 걸어 보고, 책도 많이 읽으면서 바하마의 한 클리닉을 찾아갔습니다. 이곳은 환자의 면역 체계를 자극해서 암세포와 싸우게 하는 방법을 썼습니다. 저는 또 뉴욕의 닉 곤잘레스 박사에게 찾아갔습니다. 그는 암 치료에 대안 의학적 치료법을 사용하면서 '국가 암 인스티튜트' 에서 주요 보조금을 받는 최초의 의사였습니다. 그의 전문 분야는 췌장암인데, 췌장암은 보통 진단 받으면 3개월밖에 살지 못하는 병입니다. 그런데 그의 환자들은 3년에서 11년까지 살았습니다. 대안적인 치료를 찾을 때 사람들은 먼저 그 방법이 과학적인지부터 확인합니다. 뉴욕에서 나를 치료한 의사는 비타민과 효소, 그리고 따라야 할 식이요법을 처방했습니다. 제가 처음 암에 걸렸을 때 저는 채식주의자가 됐고, 그 뒤 25년 동안 채식주의

전 국회의원
클로딘 슈나이더

"저는 암 선고를 받은 뒤에도 아직은 죽을 때가 아니라고 생각했습니다. 환자의 기분과 몸의 소리에 귀를 기울이는 일은 다른 어떤 치료보다 중요합니다."

자로 살고 있습니다. 그런데 그 의사는 '안 돼요, 붉은 고기(소, 양 등)를 먹어야 해요!' 하고 말했습니다. 저는 '맙소사, 내가 먹어도 되는지조차 몰랐잖아!' 하고 생각했습니다. 결국 저는 붉은 고기를 먹었습니다. 제 말은, 그렇게 해서라도 살아날 수 있다면 삶은 너무도 위대하고 믿을 수 없는 선물이 된다는 것입니다."

다시 건강해진 클로딘은 의회를 통해 국가 보건 기구가 대안 의학에 대한 연구를 시작하도록 설득하는 작업을 했다. 클로딘은 다른 기관들도 그처럼 방향을 바꾸도록 했다.

"상원의 톰 하킨 의원, 하원의 버클리 베델과 함께 제가 싸워 온 것 중 하나는 '국가 암 인스티튜트'에 '대안 의학실'을 두도록 한 것입니다. 그 대안 의학실은 지금도 연구를 계속하고 있는데 특이한 치료법을 연구하고 있습니다. 그들 가운데 다수가 아주 효과적입니다. 물론 전혀 그렇지 않은 치료법도 있습니다. 흥미로운 점은 치료법이 어떤 이에게는 듣고 또 어떤 이에게는 듣지 않는다는 사실입니다. 화학요법 역시 어떤 이에게는 잘 듣고 또 다른 이에게는 잘 듣지 않습니다. 특효약은 없습니다. 우리가 생각하고 있는 것이 얼마나 잘 듣는지 정말로 예의주시해야 합니다."

짐 고든 박사는 워싱턴 D. C에서 '심신 의학 센터'를 창립했다.

"심신 의학 센터는 비영리 교육기관입니다. 이 센터에서 강조하는 것은 자각과 자기 치유입니다. 물론 우리는 치료의 모든 측면을 주시합니다. 심각한 질병에 걸린 환자의 치료부터 의학 교육까지 다룹니다. 자각과 자기 치유를 활용하도록 건강 전문가들에게 교육합니다. 그리고 전쟁 후유증에 시달리는 사람들을 돕기도 합니다.

클린턴 대통령이 저에게 백악관의 국립 보완 대체 의학 센터를 맡아 달라고 한 적이 있습니다. 사실 의학은 아주 보수적일 수밖에 없어서 모든 아이디어들은 격렬한 도전을 받습니다. 그것은 바람직한 일입니다. 의학은 우리 생명과 직결되는 아주 중요한 문제이기 때문입니다. 모든 새로운 이론과 새로운 치료는 면밀한 조사를 받아야 하는 것이 당연합니다.

우리가 대안 의학이라고 부르는 것은 갓 서른 살을 넘은 의사가 의대에서 배우지 못한 모든 것을 말합니다. 이 중 많은 치료법은 처음에는 우리에게 사실 아주 낯섭니다. 침, 명상, 약초 치료법, 식이요법 같은 것은 제가 하버드 의대에서 한 번도 들어 보지 못한 것들이었습니다. 의학 저널에서 언급하는 것도 보지 못했습니다. 그런데 저는 이런 전통에 대해 호기심이 발동했습니다. 만약 사람들이 수천 년 동안 인도와 중국에서 이런 치료법을 사용해 왔다면 그 치료법에는 뭔가 중요한 뜻이 담겨 있지 않을까 하고 생각했습니다. 그래서 저는 열린 마음으로 그것에 대해 살펴보기 시작했습니다. 몇몇 의학 기관이 이런 치료법 연구에 흥미를 보인다는 것을 알고 있었습니다. 그런데 여러 가지 생각이 일었습니다. '만약 의대나 레지던트 시절에도 배우지 않았다면, 그리고 내가 읽은 의학 저널들에서도 나오지 않은 내용이라면 아마도 중요하지 않은 것은 아닐까?' 하는 생각 말입니다. 그러나 불행하게도 이런 생각은 과학적이지도 않을 뿐더러 오만하기까지 한 생각입니다.

심신 의학 센터
짐 고든

"저는 하버드 의대에 다니는 동안 침, 명상, 약초 치료법, 식이요법 같은 것에 대해 한 번도 들어 보지 못했습니다. 하지만 곧 이런 것에 호기심이 생겼습니다."

홀륭한 연구자인 티퍼니 필드가 '미숙아 마사지'라는 아주 단순한 치료법을 선보였습니다. 이는 미숙아가 훨씬 빨리 성숙하도록 도울 뿐 아니라 합병증도 덜 생기도록 돕는 치료법입니다. 이 치료를 받은 유아들은 마사지를 받지 않은 유아들보다 평균적으로 6일이나 먼저 퇴원할 수 있었습니다. 이는 매우 세심하고, 무작위로 선별되고 통제된 연구였으며, 미숙아 치료에 1만 달러나 절약할 수 있다는 것을 보여 줬습니다.

그래서 이런 의문이 생겼습니다. 만약 이런 치료법이 아이들의 건강에 좋은 거라면, 병원으로 데려가는 것이 쉽다면, 왜 이 나라의 병원에서는 미숙아들에게, 평생 병원에 있어야 하는 아이들에게 마사지를 해 주지 않는 걸까요?"

뉴욕 이타카의 폴 글로버는 유명한 지역 화폐인 '이타카 시간'(3장 참조)을 개발한 사람이다. 폴은 이타카 지역의 건강 협동조합인 '이타카 건강 연합'을 이끌고 있다. 이 단체는 회원들에게 연간 백 달러치의 기본 건강관리를 제공한다. 이 프로그램은 지난 십 년간 성장해 왔으며 이제는 6백 명의 회원과 자격증을 가진 135명의 치료사를 두고 있다.(www.ithacahealth.org) 필라델피아에 살게 된 폴은 이곳에서 비슷한 그룹 '필라헬시아'를 조직했다. 자세한 내용은 그의 책 『건강 민주주의』에 묘사됐다.(www.healthdemocracy.org)

우리가 알고 있듯이 건강은 식이요법과 생활 습관과 관련이 있다. 그러나 건강은 또 우리가 숨 쉬는 공기, 우리가 마시는 물, 우리가 소비하는 식품의 질처럼 환경조건에도 밀접하게 관련돼 있다. 예컨대 널리 사용하는 석면은 인체에 치명적 질병을 일으켜 죽음에 이르게 한다. 석면 희생자들을 위해 천4백억 달러의 펀드가 계획됐지만 여전히 각 주끼리 경쟁하고 있다.(『비즈니스위크』, 2006년 3월 6일자) 화장지와 세탁 소재 등 비독성 가정용품을 생산하는 '7세대 컴퍼니'의 최고경영자 제프리 홀렌더는 가정의 위험 요소를 없애기로 결심했다.

"우리가 먹는 음식을 생각해 볼까요? 우리가 피부에 바르는 제품도 마찬가지입니다. 환경보호국에 따르면 가정에서 평균적으로 우리가 숨쉬는 공기는 바깥 공기보다 두 배에서 다섯 배나 오염돼 있습니다. 실내 공기의 질은 아주 중요한 문제입니다.

가정용 청소 제품에서는 냄새가 납니다. 일반적으로 그것이 향기롭든 악취이든 여러분들이 냄새를 맡는 것은 휘발성 유기 화합물(VOC)입니다. 이런 유기 화합물들이 깨끗한 제품에서 공기 중으로 나오게 됩니다. 우리는 이 물질들이 아이들의 천식을 야기한다는 것을 잘 알고 있습니다. 휘발성 유기 화합물은 알레르기를 일으키거나 폐에 다양한 형태의 자극을 줍니다.

우리는 음식과 피부에 바르는 제품, 그리고 무엇보다 중요한 숨 쉬는 공기에 대해서도 책임을 져야 합니다. 가장 효과적인 방법은 공기를 오염시키는 휘발성 유기 화합물을 내뿜지 않는 제품을 집에 가져가는 것입니다."

7세대 컴퍼니의 제품들은 건강식품 가게만이 아니라 일반 주요 소매점에서도 구입할 수 있다. 우리는 우리가 하나의 커다란 제도 안에 있다는 것을 알아야 하고 우리의 선택이 건강과 환경에 영향을 미치고, 치유 과정에도 기여한다는 것을 알아야 한다. 의사와 하이테크 기업가 래리 브릴리언트가 창립한

7세대 컴퍼니 CEO
제프리 홀렌더

"실내 공기는 우리의 건강에 굉장히 중요한 문제입니다. 가장 효과적인 방법은 휘발성 유기 화합물을 집으로 가져가지 않는 것입니다."

'세바 재단'은 개인을 치료함으로써 지역사회를 지지하고, 치료에 대해서도 세계적인 차원에서 접근하고 있다. 래리는 캘리포니아 주에 있지만 세계적으로 활동하는 세바 재단을 창립한 이유를 이렇게 말했다.

"세바 재단은 아내와 나, 그리고 천연두 프로그램에서 일해 온 친구들과 함께 만들었습니다. 우리는 세계보건기구나 대학 교수들을 위해 일하는 건강 외교관들이었습니다. 천연두를 뿌리 뽑은 뒤 우리는 그 일과 비슷한 무언가 하기를 원했습니다. 질병이 박멸되는 것을 보는 일 말입니다. 천연두는 이제까지 박멸된 유일한 병입니다. 이것은 산악인이 산을 등정한 것과 비슷합니다. 우리는 그처럼 놀라운 성취를 다시 이루고 싶었습니다. 그래서 우리는 천연두처럼 전 세계 캠페인으로 받아들여질 수 있는 다른 질병들과 조건들을 살펴보았지요. 시각 장애는 매년 새로운 경우가 나타나기 때문에 뿌리 뽑기 힘든 병이며, 아주 치명적인 고통을 안겨 줍니다. 우리는 천연두를 앓은 뒤 눈이 먼 사람들을 이미 많이 봐 왔습니다. 그것은 이중의 고통입니다.

개인으로 그런 일을 하려면 비영리 면세 기관을 제외하고는 세계보건기구나 유엔아동기금(UNICEF)처럼 꼭 필요한 일들을 할 수 있는 기관을 만드는 것이 자연스러운 일이었습니다. 우리는 25년째 이를 위해 일해 오고 있습니다. 우리는 25년 동안 같은 마을, 같은 나라에서 이런 일을 해 오고 있

세바 재단
래리 브릴리언트와 네팔의 친구들

"우리는 천연두를 뿌리 뽑은 것처럼 다른 질병도 없앨 수 있기를 바라고 있습니다. 그 덕분에 인도의 아라빈드 병원은 접안렌즈 백만 개를 생산하게 되었습니다."

습니다. 달라진 점은 이제 미국의 자원 봉사자들을 받아들이는 대신 네팔이 훈련받은 안과의사들을 수출하게 되었다는 점입니다. 이 프로그램은 경제적으로나 정서적으로나 독립적이며 눈 관리를 위해 다른 사람들을 훈련하는 데 돈을 쓰고 있습니다. 인도에서는 벤카타스와미 박사가 아라빈드 안과 병원을 설립했는데, 처음에는 자신의 집에서 침대 열다섯 개로 시작했으나 지금은 세계에서 가장 큰 안과 병원이 되었습니다. 2005년 이 병원은 30만 명의 시력 회복 수술을 했습니다. 많은 사람들에게 시력을 돌려주기 위해 그들은 자체적으로 접안렌즈를 생산하고 있습니다. 백내장막을 걷어 내고 그 렌즈를 사람들의 눈에 심습니다. 2005년 이들은 거의 백만 개의 렌즈를 생산했습니다."

프라할라드의 피라미드 방식도 고무적인 사례다. 이 책의 앞부분에서 언급했듯이 이 단체는 하루에 2달러 이하로 살아가는 20억 명의 사람들을 위해 봉사하고 있다. 연구 개발식 접근은 비용 절감에 효과적이다. 비싸고 정교한 수술 도구들을 어떻게 만드는지 배우는 것도 중요하다. 래리 브릴리언트는 이제 '구글 재단'을 이끌고 있다.

인간의 건강에 관한 또 다른 새로운 접근은 '생명 전기장 이론Bio-Electrical Fields'이다. '캘리포니아 프론티어 사이언스Frontier Science in California'의 베벌리 루빅 박사의 설명이다.

"점점 더 많은 이들이 보완 의학과 대체 의학을 받아들이고 있고, 이 분야 연구 기금도 해마다 늘어나고 있습니다. 우리는 뼈 치료를 촉진하거나 다른 용도로 사용하는 데 낮은 전기 자기장이 어떤 효과를 가져오는지를 연구합니다. 이 분야에서의 창의성은 아주 느리게 진전되고 있습니다. 자금 지원이 적기 때문이기도 하고, 다른 한편으로 미국 식품의약국의 기준을 통과할 수 있는 의료 장치를 개발하고 치료법을 인정받는 데 아주 오랜 시간이 필요하기 때문입니다. 식품의약국은 주로 약품을 취급하고, 세 단계 임상 시험과 여러 가지 안전 문제를 점검합니다. 반면 대안적 의료 장치들은 전통 과학에서 생물학적 효과가 없다고 보는, 극단적으로 낮은 수준의 에너지로 작동하기 때문에 거의 해롭지 않습니다.

우리의 핵심 이론을 입증하기 위해 3단계의 매우 힘들고 비싼 임상 시험을 통과해야 식품의약국 승인을 얻을 수 있습니다. 우리 연구가 식품의약국의 허가를 받기까지는 여러 과정을 거쳐야 하는 것입니다. 그 뒤에도 주류 의학에서 받아들여지려면 더 많은 시간이 필요합니다. 예컨대 잘 치료되지 않는 골절 부위를 자극해 치료하는 전자기 치료는 20년 전에 식품의약국에서 인정받았습니다만 사실상 의학계에서는 별로 널리 사용되지 않고 있습니다.”

이 분야는 『교차 전류』(1990)와 다른 책을 쓴 로버트 베커의 선진 연구에 기반하고 있다. 이 연구는 통증 완화를 위해 미세 전류 자극을 이용한다는 것이다.

앞에서 우리는 미국 보건 관리 체계에서 많은 것이 바뀌어야 하고, 또한 관리 체계가 실제로 바뀌고 있다는 것을 확인했다. 이제까지의 접근 방식을 완전히 바꿀 때가 무르익은 것처럼 보인다. 예컨대 『유에스 뉴스 앤 월드 리포트』(2005년 1월 31~2월 7일)의 커버 스토리는 「의사가 필요한 사람은 누구인가?」 하고 절규했다. 기사는 앞으로 우리들의 미래는 의학박사에게 달려 있지 않을 것이며, 지금보다 사람들이 더 건강해질 것이라고 전망했다. 2005년 하버드의 한 보고서는 미국의 개인 파산 원인 가운데 절반이 의료비 때문이라고 밝혔다. 이 장에서 다룬 새로운 치료 제공자들이 점점 주류가 되어 가고 있는 것이다.

- 중년 부인들이 분만을 돕고, 민간 분만 센터들이 여기저기 번창하고 있다.

- 평화롭게 죽기를 바라는 사람들을 돌보는 호스피스도 대안 의학으로 받아들여지고 있다.

- 저임금에 시달리는 간호사들은 더욱더 큰 책임을 맡고 있으며 병원에서 더 큰 역할을 해내고 있다. 2005년 12월 12일자 『뉴스위크』는 전국적으로 간호사 부족 현상을 다뤘다.

- 간호사들은 의사들이 수행하던 많은 의료 행위를 제공하고 있으며 지금보다 50만 명 이상이 더 필요하다.

2005년의 사회 안전 논쟁은 예산 위기를 덮어 버렸다. 노인의료보험제도 트러스트 펀드는 약품 혜택 비용이 너무 커서 2019년이면 바닥을 드러낼 예정이다. 2004년 약품 혜택법은 정부의 거대한 구매력과 캐나다의 아웃소싱을 통해 약품 가격을 낮추는 것을 막고 있다. 만약 이런 경향이 지속된다면 미국 기업들은 단일 의료보험 체계를 요구하는 그룹에 가입할 것이다. 잘못된 처방 비용도 줄어들 수 있을까? 물론이다. 대부분의 의료 소송을 초래하는 몇몇 의사들을 위해 보험률을 높이고, 많은 병원들이 더 많은 의사들을 선발하고 있다.

미국 국내총생산의 16퍼센트나 되는 의료보험 비용이 여전히 오르고 있어, 비용이 적게 들고 덜 공격적이며 덜 위험한 의료 방식이 확산되고 있다. 이런 새로운 산업들과 대안 치료 제공자들은 예방과 운동, 건강한 생활 습관을 강조하며 미국 경제에서 수십억 달러를 차지하는 부문으로 성장하고 있다. 이 분야가 미국 시민들 사이에서뿐 아니라 정치인들의 정치적 아젠다에서 주요 문제로 다뤄지는 게 놀랄 만한 일은 아니다. 미국 기업들도 활발하게 참여하고 있다. 2006년 10월 16일자 『포춘』지는 18쪽짜리 부록을 펴냈는데, 비용 절감 조치로서 피고용인들을 위한 복지 프로그램들을 다뤘다. 그러나 제도상의 낭비와 미국 보건 체계의 불평등성을 없애기 위해 더욱 근본적인 처방이 필요할 것이다.

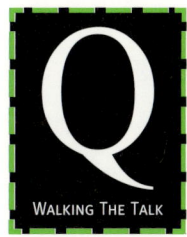

말한 대로 행동하기 12

베스 이스라엘 병원의 대체 의학 실험

폴 프리언들리치, 심런 세티, 바바라 글릭스타인

심런이 뉴욕의 베스 이스라엘 병원의 '건강과 치유 센터'의 바바라 글릭스타인 박사와 이해관계 분석가이자 공정무역 재단 대표인 폴 프리언들리치를 초빙했다. 미국에서 가장 포괄적인 통합 의학 센터에 대해서 알아보기 위해서였다. '윤리적 시장' 연구 자문위원이자 환경 친화적인 제품에 붙이는 '그린 실'의 창립자인 리나 셜스키도 베스 이스라일 센터를 도와 시설물에 비독성 가구와 재료를 쓸 수 있었다고 말했다.

바바라 글릭스타인: 의학에 대한 총체적 접근은 대중 요법이나 주류 의학을 최대한 이용하는 접근법입니다. 우리는 인도의 전통 의학인 아유르베다나 전통 사회의 고유한 치료 행위, 심신 의학, 동아시아 의학 등 아주 폭넓은 고대 치료 전통을 살펴보고 있습니다. 우리는 여러 가지 증거를 바탕으로 이런 치료법들의 장점을 살펴봅니다. 그리고 우리는 사람들이 찾아오면 건강해질 수 있도록 의학적 판단을 돕고, 건강관리를 잘할 수 있는 길을 안내합니다.

프리언들리치: 그 말은 베스 이스라엘 병원이 대안 치료법을 지지하는 것이 지나치게 모험적이라고 판단하고 있다는 얘기 같은데요?

바바라: 전통적으로 베스 이스라엘 병원은 여러 면에서 늘 앞서 왔습니다. 우리 병원은 전 세계에서 우리 치료법을 보기 위해 사람들이 몰려들 만큼 다양한 시도를 하고 있습니다. 물론 우리 병원에서 일하는 사람들 또한 전 세계에서 온 사람들이지요. 그래서 사실상 이곳에는 이처럼 고유한 치료 행위를 대표하는 사람들도 있습니다. 이것이 그들의 주요 치료 의학이니까요. 우리는 모두 자격증이 있으며, 노련한 의료 행위를 합니다. 잘 훈련된 사람들이고 자기 분야에서 경험이 아주 많지요.

심런 세티: 그렇다면 환자들이 새로운 종류의 진단과 치료에 돈을 쓰듯이 의사들도 비용을 지불하고 있다는 말인가요?

바바라: 통합 의학에서 가장 큰 문화적 변화가 무엇인지 묻는 것이라면, 이러한 변화는 자신의 건강을 위해 우리 병원에 입원하기로 결심한 사람들에게 요구하는 것입니다. 우리는 그것이 환자를 만족시키는 데 가장 중요한 것이라고 생각합니다. 건강하지 않다고 해서 식단을 완전히 바꿀 수는 없는 일이고, 운동을 시작하거나 움직이는 것도 불가능하다는 이야기입니다. 우리가 제공하는 의료 서비스 가운데 어

떤 것은 보험이 적용되지 않습니다. 바꿔야 할 일입니다. 만약 자신들이 감당할 수 있는 범위 안에서 치료를 필요로 한다면 그것도 그들의 건강의 일부가 됩니다.

프리언들리치: 직원들이 앉아서 개인들을 살펴보고 일이 어떻게 진행돼 가는지를 볼 시간이 있는지 궁금합니다. 기존 의학과 대안적 방법을 통틀어 환자와 질병에 대해 무엇이 가장 좋은 방법입니까?

바바라: 통합 의학의 특별 연구원 프로그램이 있습니다. 매주 사례 분석을 하는데 모든 직원들이 함께 모이고, 특별 연구원이 발표를 하고 최선의 치료법에 대한 토론이 이어집니다. 모든 환자들에게 매일 그런 치료를 할 수 있다면 그것은 이상적인 일이며, 여러분과 제가 살고 싶어하는 세상이 될 겁니다. 그러나 재정적으로는 그것이 불가능합니다. 토론 내용은 사람들도 들을 수 있습니다. '심신 의학 센터'에서 온 임상심리학자든, '이런 의문을 가져 봤나요?' 하고 말하는 훌륭한 분석가든 상관없습니다. 어떤 동아시아 한의사가 혀를 관찰하고 맥박을 짚는 법을 가르쳐 주겠다고 하면 이 치료법이 제대로 듣는지 안 듣는지 누군가 들어와서 확인하게 됩니다. 토론회의 대화는 풍부하며 실제 의료 행위에서도 그것이 드러납니다.

프리언들리치: 대안 치료가 베스 이스라엘 병원에서도 주류 치료 행위로 쓰이고 있습니까?

바바라: 우리는 매달 병례 검토회Grand Rounds를 갖는데, 여기에는 병원 내부의 전 직원과 관련 조직 사람들이 초청받습니다. 우리 병원에는 정기적으로 진찰 후 다른 적당한 병원으로 보내는 역할을 하는 과가 있습니다. 만성 질병에 시달리는 환자의 경우 종종 다른 곳으로 이송해야 하는 수가 있습니다. 그런 과의 의사들은 즉시 그 순간을 알며 그것이 그들이 할 수 있는 전부라는 것도 잘 압니다. 그들은 자신들이

구입할 수 있는 약으로는 최선을 다했다고 생각합니다. 심지어 그들이 사용하는 선구적인 약이 만성 질병에는 듣지 않기도 합니다.

프리언들리치: 당신 병원의 건강관리가 더 효과적이라는 증거가 있나요?

바바라: 이 건강관리 시스템에는 하나의 모델이 있다는 걸 말씀드리고 싶군요. 통합 의학 치료보다 돈이 덜 들어 효율적이라는 얘기도요. 물론 아주 어려운 질문이라는 것을 잘 압니다. 제가 말씀드릴 수 있는 것은 더 많은 사람들이 책임을 지면 더 좋은 결과가 생긴다는 것입니다. 도덕적 관점이나 고발 차원의 책임을 말하는 것은 아닙니다.

병이 나면 우리는 어느 정도 기존 의료 체계에 의존적인 성향을 보입니다. 이런 접근법은 치료를 원하는 사람들과 건강관리에 대한 정책을 개발하고 전파해 온 사람들이 같이 만든 것입니다. 저는 우리가 건강하지 못한 조건들을 개선하는 방법들을 찾을 필요가 있다고 생각합니다. 환경과 스트레스, 사람들이 일하는 곳, 탁아소, 가족과 노인들을 보살피는 것과 관련한 휴식 공간 말입니다. 이런 접근법은 건강관리를 매우 특별하고 아주 효과적인 모델로 만들 것이라고 생각합니다.

13 사회 책임 투자의 미래

1장, 2장, 9장에서 미국의 사회 책임 투자(Socially Responsible Investing, SRI)의 초기 개척자들을 소개했다. 사회 책임 투자의 3대 기둥은 1) 사회적 · 환경적 · 윤리적 회계 감사 2) 지역공동체 투자 3) 주주 행동주의다. 네 번째 기둥은 사회적 책임 벤처 자본으로, 지속 가능성으로 전환할 필요가 있는 기업들을 돕는 데 아주 중요하다. 사회 책임 투자에서 미국의 전체 투자액은 2조 3천억 달러이며, 이런 운동은 캐나다와 유럽에서 인기가 있다. 사회 책임 투자는 이제 호주, 뉴질랜드, 일본, 중국, 브라질로 퍼져 나가고 있다. 주의 깊게 사회적 · 환경적 · 윤리적 회계 감사를 선택하기로 한 회사들은 스탠더드 앤 푸어스 500(기업의 시장 가치에 따라 가중치를 두는 시가 총액식 산출 방법. 옮긴이), 브라질 증권거래소(BOVESPA), 그리고 다른 많은 지수들에 포함되는 기업들보다 성적이 좋았다. 즉 좋은 일을 하고 돈도 더 벌 수 있다는 것을 보여 주었다.

2006년 4월 27일 2조 달러어치의 자산을 운용하는, 16개 나라에서 온 20개 이상의 연금 펀드 대표들과 코피 아난 당시 유엔 사무총장이 뉴욕 증권거래소에서 중요하고도 역사적인 발표를 했다. 유엔 사회 책임 투자의 원칙(Principles for Responsible Investment, 금융기관들이 투자 여부를 결정할 때 대상이 되는 기업의 환경, 사회, 기업 지배 구조 이슈를 적극 고려해야 한다는 내용. 옮긴이)에 서명한 것이다. 몇 주 안에 새로운 서명자들이 나타나 자산 규모가 5조 달러로 늘어났다. 사회 책임 투자 분야에서 오랫동안 리더 역할을 해 온 드니즈 네이피어 코네티컷 주 재무장관의 말이다.

"우리는 사회 책임 투자 원칙에 서명한 것을 매우 자랑스럽게 생각합니다. 이는 사회적·환경적 이슈가 한 기업의 금융 시각과 그 회사의 주식 가치에도 중요하다는 것을 인정한 것입니다." (www.unpri.org, www.unepfi.org 참조)

이 책에서, 그리고 같은 내용의 텔레비전 시리즈에서 우리는 21세기에 훌륭한 기업 시민 정신을 위해 높은 기준과 벤치마킹을 만들어 내는 많은 기업과 최고경영자들을 다뤘다. 더 윤리적인 시장을 향한 이런 운동의 미래는 밝다.

우리는 브라질에서 '윤리적 시장 텔레비전Mercado Etico TV'을 출범했다. 자본주의의 이런 진보를 위한 주동력은 시민사회의 감시 그룹과 깨어 있는 소비자, 고용인과 시민들이다. 이 동력은 사회 책임 투자자들이 쥐고 있는 금융의 힘으로 커 가고 있다. 우리는 자본 시장에서 어떻게 이런 새 힘이 기업들을 더 높은 사회적·환경적·윤리적 실천으로 이끌어 가는지, 그리고 주주뿐 아니라 이해관계자 모두에게 헌신하는 새로운 종류의 기업을 어떻게 육성하는지

 사회 책임 투자 원칙 출범식

"자본주의가 진보하는 주된 힘은 시민사회 감시 그룹과 깨어 있는 소비자, 시민들이다. 지금보다 더 윤리적인 시장을 향한 운동의 미래는 밝다."

배웠다. 우리가 언급한 많은 새로운 지수 가운데 자신의 건강뿐 아니라 사회적 건강도 중시하는 로하스(Lifestyles of Health and Sustainability, LOHAS) 기업을 대상으로 하는 '로하스 지수'가 있다.(www.Lohas.com)

2006년에는 벤처 자본이 전에 없이 깨끗한 기술과 친환경 신생 기업들로 몰려가기 시작했다. 토론토와 미시간 주 브라이튼에 있는 '클린테크 자본 그룹' 창업자이자 대표인 닉 파커는 이런 벤처 자본을 수십 년 동안 이끌어 왔다. 2006년 3월 로스엔젤레스에서 열린 클린테크의 정기 벤처 포럼은 5백 명 이상의 벤처 투자자들을 끌어모았다. 여기에는 에이오엘(AOL), 아마존, 콤팩, 선 마이크로시스템, 구글 같은 기업에 수십억 달러를 투자하고 있는 비노드 코슬라도 포함됐다. 상하이에 있는 '선텍 파워 홀딩스 컴퍼니'의 젱롱 시 박사도 사회 책임 투자 벤처 포럼을 위한 클린테크의 행사에 참가했다. 선택 파워 홀딩스는 2005년 55억 달러로 전 세계 최고 주식 공모(IPO) 기록을 세웠으며, 중국 최대 태양에너지 공급자이기도 하다. 선 마이크로시스템의 공동 창업자인 빌 조이는 또 다른 개종자이며, 클라이네 퍼킨스 클로드필드와 바이에르의 파트너다. 이곳은 '그린테크 이노베이션 네트워크'를 모방한 최고 벤처 회사다.

비노드 코슬라는 현재 친환경 기술에 전력하고 있으며 할리우드 제작자인

클린테크 자본 그룹 창업자
닉 파커

"깨끗한 기술과 친환경 기업들에게 벤처 자본을 투자해야 한다. 클린테크 자본 그룹의 정기 벤처 포럼에는 5백 명 이상의 투자자들이 몰려온다."

스티븐 빙과 함께 '청정에너지를 위한 캘리포니아 사람들' 이라는 캠페인을 통해 석유 에너지를 후진적인 것으로 만들고 있다. 인도 과학 기술 연구소의 엔지니어인 코슬라는 옥수수 같은 식용작물로 만든 자동차 연료보다는 섬유소에서 추출한 에탄올을 좋아한다. 이것이 브라질을 에너지 자립 국가로 만드는 데 도움이 되었다. 많은 환경주의자들은 모든 자동차를 다중 연료 사용이 가능한 브라질의 유연 연료 자동차(FFVs)와 같이 만들어야 한다고 주장한다. 대표적인 이가 세계적인 환경 기관인 월드워치 연구소(Worldwatch Institute, 1975년부터 2002년까지 내가 이사로 있었던 곳이다.) 창립자인 레스터 브라운이다. 일반 자동차를 유연 연료 자동차로 전환시키는 데는 약 백 달러가 들고, 수소를 연료로 하는 자동차로도 바꿀 수 있다고 한다. 이미 수소 연료를 사용하고 있는 도요타와 혼다의 하이브리드 기술을 섞을 경우에 말이다. 미국이 수입 석유의 절반을 교통수단에 쓰고 있기 때문에 코슬라는 이 영역이 반드시 새로워져야 한다고 주장한다. 석유 회사들은 유가 하락을 통해 바이오 연료를 고사시키려고 위협하고 있다. 석유 회사는 오염과 재난에 대해 세금을 내기는커녕 27퍼센트의 석유 고갈 할인금을 받고 있다. 인플레이션을 감안할 경우 1배럴에 50달러에서 70달러일 때조차 미국에서의 유가는 석유수출국기구가 1973년에 그 값을 네 배로 올렸을 때보다 더 싸다. 이 값은 미국과 유럽의 석유 값 절반이다. '청정에너지를 위한 캘리포니아 사람들' 은 캘리포니아 사람들에게 유가가 떨어질 때 연간 3천8백억 달러까지 석유 생산에 대한 세금을 높여 달라고 요구하고 있다. 이는 청정에너지에 대한 투자를 늘리고 이런 에너지를 보호하도록 하기 위해서다.

마크 도나휴는 청정 기술과 벤처 투자에 관심 많은 회사인 '익스팬션 캐피털 파트너' 의 주요 파트너다. 도나휴는 동료들에게 재정적 이익이라는 기존 벤처 자본의 목표와 기업 공개를 통해 주식을 상장하는 탈출 전략을 넘어서기를 촉구하고 있다. 마크는 지구의 건강 그 자체가 목표가 되어야 하고, 자신의 기업처럼 3대 축 회계가 청정 기술 투자의 기준이 돼야 한다고 경고했다. 종종 그처럼 매우 윤리적인 기업이 공개되면 성장 제일주의 애널리스트들의 먹잇감이 된다. 이는 애널리스트들을 기쁘게 하기 위해 회계를 날조하는 기업 최고경영자들이 넘쳐나게 만든다. 마크는 '윤리적 시장' 연구 자문위원으로 일하고 있다.

지속 가능한 개발을 위한 많은 기술들이 수세기 동안 활동을 준비해 왔다. 태양열, 풍력, 조력, 바이오매스 에너지, 생태 효율, 재활용, 개선된 충전법, 연료전지, 수소 관련 기술들이 바로 그런 예다. 그러나 화석연료 시대 기업들의 이기주의는 결국은 자신들을 살려 줄 대안 에너지 개발 기술에 투자를 꺼렸고, 기업들을 분산시켰다. 그래서 석탄, 석유, 가스, 핵 에너지 사업자들에 대한 정부 보조금 철회와 더불어 벤처와 엔젤angel 투자자(기술은 있으나 자금이 부족한 기업에 투자하는 투자 그룹. 옮긴이)들이 필요하다. 디자인 혁명은 경제 모델과 확대되는 인프라, 석유 의존적인 교통, 농업, 화학, 건설, 그리고 낭비적인 건축을 쇄신하기 위해 필요하다. 자연히 그런 체계 변화는 장시간을 필요로 하며 언론도 그동안 이에 주목하지 못했다. 벤처 자본은 산업 시대에 급속한 기술 혁신을 낳아 왔기 때문에 늘 미국 경제에서 독특한 역할을 해 왔다. 벤처 자본은 1990년대 닷컴 기업에 성장 연료를 제공해 왔으며, 2000년 거품이 꺼졌을 때 투자자들은 수조 달러의 돈을 잃었다. 쇠약해지고 상처 입은 환부를 추스린 벤처 투자자들은 지속 가능한 사회에 필요한 대안 기술을 더 간절히 찾게 되었다.

재생에너지에 투자하는 벤처 펀드 '아레트 코퍼레이션'의 로버트 쇼 사장은 대안 에너지 분야를 찾고 지원하는 리더 역할을 해 왔다.

"아레트는 벤처 자본 펀드 매니저입니다. 우리는 전력을 제공하기 위해 노

아레트 코퍼레이션 CEO
로버트 쇼

"우리 일은 다른 사람의 돈을 다른 기업에 투자하는 벤처 자본가들과 같지만 우리는 '작은 것이 아름답다'는 생각을 믿고 일합니다. 장벽을 뒤흔드는 것이지요."

력하는 여러 지속 가능 기술과 작은 규모의 기술에 투자하고 있습니다. 그것도 환경 친화적으로, 지역적으로 하려고 하고 있습니다. 우리는 '작은 것이 아름답다'(1973년, 슈마허가 쓴 책의 제목이다.)는 아이디어를 좋아합니다. 만약 그 아이디어가 당신에게 친밀하고 당신이 그것을 어떻게 통제하고 어떻게 실천할 수 있는지 안다면, 훨씬 기분도 좋고 더욱더 그 생각을 잘 통제할 수 있을 겁니다. 우리가 하고 있는 것이 바로 그것입니다.

우리도 다른 벤처 자본가들처럼 투자하지만, 다른 점이 있다면 바로 이런 생각의 차이일 겁니다. 벤처 자본가들은 다른 사람의 돈을 갖고, 다른 기업에 투자합니다. 벤처 매너저들과 다른 사람들, 그리고 우리 자신을 위해 돈을 벌려고 하는 거죠. 우리는 일종의 게임을 하고 있는 것입니다. 그래서 우리는 좀 더 잘하려고 노력합니다. 이 일은 매번 장벽을 뒤흔들고 우리가 투자하는 기업들이 잘 굴러가지 않을 때가 많기 때문에 이 분야는 사실 아주 위험도가 높은 곳입니다. 그러나 개중에는 일을 하주 잘하는 이들도 있습니다. 그러면 그것이 곧 투자자들과 그 일을 하는 이들의 이익이 되는 것이지요. 어떻게 말하면 아주 흥미로운 사업입니다.

이 일은 미국 재무성 채권에 투자하는 것도 아니고 주식에 투자하는 것도 아닙니다. 거기에는 많은 실패가 따르기도 하거든요. 일이 제대로 굴러

가면 정말로 흥분하게 됩니다. 우리는 아주 아름답고 훌륭한 기업들을 만들어 왔습니다. 에버그린 태양 코퍼레이션, 에너지 분배 시스템 코퍼레이션 같은 기업들이 대표적이지요. 좀 더 꼽는다면 연료전지 사업에 열정을 쏟아 붓고 있는 아메리칸 반도체, 발라드 파워 컴퍼니 등이 있습니다. 셀 테크 파워는 아주 새로운 고형 산화물 연료전지 시스템을 만든 회사입니다. 이런 기업들은 대안 에너지 개발에도 도움을 주면서 투자자들에게 돈도 벌게 해 주었습니다. 물론 투자 담당자도 일을 즐기면서 말입니다.

전 세계에 이 분야에서 일하고 있는 기업들이 많습니다. 지속 가능한 분야의 경쟁에서 미국만 외롭게 혼자 있는 것은 아닙니다. 유럽과 일본, 이제는 중국까지 이런 종류의 시스템에 투자해서 돈을 벌고 있습니다. 중국 시장은 단일 시장으로는 가장 매력적인 시장입니다. 중국 시장이 엄청난 규모로 커지고 있기 때문이지요. 성장하는 중국의 경제를 뒷받침하기 위해 필요한 전력량은 어느 곳과도 비교할 수 없습니다. 중국은 지구를 오염시키지 않는 방식으로 경제 성장을 이루고 싶어합니다. 독일과 프랑스, 영국, 일본, 스칸디나비아 회사들은 지속 가능한 기술들에 열정적으로 투자하고 있습니다. 이것은 마치 경마 같은 느낌이 듭니다. 이 시점에서 어느 나라가 승리할 것이라고 말할 수는 없습니다. 이 게임에서는 모두가 중요합니다. 우리가 하려는 일이 바로 지구를 구하는 것이기 때문입니다."

몇 년 전만 해도 이런 정서는 월스트리트 같은 금융가에서는 전혀 들을 수 없는 소리였다. 그리고 히피나 과격 환경운동가들만 꿈꾸는 생각으로 무시됐다. 이제는 더 이상 그렇지 않다. 투자자들의 수많은 행동이 한 곳으로 몰려가기 시작했다. 닉 파커는 이런 집중이 지나친 것일 수도 있다고 우려한다. 그는 청정 기술에서 새로운 거품 현상이 생기기를 원치 않는다. 최근에야 행동주의 과학자들이 경제학자들에게 의문을 품도록 강요했다. 즉 투자자들은 이성적이어야 하고 주식이나 상품의 가격을 정할 때 유용한 모든 정보를 고려해야 한다는 생각에 대해서 말이다. 오늘날 행동주의자들이 갖고 있는 이런 믿음이 폭발하면서 경제 모델의 기본 교리를 약화시키고 있다. 그러나 수학과 컴퓨터 프로그램은 좋아하고 있다. 이것은 내가 「지속 가능성을 향한 21세기 전략」(2006년 2월, 영국 케임브리지, 『포사이트』)이라는 글에서 묘사했던 내용이다.(www.hazelhenderson.com에서 다운로드 받을 수 있다.)

경제학자들과 월스트리트의 분석가들, 그리고 경제 분야 언론들은 20여 년 동안 지속 가능한 경제와 사회 책임 투자의 트렌드를 무시해 왔다. 이제 사회 책임 투자 분야는 도약점에 이르렀다. 그리고 투자 회수율도 좋아졌다. 1980년대만 해도 사회 책임 투자 자산은 4백억 달러에 불과했다. 이 자산은 대부분 주류 종교 단체와 자선 재단이 소유하고 있었는데, 그 가치는 늘 기본을 넘어섰다. 사회 투자 포럼은 오늘날 가치를 중시하는 투자자들이 모든 투자의 11퍼센트를 상회한다고 보고했다. 세계의 사회 책임 투자 운동은 엄격한 조사에 근거하고 있으며, 기업들이 고용 정책, 인권, 소비자 보호, 환경 주인의식 등을 포함해 사회적·환경적·윤리적 실천을 하고 있는지 심사하고 있다. 마치 우리가 〈윤리적 시장〉 텔레비전 프로그램에서 했던 것과 같다. 회계 전문 회사 '이노베스트 전략 가치 자문'은 이처럼 폭넓은 기업 실천을 연구하고 있다. 이 회사는 뮤추얼 펀드, 은행, 연금 펀드, 기부 재단 등 고객들이 브랜드 가치나 주가에 손상을 입힐 수 있는 잠재적 환경, 혹은 평판의 위험 요소가 될 수 있는 기업의 나쁜 행동들을 경계할 수 있도록 자신들의 기업 회계를 책으로 발행하고 있다. 이런 윤리적 회계 기업(이제 뜨는 산업이 되었다.)들은 기존 주식 애널리스트들처럼 "사라, 팔아라, 갖고 있어라!" 같은 충고들을 하고 있다. 세계에서 가장 새로운 슈퍼파워라고 할 수 있는 '일반 여론public opinion'도 상식을 벗어나지 않는다. 또한 근시안적이고 반사회적 행동으로 기업의 명성이나 주가가 얼마나 쉽게 손상될 수 있는지 알려 주고 있다.

미국에서 가장 큰 사회 책임 투자 회사인 캘버트 그룹의 창립자이자 대표인 웨인 실비는 이런 가치 투자가 사업을 어떻게 더 위대한 기업 사회 책임으로 몰고 가는지 묘사했다. 웨인은 캘버트 그룹의 초기를 이렇게 기억했다.

"돈을 투자하는 것은 우리가 창조하기를 원하는 세상에 투표하는 것과 같습니다. 투자는 우리의 가치를 표현하고 있습니다. 우리 사회는 다양한 차원의 가치를 믿고 있는 기업을 원하고 있습니까? 아니면 나라를 발전시키기 위해서라면 어떤 윤리적 책임 의식에도 관심이 없는 기업을 원합니까? 책임은 누구에게 있습니까? 투자자로서 여러분들이 말할 권리가 있다면 그 말을 실천할 책임 또한 있는 것입니다. 이 운동은 우리가 우리 가치를 표현하기 위해 함께 참가한다는 것 자체에 의의가 있습니다. 그리고 돈이 바로 우리가 원하는 세상을 만든다는 것을 확신합니다. 이런 변화 안에 가치들을 포함하고 있습니다."

'캘버트 사회 책임 투자' 는 1982년에 수백만 달러로 출발했으나 지금은 백억 달러로 성장했다.(나는 이 회사의 고문위원으로 1982년부터 2005년까지 근무했다.) 웨인은 또 이렇게 덧붙였다.

"내가 가장 자랑스럽게 생각하는 것은 우리가 캘버트 사에서 리더십을 제공했다는 사실입니다. 우리 자신에 대한 리더십이 아니라, 함께 일하는 사람들에 대한 것이며 우리는 수많은 창의적 활동을 해 왔습니다. 물론 초기였기 때문에 우리에겐 기회가 있었고, 그런 활동을 펴는 데 필요한 돈과 자원을 갖고 있었습니다. 혹시 아이들을 기르고 있습니까? 손자손녀들이 있습니까? 미래 세대는 지금 우리가 행한 것들의 결과물을 유산으로 물려받게 됩니다. 미래 세대에게는 숨 쉴 수 있는 신선한 공기가 필요합니다. 우리가 그러했듯이 살 만한 기후를 가진 지구가 필요합니다. 대부분의 종교와 대부분의 예의범절이 적어도 쓰레기를 치우는 행위처럼, 이 지구를 나쁜 장소로 내버려두지 말라는 기본 원칙을 가르치고 있다고 생각합니다."

웨인의 벤처 투자(이것은 그의 캘버트 뮤추얼 펀드에서의 리더십을 넘어서는 일이다.)는 지속 가능한 영역에서 자라나는 많은 신생 기업을 도왔다. 웨인은 '사회적 벤처 네트워크'를 공동으로 창립했으며, 캐피털 미션 컴퍼니(7장 참조)의 수전 데이비스가 창립한 '투자자 서클'과 다른 사회 벤처 그룹들에서 활동하고 있다.

『새로운 글로벌 투자자들』(1998)의 작가이자 레이건 행정부에서 연금 펀드 운용에 책임을 맡았던 로버트 몽스는 이 분야의 또 다른 개척자다.

"제 생각에 사회 책임 투자는 기업에 투자하고 그 기업을 변화시키는 것입니다. 사회 책임 투자자는 사회에 해가 되는 행동을 하는 경영진에게 '이봐, 이건 내 기업이야. 제발 그만둬. 나는 당신이 이 사회에 유익한 방식으로 일하기를 원해.' 하고 말하는 사람입니다. 저에게는 그것이야말로 사회 책임 투자입니다. 우리는 지난 2세기 동안 부를 창출하기 위해 수많은 방법들을 실험해 왔습니다. 그것은 사람들이 제한된 책임을 갖고 돈에 투자하는 능력의 조합, 특별한 기술과 관리 능력을 가진 사람들을 고용하는 능력, 언제든 주식을 팔아서 전에는 경험하지 못한 정도로 돈을 벌 수 있는 틀을

『새로운 글로벌 투자자들』의 저자
로버트 몽스

"사회에 해를 끼치는 경영자에게 '안 돼! 이건 내 기업이야!' 하고 말할 수 있는 것, 그게 바로 '사회 책임 투자'의 핵심이라고 저는 생각합니다."

만들 수 있도록 다각화하는 소유주의 능력 들이었습니다."

웨인 실비나 닉 파커처럼 밥도 '윤리적 시장'의 연구 자문위원이다. 밥은 영국 기업인 '트루코스트'의 으뜸 투자자다. 트루코스트는 기업 대차대조표에서 납세자들과 미래 세대, 그리고 환경에 전가되는 생산의 사회적·환경적 비용을 계산하는 기업이다. 성공적인 네덜란드 컴퓨터 시스템 통합회사인 비에스오 오리진은 에카트 윈첸이 창립했는데, 1990년 연례 보고서에서 이런 외부 비용을 받아들인 최초의 기업이었다. 물 낭비 비용과 이산화탄소 방출, 기후변화에 대한 화석연료의 영향 등을 언급하면서 에카트는 세금을 수익과 급여에서 오염과 쓰레기, 자원 채취에 대한 것으로 전환할 것을 요구했다. 유럽의 부가가치세 대신에 '추출가치세(Value-Extracted Taxes, VET. 환경에 영향을 주는 것을 근거로 산정한 세금. 옮긴이)'로 전환하자는 것이었다. 지금은 친환경 벤처 자본가가 된 에카트는 여전히 '윤리적 시장'의 자문을 맡고 있다.

미국 위스콘신 주 엘크혼에 있는 '캐피털 미션 컴퍼니'의 수전 데이비스(7장 참조)는 평생 사회적 투자자였다. 수전은 또 자본 시장이 사회에 관심을 가지도록 모든 종류의 기업 마인드를 촉진하는 '선교사'다. 시카고에 있는 '해리스 트러스트'의 부사장이기도 한 그녀는 2백 명의 위원을 조직하기도 했다. 즉 최고의 자기 자본을 가진 2백 명의 리더와 기업가들을 한데 모은 것이다. 수전이 창립한 '투자자 서클'은 기업 금융 지원을 통해 지속 가능한 세상을 만드는 일을 하고 있다.

"실제로 사회 책임 투자 산업은 번창하고 있고 그 경쟁자들을 앞질러 왔습니다. 캐피털 미션(www.capitalmissions.com)에서 행한 3대 축(TBL, 경제, 사회, 환경으로 구분되는 지속 가능 경영의 3대 축Triple Bottom Line을 일컫는다. 옮긴이) 시뮬레이션을 예로 들어 보겠습니다. 이 웹사이트에서는 미국의 주요 투자자들이 1억 달러어치 주식 모두를 사회적 투자에 몰아넣고 있습니다. 이런 투자는 다른 방식의 투자 수익을 훨씬 뛰어넘고 있습니다. 이 모든 정보가 무료로 제공됩니다. 이 정보는 벤처 자본을 포함해 보통주와 국제주, 확정된 수익, 현금, 대안 투자 등에서 자산가들의 투자 결과를 보여 줍니다. 여러분들은 이 3대 축 시뮬레이션에 있는 31개 투자 상품 이상의 십 년 실적을 추적할 수 있습니다. 또 시뮬레이션을 한 회계 담당자가 그들 자신의 포트폴리오를 위해 이용했던 자산 할당 전략도 볼 수 있습니다. 누구나 사용할 수 있고 사회 투자 방식을 흥미롭게 배울 수 있는 모델입니다."

수전 데이비스는 또한 더 많은 자금 조달도 가능하다는 것을 발견했다.

"더 큰 수익을 찾고 있는 장기 투자자들은 태양에너지 쪽으로 뛰어가고 있습니다. 유럽에서는 부유층의 새로운 펀드들도 많이 나와 있습니다. 물론 이런 현상은 미국도 마찬가지입니다. 실리콘 밸리 투자자들은 인터넷을 통해 엄청난 돈을 모았습니다. 그들 중 다수는 사회적 양심을 갖고 있습니다. 그들은 세계에 영향을 줄 수 있는 뭔가를 하고 싶어하고 있고 재생에너지가 그 기회라는 걸 알고 있습니다. 최근에 주요 재생에너지 벤처 자본 펀드의 수장이 샌프란시스코의 기업인 클럽에서 연설을 했습니다. 그곳은 서서 연설을 듣는 방이었는데도 관심 있는 수많은 사람들이 몰려들었습니다."

수전은 자신의 태양에너지 서클 투자자들과 티핑 포인트 네트워크를 통해 지속 가능성에서 좋은 성적을 거두고 있다. 우리가 배웠듯이 사회 책임 투자는 리스크 관리에 좋다. 소비자 트러스트와 주식 시장이 기업 스캔들로 흔들린 이래 투자자들은 윤리적 기준뿐 아니라 안전한 수익을 찾는 사회 책임 투자 뮤추얼 펀드로 갈아타기 시작했다. 글로벌 스탠더드와 더 높은 투명성이 21세기 시장을 긴급한 인류의 수요와 지속 가능한 인간 개발의 새로운 목표로 나아가게 할 때까지 기업 스캔들은 앞으로도 계속될 것이다. 나와 유엔 인간 개발지수 개척자인 잉게 카울, 그리고 전 주駐 나토 미국대사 할런 클리블런

드가 공동 편집한 『유엔: 정책과 금융 대안』(1995, 1996)에서 세계의 기준을 만드는 유엔의 역할에 초점을 맞췄다. 유엔은 인권, 작업장 기준, 환경보호, 건강, 교육, 가난 축소, 유아와 난민 보호 등 세계 모든 사람들을 보호하는 다차원의 협력 구조에 대한 우선권 등을 담은 세계 협약을 촉진해 왔다. 2005년 유엔의 '글로벌 콤팩트'는 반부패를 기업의 10대 시민 정신 원칙에 넣었다.(2장과 '밀레니엄 개발 목표' 참조) 미국에서 '유엔 때리기'는 유엔의 글로벌 스탠더드 제정에 기인하는데 그 때문에 종종 강력한 기업들과 불화를 겪어 왔다.(그밖의 나라에서는 대부분 인기가 좋다.) 글로브스캔(www.globescan.org)의 연구 결과에 따르면 60개 국가의 여론이 좋은 기업 시민과 유엔에 대해 호의적이라는 것을 보여 준다.(www.worldpublicopinion.org 참조)

린다 크롬튼(9장 참조)은 미국 투자자 책임 연구 센터(IRRC)에서 자신의 리더십을 보여 주면서 장기적 전망을 할 수 있는 능력을 얻었다.

"기업이 다시 믿음을 얻는 문제는 분명히 모든 사람들의 마음에 달려 있습니다. 아직도 시장은 최근의 온갖 부패 스캔들에서 완전히 회복되지 않았기 때문입니다. 투자자들 사이에서 공공연히 드러나는 일반적인 우려가 있습니다. 모든 사람들이 엘리엇 스피처의 최근 목표를 보기 위해 신문을 예의주시하고 있습니다. 투자자들의 신의를 되찾는 방법은 오직 하나입니다. 사람들은 그들이 듣는 것을 믿을 수 있을 때까지 믿음을 유보합니다. 정보가 공개되지 않는다는 인상을 받는다거나 기업 결정이 자신들의 이익에 부합하지 않는다는 인상을 받는다면 투자자들은 시장으로 돌아오지 않을 것입니다.

제 이론으로는(물론 다른 사람들도 많이 공감하겠지만) 이것이 자본이 왜 부동산으로 몰리는지 설명하고 있는 것으로 보입니다. 사람들은 돈을 맡길 다른 곳을 많이 알지 못합니다. 그들은 자신들이 들은 것을 믿을 수 있을 때까지 시장으로 돌아오지 않을 것입니다. 결국 투자자가 엄청난 힘을 갖고 있는 것입니다. 그들은 그 사실을 깨닫지 못하고 있었습니다. 그래서 이제 야 여러분들이 주주 행동주의가 활발하게 전개되는 것을 보게 되는 것입니다. 이제 캘퍼스 같은 거대 기관 투자가들을 비롯한 사람들은 자신의 힘을 보여 주기 시작했습니다. 그들은 자신들이 할 수 있다는 것을 깨닫고 있습니다. 기업체로 가서 여러분들이 많은 주식을 소유하고 있다는 것을 알리고 '우리는 이것을 원치 않습니다. 우리는 변화를 원합니다.' 라고 말하면, 기업이 귀를 기울일 수밖에 없습니다."

주식 시장에 투자한 1억 명의 미국인 중에서 비자발적 투자자의 절반은 자신의 돈에 어떤 일이 일어나고 있는지 모르고 있다. 혹은 돈과 관련된 자신들의 권리에 대해서도 모른다. 2장에서 설명했듯이 투자자들은 기업 파산과 엔론, 월드콤, 타이코 같은 회사들의 붕괴로 많은 것을 잃었다. 평가 기관인 스탠더드 앤 푸어스는 500대 상장기업의 주식 지수에서 기업들이 투자한 것 이상의 연금 수당 4조 4200달러를 빚지고 있다. 이 가운데 3조 달러는 대차대조표에 반영조차 되지 않고 있다.(『비즈니스위크』, 2006년 1월 30일자) 스톡옵션(예컨대 이런 채무를 대차대조표에 기록하면서)을 비용으로 계상하면서 증권거래위원회는 이제 금융 회계 기준 위원회(FASB)로 하여금 일시 차입한 연금 채무도 대자대조표에 올리도록 요구하고 있다. 이는 제너럴 모터스, 보잉, 베리즌, 아이비엠(IBM), 에이티 앤 티(AT&T), 제너럴일렉트릭, 유나이티드 테크놀러지, 메이택, 굿이어, 포드, 나비스타, 록웰, 다라, 비스테온 등 주요 기업들의 이익에 큰 타격을 미칠 것이다. 카네기 멜론 대학의 돈 무어 교수를 포함해 많은 사람들은 엔론 붕괴 이후 제정된 사베인즈—옥슬리법이 충분하지 않았다고 말한다. 『비즈니스위크』, 2006년 4월 17일자 사설에서 무어 교수는 더욱 엄격한 감시를 요구했다. 기업들은 엔론의 쉐론 왓킨스와 방송인 빌 모이어스와 같은 내부 고발자들을 더럽히기 위해 강한 홍보 회사들을 고용하며 고투했다.

이는 『비즈니스위크』, 2006년 4월 17일자 기사 「PR의 싸움개The Pit Bull of Public Relations」에서 에릭 던전홀에 대해 다룬 것도 한 예다. 다른 기업들은 상장을 폐지하기로 결정하며, 감추는 것에 덜 엄격한 비공개 기업 투자 회사나 헤지펀드(hedge fund, 고수익을 노려 투기적인 자금 운용을 하는 유한 책임의 투자신탁 조합. 옮긴이)와 손을 잡기도 한다. 헤지펀드는 1조 천억 달러에 이르고, 색다른 주주 행동주의자들이 되었다. 공격적인 전략을 통해 기업들이 단기 이익과 주식 가치를 과대하게 홍보하고 더 많은 빚을 떠안게 하는 것이다. 그러나 이런 헤지펀드 게임은 이미 너무 혼잡한 상태이며 수익은 줄어들고 있다.(『비즈니스위크』, 2006년 1월 30일자) 금융과 기술의 세계화로 몰려가는 현상은 그 한계점에 이를 것이다. 금융 위기와 석유를 둘러싼 자원 전쟁, 지속적으로 취약한 세계 공급망으로 물 공급이 줄어드는 것과 같은 새로운 취약성이 넘쳐 나고 있다. 지금 그런 취약한 세계 공급망에 세계 기업들이 의존하고 있는 것이다.(『이코노미스트』, 2006년 1월 17일)

캘퍼스(CALPERS)의 필 안젤리데스(9장 참조)는 도전적인 펀드들이 직면하고 있는 문제를 설명했다. 직원들의 연금으로 사회 책임 투자를 선택할 수 있게 허용하고 있는 14개 주에서는 그 위험도가 덜할 것이다. 캘리포니아 재무장관 필은 공무원들의 퇴직을 보호하기 위해 여러 가지 생각을 해 왔다.

"캘퍼스가 개입해 온 것은 전체 포트폴리오에서 투명하고 정직하게 운영되고 있는 것으로 보이는 금융시장이나 증권거래소보다 더 중요한 것이 없기 때문입니다. 1929년 대공황 이후 미국인들은 한 세대 동안 주식에 투자하지 않았고, 미국 시장은 그 대가를 치러야 했습니다. 다우존스 지수는 1954년이 되어서야 1929년 고점을 넘어섰습니다. 사람들은 돈을 주식시장에 내놓기보다 집안의 매트리스 밑에 넣어 두곤 했습니다. 그들은 주식시장을 내부 거래자들이 부정으로 조작하는 게임으로 보았습니다. 그래서 우리는 연금 펀드의 개혁 운동에 열심히 매달렸습니다. 기업의 증권거래소 입회장을 공개하고, 더욱 투명한 결정을 내리며, 투자 은행이 이익 문제로 갈등하지 않도록 하며, 뮤추얼 펀드가 고객의 이익을 위해 정말로 노력하도록 애썼습니다. 금융시장과 자유 기업 시스템은 진정한 보물이니까요. 연금 펀드는 무엇보다 우리 경제의 전체 건강과 연결돼 있습니다. 그래서 사려 깊고 책임 있는 넓은 시각을 견지하고 있습니다."

'진보적 자산 운용'의 창립자인 피터 카마조가 편집한 『사회 책임 투자의 이익』(2003)은 사회 책임 투자 실천가들이 만든 보고서를 조합한 책이다. 그러면서 왜 그렇게 많은 사회 책임 투자 자산 매니저들의 포트폴리오가 전통적인 방식의 포트폴리오보다 더 많은 이익을 내는지 분석했다. 결론은 다음과 같다. 사회적으로 책임 있는 회사가 더 나은 경영 실적을 냈기 때문이다. 투자자들도 동의하는 것처럼 보인다. 뮤추얼 펀드 순위를 매기는 기관인 '리퍼'에 따르면 사회 책임 뮤추얼 펀드에서 자산은 지난 5년 동안 156퍼센트나 뛰어서 320억 달러에 이르는데, 펀드 산업 전체는 단지 22퍼센트 성장하는 데 그쳤다. 사회적 망을 이용하기 위한 미국 최초의 투자 펀드는 '파이오니어 펀드'였다. 1929년 대공황기에 만들어진 이 펀드는 담배와 술 회사에는 투자를 회피했다. 사회 책임 투자는 주주 권리와 지역 투자를 이끄는 데 도움을 주었고, 이제 '영국 사회 책임 투자' 지도자인 테사 테넌트(7장 참조)가 만든 아스리아(ASRIA)가 아시아 기업들을 심사하면서 아시아에서도 힘을 얻고 있다.

아스리아(www.asria.org)는 많은 글로벌 은행과 뮤추얼 펀드, 연금 계획, 보험회사들을 위해 사회적 윤리적 · 환경적 실적을 회계 평가한다. 친환경 혁신과 생산의 크기와 범위 때문에 '사회 책임 투자 벤처 캐피털 펀드'는 캐나다와 미국뿐 아니라 아시아, 라틴아메리카, 유럽에서 지속 가능한 신생 기업을 육성하고 있다. 클린테크의 닉 파커는 다이애나 프로퍼 드 칼레전과 함께 『클린테크 벤처 투자: 패턴과 실적』(2005)을 공동 집필했다.

"청정에너지 투자와 벤처는 벤처 자본을 젊고 유망한 신생 기업들에 투입시키는 것입니다. 유망한 기업이라고 해도 태양에너지와 깨끗한 물, 우리가 필요로 하고 원하는 것들을 옛 방식으로 제공하려는 경향을 가지고 있기도 합니다. 도전이란 그런 기업들이 감당할 수 있고 믿을 만한 기업이 되도록 하는 것입니다. 벤처 투자자들은 이런 일이 실제로 가능하도록 돕고 있습니다."

닉이 다시 설명했다.

"클린테크가 놀라운 점은 자연스럽게 기업이 책임지도록 하고 있다는 사실입니다. 만약 여러분들이 낡고 더러운 방식을 막는 기술을 상업화하는 데 도움을 준다면 여러분은 이 세상을 더 좋은 장소로 만들게 되는 것입니다. 게다가 벤처 자본으로 질 높은 일자리를 만들고, 부와 일자리를 만들고, 사회문제에 대한 해법을 찾아내고, 환경 피해를 제거하는 셈입니다. 이것이 바로 클린테크 벤처에서 책임 있는 투자가 왜 그렇게 흥미로운지를 보여 줍니다. 우리는 투자자들이 전 세계의 그토록 많은 나라에서, 오랜 시간 동안 클린테크에 돈을 투자함으로써 돈을 벌 수 있다는 것을 보여 주는 포괄적인 연구를 처음으로 했습니다."

데보라 소여(7장 참조)는 자신의 회사 '국제 환경 디자인'에서 재정 문제에 대해 설명했다.

"환경 혹은 쓰레기 비즈니스를 시작한 것은 약 25년이 넘었습니다. 제가 이 분야에서 얼마나 오래 일했는지를 보여 주는 셈이지요. 제가 대학원을 졸업하던 바로 그날 저는 오하이오 환경보호국에 고용됐습니다. 대학을 졸업한 스물다섯 살짜리 어린아이에 불과했지만 저는 아주 책임이 무거운 일들을 하고 있었습니다. 매우 흥분되는 일이었지요. 저에게는 정치학 학위와 생물학 석사 학위가 있었습니다. 덕분에 법과 과학이라는 양면을 이해하는 사람이었지요. 그것은 정말 멋진 기회였습니다. 그렇게 해서 제가 환경 분야로 들어가게 되었습니다.

아주 훌륭한 선생님들도 많이 만났지요. 제 어머니는 수학 천재였습니다. 저도 수학을 잘했지요. 저는 다른 사람들에게 못 한다는 소리를 듣고 싶지는 않았습니다. 사람들이 제가 일을 잘한다고 하면 저는 더 열심히 했지요. 초기에 가장 힘들었던 점은 자금 조달이었습니다. 지금은 그것이 더 이상 문제가 되지 않지요. 초기에는 5만 달러를 구걸하다시피 해서 빌려야 했습니다. 하지만 요즘은 자금이 필요할 때 우리가 취하는 태도는 이전과는 아주 다릅니다. 우리는 연간 4백만 달러를 빌립니다. 그 돈을 빌리면서 차용증서에 사인하는 데 5분밖에 걸리지 않습니다. 예전에는 5만 달러를 위해 사정하고 매달렸지만 이제 저는 차용을 연기할 때 57층에서 저에게 저녁을 사게 합니다.”

세계경제에서 떠오르는 지속 가능성 분야의 기업들이 성장에 필요한 자금을 조달할 수 있다는 것은 우리 사회를 위해서도 좋은 소식이다. 많은 기업들이 결국 미래의 일자리를 제공하게 될 것이다.

주류 금융 언론은 25년간 무시해 오다가 마침내 사회 책임 투자의 성장하는 힘을 일깨웠다. 『포춘』(2005년 2월 7일)은 사회 책임 투자의 성장을 인정하고 친환경 펀드가 자신들의 색깔에 맞는지 의문을 제기했다. 자신들은 사회적 책임에 대해 다른 기준과 정의를 갖고 있다는 것을 강조하면서 말이다. 그래야 할 것이다. 미국 투자자들은 다양한 목표와 가치를 갖고 있기 때문이다.

일부의 주류 경제학자들과 금융인들은 그런 기업들이 이윤 확대에 초점을 맞추는 기업들보다 더 수익성이 좋다는 것을 계속 무시하려 한다. 우리가 보고했듯이 새로운 3대 축인 사람, 이익, 지구가 종종 더 나은 이익 실현으로 연결된다는 것을 보여 주는 수많은 증거가 있음에도 그렇다. 왜 그럴까? 이는 사실 상식이다. 그런 기업들은 솔직히 더 좋은 경영을 하게 된다. 3대 축에 초점을 맞추는 것은 더 넓은 시각에서 경영을 발전시키도록 하며 더 멀리 볼 수 있게 한다. 근시안적인 이익 추구는 종종 이윤의 지름길로 이어지는 것처럼 보이지만 결국은 기업 비용을 다른 곳이나 환경에 전가시키게 된다. 투자자들은 기업의 주식을 사기 전에 그런 사회적·환경적 채무가 대차대조표에 들어가 있는지 주의 깊게 살펴본다. 우리가 보아 왔듯이 나쁜 뉴스는 금융시장에서 무척 빠르게 전달되며, 주식 가치나 소중한 기업 이미지를 떨어뜨릴 수 있다.

대부분의 경제학 교과서들은 말 그대로 수십 년 케케묵었다. 이런 책들은 3백 년 전 영국에서 증기기관차가 탄생한 이후 일어난 기술과 시장, 사회의 발전에 관심이 없다. 경제학자들은 여전히 역동적 경제라는 낡은 모델과 시장경제의 일반균형이론을 신봉하며 시장만이 전 지구적 변화를 관리할 수 있다는 듯이 말한다. 경제학은 법학, 의학, 공학처럼 고매한 분야다. 하지만 과학은 결코 그렇지 않다. 앞서 말했듯이 21세기의 시장은 진화를 거듭했다. 또한 여러 분야의 과학자, 수학자, 물리학자, 생물학자, 두뇌 과학자, 생태학자가 이룬 새로운 연구는 고전 경제 이론의 핵심 원칙을 무용지물로 만들었다. 고전 경제 이론의 핵심 오류는 인간의 본성에 대한 가정, 즉 "개개인은 상호 경쟁을 통해 자기 이익을 극대화한다."는 가정에서부터 비롯됐다. 이성적 행동을 절대화하는 이런 황량한 관점 안에는 나눔, 무보수 돌봄, 자원 봉사, 양육은 그 자체가 비이성적이라는 의미가 내포돼 있다. 그러니 우리 사회가 지금 이 지경이 된 것은 당연지사 아닌가!

심리학자이자 미래학자인 데이비드 로이는 자신의 저서 『다윈의 잃어버린 사랑 이론』(2004)에서 영국 빅토리아 시대 지식인들은 위대한 탐험가와 생물학자들을 잘못 해석했다고 꼬집었다. 그들은 다윈이 아니라 허버트 스펜서가 만든 용어인 '적자생존'에 집착했다는 것이다. 이러한 사회진화론은 아담 스미스가 『국부론』에서 보이지 않는 손에 의해 조정되는 '자애로운 경쟁'이란 개념을 구성할 때 유행하던 사상이었다. 로버트 나디에는 자신의 책 『자연의 부』(2004) 1장에서 경제학 이론의 바닥에 깔린 이런 핵심 가정들을 요약하고 여러 측면에서 반박하였다. 런던에서 출간되는 잡지인 『이코노미스트』도 2005년 12월 5일자에서, 편견이 담긴 '적자생존'이란 단어를 처음 고안한 사람은 그 잡지의 초창기 기고자 중 한 사람이던 허버트 스펜서였다고 시인했다. 또한 이 잡지는 협동이 경쟁 못지않게 중요하다는 사실을 인정했다.

빛의 시대

신흥 광파 기술(광학)
섬유 광학, 광학 주사판, 레이저, 홀로그래피
태양 기술
광학, 컴퓨터, 멀티 프로세서, 패러렐 컴퓨터, 신경망 컴퓨터, 이미지 기술
바이오테크놀로지
유전자 기계, DNA 제어장치, 화학품과 유전자 추적 및 꼬리표 붙이기, 나노 테크놀로지

지구상의 광양자(태양빛)는 60억 인구에게 충분한 에너지를 공급하는 데 10분이 안 걸린다.   © Henderson, 1991

데이비드 로이의 책에 따르면 다윈이 『인간의 유래』와 『종의 기원』에서 스펜서의 용어인 '적자생존'과 '경쟁'을 언급한 횟수는 모두 열 번이 채 되지 않는다고 한다. 반면에 인류의 협동에 대해서는 수백 번이나 언급했다. 다윈은 인류의 생존이 협동할 줄 아는 천재적 능력에서 비롯됐다고 생각했다. 최근의 두뇌 연구는 의사소통, 협동, 문화의 진화에 있어서 거울세포가 만들어 내는 공감共感의 역할을 알려 주었다.(미국 사이언티픽 마인드, 2006년 4~5월호) 1996년에 이루어진 거울세포와 그 역할에 대한 발견은 1953년 디엔에이 발견만큼이나 획기적인 발견으로 여겨진다. 1장에서 언급했듯이 인류 진화의 역사적 증거는 우리에게 협동이 중요하다는 사실을 보여 준다. 하지만 여전히 우리의 공적·사적인 결정은 19세기의 그릇된 경제학에 휘둘리고 있다.

사람은 나눔과 협동을 경쟁만큼이나 즐긴다. 하지만 그릇된 경제 개념과 부호가 경쟁을 찬양하고 부추기는 동안 이타적이면서 무보수로 하는 나눔, 돌봄, 협동은 국민총생산·국내총생산 지수에서 무시되거나 제외되는 수난을 겪었다. 『여성이 계산된다면』(1987)의 저자 마릴린 워링을 비롯한 페미니스트 경제학자들이 발견한 중요한 진실이 있다. 바로 "경제학은 뼈 속까지 가부장적이다!"라는 사실이다. 데이비드 로이의 지적대로 찰스 다윈은 인간이 이타주의를 실현할 수 있다고 보았으며 인류의 도덕적 감성은 인류의 생존과 진화를 위해 발전할 것이라 예견했다. 아담 스미스가 자신의 책 『도덕감정론』에서 연구한 주제이기도 하다. 찰스 다윈의 예언이 사실이라면 윤리적 행동을 향한 시장의 진화는 인류의 위대한 의식과 책임을 향한 진화의 일부라고 우리는 감히 말할 수 있을 것이다. 이러한 진화의 징표는 곳곳에서 발견된다. 전 세계적으로 조직된 풀뿌리 단체들이 지구 헌장(www.earthcharter.org)을 만들었고, 유엔의 밀레니엄 개발 목표를 끌어내었으며, 친환경 발전을 위한 지구 마셜 플랜(www.globalmarshallplan.org)을 가능하게 했다.

이 책에 소개한 사람들의 마음속에는 공동의 비전이 밝게 타오르고 있다. 그들은 피와 혼란으로 얼룩진 인류의 지난 과오를 넘어 뼈아픈 교훈을 통해 새롭게 일어서는 미래를 바라본다. 기술적인 면에서나, 생물학적 면에서 인류는 이 지구상에서 가장 성공적인 종이 되었다. 아프리카 대륙에서 기원한 인류가 이제 지구상의 모든 땅에 거주한다. 지구 광합성의 주된 생산의 40퍼센트를 먹어치우는 인류의 왕성한 소비는 다른 생물종의 멸종을 야기하고 있다. 인류 진화의 상징인 앞뇌의 성장과 마주보는 엄지손가락으로 발전시킨 눈부신 테크놀로지는 꿈도 꾸지 못한 물질적 풍요를 60억 인류의 3분의 1에게 안겨 주었다. 또한 인류는 달을 탐사했으며, 화성을 비롯한 다른 행성으로 눈을 돌리고 있다.

하지만 이제 우리는 우리 자신과 새롭게 직면해야 한다. 결핍과 타자, 우리 자신의 유한함에 대한 오래된 공포가 경쟁과 영토 분쟁, 불평등, 동족상잔의 전쟁과 인종 청소를 낳았다. 오늘날 점점 더 인구가 밀집되고, 점점 더 오염되어 가는 지구를 보면서 화석연료 중심의 산업과 생활 방식으로는 인류가 지속 가능한 발전을 이룰 수 없을 것이라는 사실을 깨닫고 있다. 이제 수백만의 사람들이 지구의 메시지에 주의를 기울이고 있다. 그리고 20세기 말에 태양열에 바탕을 둔 새로운 정보의 시대가 시작되었다.

오늘날 곳곳에서 성장하는 '그린 이코노미'는 지구의 생명 유지 기능에 대한 깊은 이해를 담고 있으며 우리의 시간 기준과 공간 의식을 확대시켜 주었다. 이러한 경향은 데카르트식 합리주의, 연역주의적 사고가 이룬 성취를 넘어서 통합적인 사고를 열어 가고 있다. 우리는 지금 점과 점 사이를 연결하고 있다. 생태학의 첫 번째 법칙을 배우는 것이다. 모든 것은 서로 연결되어 있다는 깨달음 말이다. 이런 포스트합리주의적 세계관은 지속 가능한 인류 발전의 형태와 생태적 사고, 그리고 개인적·공적 의사 결정에 통합적인 방법을 만들어 내고 있다. 우리는 지엽적 · 단편적 · 단기적 사고는 너무 비싼 대가를 요구하며 지속 가능하지 못하다는 것을 깨달았다. 지구적 관점에서 볼 때 우리 모두의 관심은 동일하다. 즉 우리는 도덕성이 이제 가장 실용적 방편이 되었다는 것을 깨달았다.

〈윤리적 시장〉텔레비전 시리즈의 연구 자문위원들과 '캘버트—헨더슨 삶의 질 지수'를 위한 자문위원들의 도움을 크게 받았다. 그들 대부분은 오랫동안 나의 훌륭한 친구요, 멘토였다. 내 삶의 동반자이며 배우자인 앨런 케이 Alan F. Kay는 '윤리적 시장 미디어Ethical Market Media'를 포함해 많은 신생 기업들을 출범시키는 데 나와 함께 했다. 수학자인 앨런의 경험은 사업과 기술, 여론조사에서 내 지평을 넓혔다. 남편의 따뜻한 이해와 정서적 뒷받침은 축복이었다.

메어리 바Mary Bahr는 내가 함께 일해 온 편집자 중에서 최고였다. 이 책에 대한 메어리의 열정이 나를 크게 고무시켰다. 마고 볼드윈Margo Baldwin, 존 바스토John Barstow, 콜레트 레너드Collette Leonard, 마시 브랜트Marcy Brant, 그리고 더 깨끗하고 친환경적이며 이성적인 국제 경제와 사회를 위해 헌신하고 있는 첼시 그린Chelsea Green 출판사의 모든 분들에게 감사드린다.

글래스 어니언 프로덕션Glass Onion Production의 엘린 로너건Ellyne Lonergan 사장에게도 감사드린다. 텔레비전 시리즈 마지막 편을 그와 정말 유쾌하게 제작했다. 삶의 질 지수를 위한 웹사이트(www.Calvert-Henderson.com)를 성공적으로 운영하고 있는 모린 하트Maureen Hart에게도 인사하고 싶다. 대본과 복잡한 카탈로그 제작과 책의 일러스트레이션을 만들고 웹사이트 운영에도 애쓰고 있는 비서 얀 크로포드에게도 고마움을 전한다. 이 책과 텔레비전 시리즈에 등장한 80여 명의 전문가와 지도자들의 사진을 모으는 데 도움을 주고, 텔레비전 시리즈를 홍보하는 데 훌륭한 재능을 보여 준 로리 샐리그먼Laury Saligman에게도 감사드린다. 일과 학업으로 바쁜 중에도 제러미 마이클 코헨 Jeremy Michael Cohen이 로리를 도왔다. 제러미에게도 감사드린다.

텔레비전 시리즈의 진행자인 심런 세티는 내 마음 속에 특별한 자리를 차지하고 있다. 지속 가능한 비즈니스 분야의 엠비에이(MBA)인 심런은 이 시리즈의 대본 여러 편을 썼다. 서문을 쓴 친구 헌터 러빈스는 심런의 논문 자문 교수였다. 심런은 진정한 전문가이며 앞으로 더 윤리적인 시장을 창조하는 데 새로운 사고방식과 행동으로 선두에 설 것이라고 기대하고 있다. 이 지구의 미래를 위한 심런의 헌신과 약속에 깊이 감사드린다.

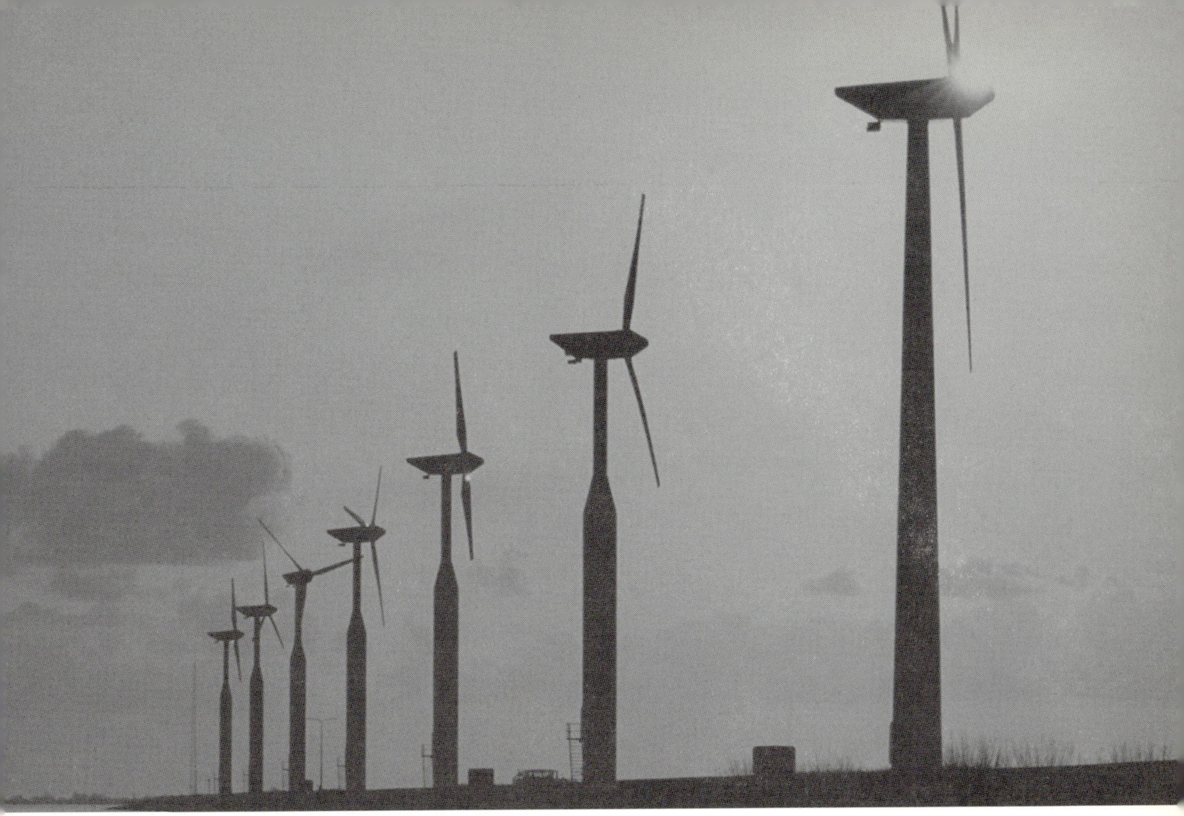

부록

'윤리적 시장' 연구 자문위원

'캘버트-헨더슨 삶의 질 지수' 자문위원

참고문헌

주요 웹사이트

사진 및 도표 저작권

찾아보기

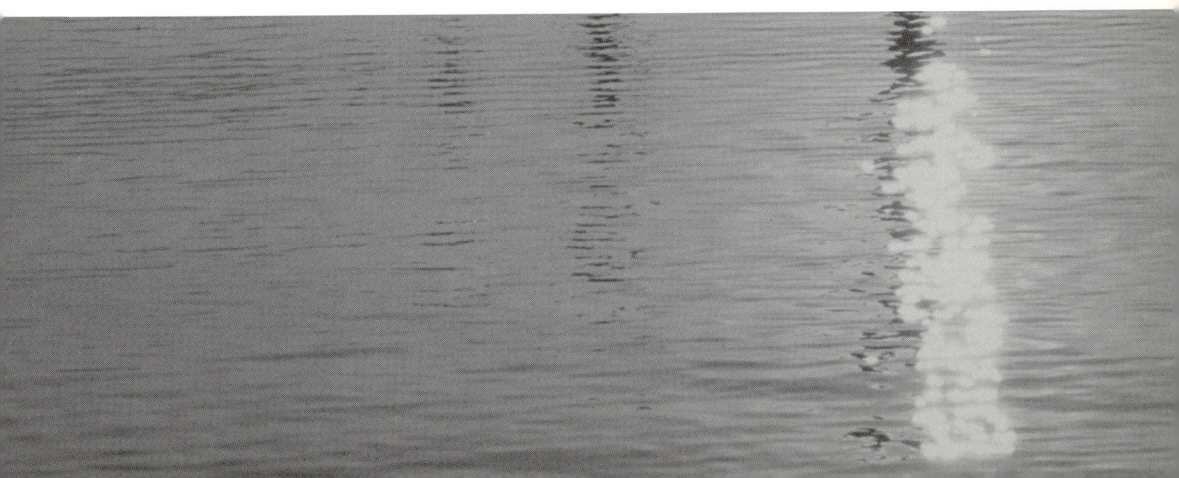

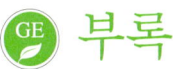

'윤리적 시장' 연구 자문위원

■ 사회 책임 투자(Socially Responsible Investing, SRI)

Joan Bavaria, President, Director & Cofounder, Trillium Asset Management corporation, Boston, MA
Hal Brill, President, Natural Investment Services, Inc., Paonia, CO
Susan Davis, President, Capital Missions Co., Elkhorn, WI
Dr. Judy Henderson, Chair, Global Reporting Initiative, Canberra, Australia
Barbara Krumsiek, President & CEO, The Calvert Group, Bethesda, MD
Marcello Palazzi, President, Progressio Foundation, Netherlands
Robert Rubenstein, CEO & founder, Brooklyn Bridge and TBLI Group, Amsterdam, Netherlands
Steve Schueth, President, First Affirmative Financial Network, Boulder, CO
Timothy Smith, Senior Vice President, Walden Asset Mgmt; President, Social Investment Forum,
    Boston, MA
Rodger Spiller, Money Matters Inc., Auckland, New Zealand
Tessa Tennant, Director, ASRIA, Hong Kong
Eva Willmann de Donlea, President, Conscious Investments, Sydney, Australia

■ 기업과 정부 책임 연구Corporate and Government Accountability Research

Susan Aaronson, Senior Fellow, Nat. Policy Assoc., Washington, DC
Verna Allee, author Increasing Prosperity through Value Networks, Martinez, CA
Gary Brouse, Director, Interfaith Ctr. on Corp. Responsibility, New York, NY
Kim Cranston, President, Institute for Organizational Evolution, CA
Linda Crompton, Sr. Advisor, Investor Responsibility Research Center, Washington, DC
Susan Davis, Advisor to the Director-General, ILO, Geneva, Switzerland; Chair, Grameen Foundation,
    United States
Ed Mayo, Chief Executive, National Consumer Council, London, United Kingdom
Cliff Feigenbaum, Editor, Green Money Journal, Santa Fe, NM

Prof. Michael Hoffman, Executive Director, Center for Business Ethics, Bentley College, Waltham, MA

Susan Kavanaugh, Managing Editor, Federal Ethics Report, Washington, DC

Matthew Kiernan, Managing Director, Innovest Inc., Toronto, Canada

Mindy Lubber, Executive Director, CERES, Boston, MA

Nell Minow, Cofounder, The Corporate Library, Washington, DC

Robert A.G. Monks, author The New Global Investors, Cape Elizabeth, ME

Darin Rovere, Ctr. For Innovation in Corp. Responsibility, Ottawa, Canada

Professor S. Prakash Sethi, President, International Center for Corporate Accountability, Inc., Baruch College/CUNY, New York, NY

Deirdre Taylor, Founder, Spirituality & Health magazine, Westport, CT

Alice Tepper Marlin, President, Social Accountability International, NY

Shann Turnbull, PhD, Principal, International Institute for Self-governance, Sydney, Australia

Toby Webb, Editor, Ethical Corporation magazine, London, United Kingdom

■ 지속 가능성 / 재생 가능 자원 섹터 Sustainability/Renewable Resource Sectors

Ralph Abraham, PhD, Prof. of Mathematics, Univ. of California, Santa Cruz, CA

Christine Austin, Teal Onstad Productions, Leverett, MA

Tariq Banuri, Stockholm Environment Institute, Pathumthani, Thailand

Jacqueline Cambata, President, Triad Co. Ltd., Vienna, VA

Craig Cox, Editor, UTNE READER, Minneapolis, MN

Peter Davies, OBE, Deputy Chief Executive, Business in the Community, London, united Kingdom

Prof. Michael Dorsey, Dept. of Environmental Studies, Dartmouth College, Hanover, NH

Riane Eisler, author, The Chalice and The Blade; President, Center for Partnership Studies, Pacific Grove, CA

Duane Elgin, author, Promise Ahead; Voluntary Simplicity; Awakening Earth; Cofounder of Our Media Voice; San Anselmo, CA

Carl Frankel, Sr. Editor, Green@Work, author, In Earth's Company, Kingston, NY

Lori Grace, MA (Psych), Sunrise Center, Corte Madera, CA

Alisa Gravitz, President, Co-op America, Washington, DC

Denis Hayes, President, Bullitt Foundation, Seattle, WA

Tachi Kiuchi, Chairman, Future 500, Tokyo, Japan

Francis Koster, Chief, Innovation Services, Nemours Foundation, FL

Walter Link, Chairman, The Global Academy, Mill Valley, CA

Richard Lippin, MD, President, The Lippin Group, PA

Elsie Maio, President, Maio & Co. (Mgmt. Consultants in Ethical Branding), NY

Michael Marvin, Past-president, Business Council for Sustainable Energy, Washington, DC

Paul E. Metz, PhD, President, European Business Council for a sustainable Energy Future, Brussels, European Union

Prof. Bedrich Moldan, Director, Environment Center, Charles U., Czech Republic

Jim Motavalli, Editor, The Environmental magazine, CT

Prof. Robert Nadeau, author, The Wealth of Nature, Geoge Mason Univ., VA

F. Byron Nahser, Provost, Presidio World College, San Francisco, CA

Claudine Schneider, Sr. VP, Econergy Int'l Corp., Boulder, CO

Rena Shulsky, Founder, GREEN SEAL, Inc; President, Shire Realty, NY

Carol Spalding, PhD, President, Open Campus, Florida Community College of Jacksonville, FL

Radames Soto, President, Kinina Ventures, Miami, FL

Stephen Viederman, Past President, Jessie Smith Noyes Foundation, NY

Richard Wilson, UK Business Council for Sustainable Energy, London, United Kingdom

Jane Zhang, CEO, Sino-American Dev. Corp, NY & Shanghai, China

Zhouying Jin, Professor, Innovation & Strategies, Chinese Academy of Social Sciences, China

■ 사회적 벤처 자본Social Venture Capital

Mark Donohue, Expansion Capital Partners, San Francisco, CA

Elizabeth Harris, UNC Partners, Inc., Boston, MA

Tony Lent, EA Capital, New York, NY

Nicholas Parker, Cofounder & Chairman, CLEANTECH

Venture Network LLC, Toronto, Canada

D. Wayne Silby, Esq., President, Calvert Ventures, LLC & Founder, Calvert Social Investment Funds, Washington, DC

Stuart Valentine, President, Iowa Progressive Asset Management, Fairfield, IA

Woody Tasch, Chair, Investors Circle, MA

Steve Waddell, Executive Director, GAN-NET, Boston, MA

Eckart Wintzen, President, Ex'tent Management & Investment Co., Netherlands

■ 세계화 / 남북 균등, 정의Globalization/North-South Equity, Justice

Rosa Alegria, President, Perspektiva Co., Sao Paulo, Brazil

Prof. Walden Bello, Codirector, Focus on the Global South, Chulalongkorn University, Bangkok, Thailand

Frank Bracho, Former Ambassador of Venezuela to India, author, Hacia Una Forma de Medir el Desarrollo, Caracas, Venezuela

Rinaldo Brutoco, President, World Business Academy, Santa Barbara, CA

Fritjof Capra, author The Web of Life and The Hidden Connections, Berkeley, CA

Christina Carvalho Pinto, President, Full Jazz Advertising Agency, Sao Paulo, Brazil

Thais Corral, Director General, REDEH, Rio de Janeiro, Brazil

Prof. Michael Hopkins, PhD, MHCI Ltd., author The Planetary Bargain: CSR Matters, London, United Kingdom & Geneva, Switzerland

Paul Freundlich, President, The Fair Trade Foundation; Board member, CERES, GRI

Devaki Jain, author, Women Development and the UN, Bangalore, India

Rushworth M. Kidder, President, Institute for Global Ethics, Camden, ME

Ashok Khosla, CEO, Development Alternatives, New Delhi, India

Annabel McGoldrick, Peace Journalism, Oxford, United Kingdom

Oscar Motomura, CEO, Amana-Key Desenvolvimento & Educacao Ltda, Sao Paulo, Brazil

Jane Nelson, Harvard University and Prince of Wales Business Leaders Forum, London, United Kingdom

Peter Orne, Editor, WorldPaper, Boston, MA

David Roodman, Center for Global Development, Washington, DC

Ziauddin Sardar, Editor, Futures Elsevier, Ltd, London, United Kingdom

Elisabet Sahtouris, Evolution biologist, author, Santa Barbara, CA

Crocker Snow, Founder, Money Matters Inst., Boston, MA

Miklos Sukosd, PhD, Dept. Political Science, Central European University, Budapest, Hungary

Wouter Van Dieren, President, Institute for Environment & Systems Analysis, Amsterdam, Netherlands

Judith Woodard, Christopher Street Financial Co., New York, NY

Norio Yamamoto, PhD, Exec. Vice President, Global Infrastructure Fund Research Foundation, Tokyo, Japan

Susana Oseguera Yturbide, Communications Internacionales, Mexico

■ 지역 / 공동체 투자Local/Community Investing

Rebecca Adamson, President, First Nations Development Inst., United States

Rosalind Copisarow, Founder, Fundusz Mikro, Warsaw, Poland and London, United Kingdom

Lynne Franks, CEO, Seed Fusion, London, United Kingdom

Sharon Hadary, Exec. Dir., Center for Women's Business Research, Washington, DC

Robert MacGregor, Pres Emeritus, Center for Ethical Business Cultures, Minn., MN

Terry Mollner, Trustee, Calvert Social Investment Fund, United States

Pam Solo, President, Institute for Civil Society, Boston, MA

Michaela Walsh, Founding President, Women's World Banking, NY

Julie Weeks, President, Womenable, Empire, MI

'캘버트-헨더슨 삶의 질 지수' 자문위원

Berry, David, Executive Director, Interagency Sustainable Development Indicators Group, Washington, DC

Brown, Lester, President, Earth Policy Institute, Washington, DC

Colman, Ronald, Executive Director, GPI Atlantic, Nova Scotia, Canada

Csikszentmihalyi, Mihaly, Peter Drucker, Graduate School of Management, Claremont Graduate University, Claremont, CA

Dickinson, Dee, Director, New Horizons for Learning, Seattle, WA

Eisler, Riane, Sociologist, lawyer, author, The Chalice and The Blade, Carmel, CA

Fukuda-Parr, Sakiko, Director, UNDP Human Development Report, New York, NY

Gordon, Theodore, Founder, The Futures Group, coauthor, The State of the Future Reports

Harris, Elizabeth, Vice President, UNC Partners, Inc., Boston, MA

Halpern, Charles, former President, Nathan Cummings Foundation, Berkeley, CA

Hancock, Trevor, Chair of the Board of the Canadian Association of Physicians for the Environment, Toronto, Canada

Laitner, John "Skip," Resident Scholar, Senior Economist, American Council for an Energy-Effi cient Economy, Alexandria, VA

Land, Kenneth, Ed., SINET, Duke University, NC

LeClair, Grace, Cofounder, Calvert Social Investment Fund, Virginia Beach, VA

Lickerman, Jon, Consultant, former Director, The Calvert Group Social Research Dept., Washington, DC

Madrick, Jeff rey, Editor, Challenge and Indicators, columnist, The New York Times, New York, NY

Mallett, William, Principal Research Scientist, Battelle Memorial Institute, Washington, DC

McDonough, William, architect, McDonough Braungart, Charlottesville, VA

Mishel, Lawrence, President, Economic Policy Institute, Washington, DC

Ottinger, Richard, former Dean, Pace University Law School, New York, NY

Simmons, Patrick, Director of Demography, Fannie Mae Foundation, Washington, DC

Smith, Dan, Ret. Colonel, Senior Fellow, Friends Committee for National Legislation, Washington, DC

Swain, David, Jacksonville Quality Indicators for Progress, Jacksonville Community Council, Inc., Jacksonville, FL

Taliaferro, Ellen, MD, President, Physicians for a Violence Free Society, San Francisco, CA

Wackernagel, Mathis, Global Footprint Network, author, Ecological Footprint Analysis, Oakland, CA

Wheatley, Margaret, Berkana Institute, author Leadership and the New Science, Provo, UT

Zagon, Sandra, Manager, Quality of Life Indicators Project, Canadian Policy Research Network, Ottawa, Ontario, Canada

Zanbrana, Ruth, Professor of Sociology, University of Maryland, College Park, MD

참고문헌

■ 세계적 전환Global Transition

Barnes, Peter. *Capitalism* 3.0, Berrett Koehler, San Francisco, CA, 2006.

Boulding, Elise. *Building a Global Civic Culture*. New York: Columbia University Press, 1988.

——. *Cultures of Peace*. New York: Syracuse University Press, 2000.

Bracho, Frank. *Petroleo Y Globalizacion: Salvacion or Perdicion*? Caracas: Vadell, 1998.

Corcoran, Peter Blaze, ed. *The Earth Charter in Action*. Amsterdam, Netherlands: Kit Publishers, 2005.

Harman, Willis. *Global Mind Change*. Foreword by Hazel Henderson. San Francisco: Berrett-Koehler, 1998.

Henderson, Hazel. *Politics of the Solar Age*. New York: Doubleday, 1981; New York: Knowledge Systems/TOES Books, 1988.

——. *Paradigms in Progress*. San Francisco: Berrett-Koehler, 1991, 1995.

——. *Building a Win-Win World*. San Francisco: Berrett-Koehler Publishers, 1996.

——. *Beyond Globalization*. Bloomfi eld, CT: Kumarian Press, Inc., 1999.

Henderson, Hazel, Harlan Cleveland, and Inge Kaul, eds. "United Nations: Policy and Financing Alternatives," 1st ed., *Futures*, London: Elsevier Scientifi c, 1995; U.S. ed., Washington, DC: Global Commission to Fund the U.N., 1996.

Henderson, Hazel and Daisaku Ikeda. *Planetary Citizenship*. Santa Monica, CA: Middleway Press, 2004.

Houston, Jean. *Jump Time*. Putnam, NY: Jeremy Tarcher, 2000.

Independent Commission on Quality of Life. President, Pinta Silgo, Maria deLourdes. *Caring for the Future*. Oxford: Oxford University Press, 1996.

Jain, Devaki. *Women, Development and the UN*. Bloomington, IN: Indiana University Press, 2005.

Kaul, Inge and Pedro Conceicao, eds. *The New Public Finance*, Oxford University Press, 2006.

Landes, David S. *The Wealth and Poverty of Nations*. New York: W. W. Norton, 1998.

Marx Hubbard, Barbara. *Conscious Evolution*. Novato, CA: New World Library, 1998.

Miller, John H. ed. *Curing World Poverty*. St. Louis, MO: Social Justice Review, 1994.

Prestowitz, Clyde. *Three Billion New Capitalists*. New York: Perseus Books, 2005.

Rifkin, Jeremy. *The End of Work*. Los Angeles, CA, Jeremy Tarcher, 1995.

Sachs, Jeff rey. *The End of Poverty*. New York: Penguin Press, 2005.

Smith, Stephen C. *Ending Global Poverty*. New York: Palgrave, Macmillan, 2005.

The Group of Lisbon. *The Limits to Competition*. Cambridge, MA: MIT Press, 1995.

United Nations. *Agenda 21*. New York: United Nations, 1992.

United Nations Development Program. *Human Development Reports*. New York:United Nations Development Program, 1990-2006.

Von Weizsacker, Ernst Ulrich, Oran Young, and Matthias Finger, eds. *Limits to Privatization*. London: Earthscan, 2005.

Williamson, Marianne, ed. *Imagine*. Emmaus, PA: Rodale, 2000.

World Commission on Environment & Development, Chair Brundtland, Gro Harlem. *Our Common Future*. Oxford: Oxford Press, 1987.

■ 신과학New Science

Allee, Verna. *The Future of Knowledge*. Amsterdam, NL: Elsevier Science, 2003.

Barabasi, Albert-Laszlo. *Linked*. Cambridge, MA: Perseus, 2002.

Benyus, Janine M. *Bimimicry*. New York: Wm Morrow, 1997.

Bornstein, David. *How to Change the World*. Oxford: Oxford University Press, 2004.

Brown, Lester R. *Eco-Economy*. New York: W.W. Norton, 2001.

Capra, Fritjof. *The Web of Life*. New York: Anchor Doubleday, 1996.

——. *The Hidden Connections*. New York: Anchor Doubleday, 2002.

Daly, Herman F. and John B. Cobb, Jr. *For the Common Good*. Boston: Beacon Press, 1989.

Dowling, Keith, Jurgen de Wispelaere, and Stuart White, eds. *The Ethics of Stakeholding*. United Kingdom: Anthony Rowe, 2003.

Fullbrook, Edward, ed. *A Guide to What's Wrong with Economics*. London: Anthem Press, 2004.

Hawken, Paul, Amory Lovins, and Hunter Lovins. *Natural Capitalism*. New York:Little Brown, 1999.

Henderson, Hazel and Calvert Group. *Calvert-Henderson Quality of Life Indicators*. Bethesda, MD: Calvert Group, 2000.(updated at www.calvert-henderson.com)

Keen, Steven. *Debunking Economics*. Australia: Pluto Press, 2005.

Kiuchi, Tachi and Bill Shireman. *What We Learned in the Rainforest*. San Fransisco:Berrett Koehler, 2002.

Kurland, Norman, Dawn K. Brohaun, and Michael D. Greaney. *Capital Homesteading*. Washington, DC: Economic Justice Media, 2004.

Loye, David. *Darwin's Lost Theory of Love*. New York: to Excel, 2000.

McDonough, William, and Michael Braumgart. *Cradle to Cradle*. NY: North Point Press, 2002.

Nadeau, Robert. *The Wealth of Nature*. New York: Columbia Univ. Press, 2003.

Nadeau, Robert and Menas Kafatos. *The Non-Local Universe*. Oxford: Oxford University Press, 1999.

Sahtouris, Elisabet. *Earthdance: Living Systems in Evolution*. Santa Barbara, CA: Metalog, 1995.

Schumacher, E.F. *Small is Beautiful*. Harper, 1975, New York: Blond & Briggs, London, 1973.

Wackernagel, Matthis, and William Rees. *Our Ecological Footprint*. Vancouver, BC: New Society Publishers, 1996.

■ 윤리적 비즈니스Ethical Business

Abrams, John. *The Company We Keep*. White River Junction, VT: Chelsea Green, 2005.

Albion, Mark. *True To Yourself*. San Fransisco: Berrett-Koehler, 2006.

Brill, Hall, Jack A. Brill, and Cliff Feigenbaum. *Investing With Your Values*. Vancouver, BC: New Society Publishers, New Edition, 2000.

Camajo, Peter, ed. *The SRI Advantage*. Gabriola Island, BC, Canada: New Society Publishers, 2002.

Cohen, Ben, and Mal Warwick. *Values-Driven Business*. San Francisco: Berrett-Koehler, 2006.

Domini, Amy. *Socially Responsible Investing*. Boston, MA: Dearborn Trade/Kaplan, 2001.

Franks, Lynne. *The Seed Handbook*: The Feminine Way to Create Business. New York: Tarcher Putnam, 2000.

Hart, Stuart L. *Capitalism at the Crossroads*. Philadelphia, PA: Wharton School Publishing, 2005.

Hollender, Jeff rey, and Stephen Fenichell. *What Matters Most*. New York: Basic Books, 2004.

Huff , Priscilla Y. *Her Venture. com*. Roseville, CA: Prima, 2000.

Kelso, Louis O., and Patricia Hetter. *Two-Factor Theory: How to Turn Eighty Million Workers into Capitalist on Borrowed Money*. New York: Vintage, 1967.

——. *Democracy and Economic Power*. New York: Ballinger, 1986.

Maloney, Julie, and Renee Moorefi eld. *Driven By Wellth*. Boulder, CO: Wellth Productions, 2004.

Nelson, Jane, and Ira J. Jackson. *Profi ts with Principles*. New York: Doubleday, 2004.

Parker, Thornton. Foreword by Hazel Henderson. *What If the Boomers Can' t Retire*? San Francisco: Berrett Koehler, 2000.

Pralahad, C. K. *The Fortune at the Bottom of the Pyramid*. Philadelphia, PA: Wharton School Publishing, 2002.

Secretan, Lance H. K. *Reclaiming Higher Ground*. New York: McGraw Hill, 1997.

——. *Inspire!* New York: John Wiley, 2004.

Seger, Linda. *Web Thinking*. HI: Inner Ocean, 2002.

Shuman, Michael H. *The Small-Mart Revolution*. San Francisco: Berrett Koehler, 2006.

Tapscott, Don, and David Ticoll. *The Naked Corporation*. New York: Free Press, 2003.

Co-op America. *The Green Pages*. Washington, DC. Published annually.

■ 성공의 재정의Redefining Success

Burns, Scott. *The Household Economy*. New York: Doubleday, 1979.

Benkler, Yochai. *The Wealth of Networks*. Yale University Press, New Haven, CT, 2006.

Cahn, Edgar S. *No More Throwaway People*. Washington, DC: Essential Books, 2004.

——. *How to Manual: The Time Dollar*. Washington, DC: Time Dollar Institute, 2005.

Eisler, Riane. *The Real Wealth of Nations*. San Francisco: Berrett-Koehler, 2007.

——. *The Power of Partnership*. Novato, CA: New World Library, 2002.

Hyde, Lewis. *The Gift* . New York: Vintage Books, 1979.

Layard, Richard. *Happiness: Lessons fr om a New Science*. London: Penguin Group, 2005.

Mitchell, Ralph, and Neil Shafer. *Depression Scrip of the USA, Canada & Mexico*. Iola, WI: Krause Publications, 1984.

Shiva, Vandana. *Staying Alive*. London: Zed Books, 1989.

Twist, Lynne. *The Soul of Money*. New York: W. W. Norton, 2003.

Toffl er, Alvin and Heidi. *Revolutionary Wealth*. Knopf, New York, 2006.

Vaughan, Genevieve. *For-Giving*. Austin, TX: Plain View Press, 1997.

Waring, Marilyn. *If Women Counted*. New York: Harper & Row, 1988.

Zarlenga, Stephen. *The Lost Science of Money*. Valatie, NY: American Monetary Institute, 2002.

■ 새로운 정치|New Politics

Adams, Michael. *American Backlash*. Toronto, Canada: Viking Press, 2005.

Armstrong, Jerome, and Markos Moulitsas Zuniga. *Crashing the Gate*. White River Junction, VT: Chelsea Green, 2006.

Bardon, Doris and Laurie Murray. *Creative Leadership for Community Problem Solving*. Gainsville, FL: Institute for Creative Leadership, 2006.

De Soto, Hernando. *The Other Path*. New York: W. W. Norton, 2003.

Emanuel, Rahm and Bruce Reed. *The Plan: Big Ideas for America*. New York, NY: Public Aff airs, 2006.

Hallsmith, Gwendolyn. *The Key to Sustainable Cities*. Vancouver, BC: New Society Publishers, 2003.

Kay, Alan F. *Locating Concensus for Democracy*. St. Augustine, FL: Americans Talk Issue Foundation, 1998.

――. *Spot the Spin*. Victoria: Traff ord, 2004.

Kochkin, Alex S., and Patricia VanCamp. *A New America*. Point Reyes, CA: Fund for Global Awakening Survey Research, 2000-2005.

Kohn, Alfi e. *No Contest: The Case Against Competition*. New York: Houghton Miffl in, 1986.

Lake, Celinda, and Kellyanne Conway. *What Women Really Want*. New York: Free Press, 2005.

Laszlo, Ervin. *You Can Change the World*. Place: Club of Budapest, 2003.

LeRoy, Greg. *The Great American Jobs Scam*. San Francisco: Berrett-Koehler, 2005.

Mills, Stephanie. *Epicurean Simplicity*. Washington, DC: Island Press, 2001.

Ray, Paul H., and Sherry R. Anderson. *The Cultural Creatives*. New York: Harmony Books, 2000.

주요 웹사이트

AccountAbility (accountability.org.uk)
Performs social audits on companies globally

Ashoka (Ashoka.org)
Highlights and promotes social entrepreneurism globally

Association for Sustainable & Responsible Investment in Asia (ASRIA.org)
Researches and rates Asian companies' social performance

Bainbridge Graduate Institute (bgiedu.org)
Off ers an MBA in sustainability management

Business Alliance for Local Living Economies (livingeconomies.org)
Association to build local economies & support local communities

Business Ethics (business-ethics.com)
Leading industry magazine on corporate responsibility

Business for Social Responsibility (BSR.org)
Big-business-oriented group on corporate
responsibility issues

Calvert-Henderson Quality of Life Indicators (calvert-henderson.com)
Hazel Henderson's indicators developed with the Calvert Group that off er statistics on twelve aspects
of wealth beyond GDP

Center for Business as Agent of World Benefit (worldbenefit.cwru.edu)
A new business school at Case Western University

Center for Integrity in Science (integrityinsicence.org)
Research on academic-corporate links

Center for Media Transparency (mediatransparency.org)
Research on how media are financed

Center for a New American Dream (newdream.org)
Key group redefi ning success and living sustainably

Center for Public Integrity (cspi.org/integrity)
Best research on corporate and US government accountability

Centre for Science and Environment (cseindia.org)
Environmental impacts of business within India

CERES (ceres.org)
Coalition of environmentally-concerned pension funds

Clean Edge (cleanedge.com)
Covers renewable energy, off ering sound information for investors and the rest of us

Cleantech Venture Network (cleantech.com)
Key group of "green" venture investors

Coop America (coopamerica.org)
Info on socially-responsible investing, green businesses, and practical steps each of us can take to live
more sustainably

Corp Watch (corpwatch.org)
Grassroots watchdogs holding corporations accountable globally

CSR Newswire (csrwire.com)
Newswire service on corporate social responsibility

Dollars and Sense (dollarsandsense.org)
Online version of the magazine on economic literacy and justice

Dwelling (dwelling.com)
Mainstream magazine on green building and design

Earth Charter (earthcharter.org)
Global grassroots principles of Earth Ethics

Earth Policy Institute (earth-policy.org)
Lester R. Brown' s recommendations for steering toward sustainability

E-Magazine (emagazine.com)
Premier national environmental magazine

Ethical Corporation (ethicalcorp.com)
Comprehensive overview of global corporate responsibility

Ethical Markets (ethicalmarkets.com)
The first national portal and television series on corporate social responsibility, ethical investing and the "green" sectors on PBS affi liates throughout the United States

Instituto Ethos (ethos.org.br)
Premier group of socially-responsible businesses in Brazil

Equal Access (equalaccess.org)
NGO providing access to global communications for rural communities in the south

Fair Economy (faireconomy.org)
NGO campaigning and research for fairness in the United States

Green Biz (greenbiz.com)
News source on sustainable business

Green Economics (greeneconomics.org.uk)
Scholarly papers on sustainable economics

Global Reporting Initiative (globalreporting.org)
Promotes "triple-bottom line" accounting for annual corporate reports

Global Transition Initiative (gti.org)
Global network on the transition to sustainability Key Web Sites

Innovest (innovestgroup.com)
Premier social and environmental fi rm auditing corporations globally

Investor' s Circle (investorscircle.net)
Venture capital for social entrepreneurs and sustainable business

Institute of Noetic Sciences (noetic.org)
Membership group on shift ing human consciousness toward planetary concerns

Mothering (mothering.com)
Action alerts that help create a better world for us and our kids

Natural Capitalism Solutions (natcapsolutions.com)
Promoting sustainability in business through the principles of Natural Capitalism led by Hunter Lovins

Navdanya (navdanya.org)
Vandana Shiva's site on food justice, seed sovereignty, the organics movement worldwide

Net Impact (netimpact.org)
Site for MBAs dedicated to leveraging business for social change

ODE (odemagazine.com)
Global news on eff orts to create a better world for all

Pesticide Action Network North America (panna.org)
Resource for information on pesticides and pesticide alternatives

Presidio World College (presidiomba.org)
Offers a MBA in sustainable business

Principles for Responsible Investment Group (unpri.org)
Pension funds group representing over $4 trillion in assets in sixteen countries

Responsible Shopper (responsibleshopper.org)
Co-op America on how to avoid social and environmental impacts of corporations

Resurgence (resurgence.org)
Britain's key magazine on global sustainability

SA International (sainternational.us)
Premier watchdog on global labor standards

Simplicity Forum (simpleliving.net/simplicityforum)
Ideas on sustainable consumption

Social Investment Forum (socialinvest.org)
Socially responsible investing providers and national research

SustainAbility (sustainability.com)
Think tank consultancy on risk management, sustainable business practices

Treehugger.com
Popular blog for green product experiences

UN Environment Program Finance Initiative (unepfi .org)
The best source on global environmental finance initiatives

UN Global Compact (unglobalcompact.org)
Over two thousand corporations have signed on to their Ten Principles of Corporate Citizenship

World Business Academy (www.worldbusiness.org)
Network of responsible business leaders

World Business Council for Sustainable Development (wbcsd.org)
Business and sustainable development all over the world

World Resources Institute (wri.org)
Information on topics including biodiversity, food, climate change, etc.

Worldwatch Institute (worldwatch.com)
Global sustainability researchers

▶ Hazel Henderson's articles, papers, editorials are at: www.hazelhenderson.com

사진 및 도표 저작권

■ 1장

36쪽 Gross National Product Problems ⓒ Hazel Henderson 1979
38쪽 Betsy Taylor, Center for a New American Dream ⓒ Center for a New American Dream
39쪽 Inge Kaul, UN Development Program ⓒ UN Development Program
43쪽 Mathis Wackernagel, Ecological Footprint Analysis ⓒ Ecological Footprint Network
50쪽 Vidette Bullock Mixon ⓒ United Methodist Church
52쪽 Professor Ralph Abraham ⓒ University of California
54쪽 Professor Robert Nadeau ⓒ George Mason University
58쪽 Ray Anderson with Simran Sethi ⓒ Ethical Markets Media, LLC
59쪽 Hewson Baltzell ⓒ Ethical Markets Media, LLC

■ 2장

64쪽 Rich Ferlauto ⓒ AFSCME
65쪽 Alisa Gravitz ⓒ Co-op America
68쪽 Jane Nelson ⓒ Jane Nelson
69쪽 Georg Kell, Executive Head ⓒ UN Global Compact
72쪽 Mallen Baker ⓒ Business in the Community, UK
74쪽 Oded Grajew ⓒ Ethos Institute, Brazil
78쪽 Simran Sethi, Host ⓒ Ethical Markets Media, LLC
78쪽 Alex Counts ⓒ Grameen USA
78쪽 Alice Tepper-Marlin, President ⓒ Social Accountability International, NY
80쪽 Fruit Seller ⓒ Grameen USA

■ 3장

85쪽 Scott Burns ⓒ Dallas Morning News
87쪽 Rebecca Adamson, First Nations Development Institute ⓒ Photographer: Doug Barber and The Calvert Group, Bethesda, MD

찾아보기

[ㅈ]

사회적으로 책임 있는 기업을 꿈꾸는 이들에게

미국의 세계적인 미래학자이자 경제학자인 헤이즐 헨더슨의 『그린 이코노미』는 "도덕성이 이제 가장 실용적인 방편이 되었다."는 책의 마지막 문장으로 요약될 것이다.

그러나 어떻게 그것이 가능할까, 의문을 제기하는 사람들이 많을 것이다. 피 튀기는 각축장인 비즈니스 세계에서 '착하게 살아야 한다는 것'은 현실을 모르는 한가한 소리라는 인식이 아직도 우리 사회에 팽배해 있다. 많은 사람들이 아직까지도 눈을 들어 세계를 보지 못하고 있다. 기업 비자금 조성과 회계분식 같은 전근대적 방식으로는 더 이상 기업을 '지속 가능하게' 운영할 수 없다는 것을 깨닫지 못하고 있다.

물론 예외적인 기업들도 등장하고 있다. 신세계 같은 기업들이 그런 예다. 미국의 주식 투자 귀재인 워렌 버핏은 좋은 일을 하는 기업의 미래를 보고 투자하는 '가치 투자'를 투자의 제일로 친다. 그런 그가 신세계를 한국에서 가장 유망한 기업이라고 꼽은 적이 있다. 그 이유는 신세계 경영진이 구태를 벗고 윤리 경영을 성공적으로 펼쳐 기업 경쟁력을 크게 올려놓았기 때문이다. 이 또한 '착한 기업'이 돈도 많이 벌 수 있다는 논리의 한 사례가 될 것이다.

미국과 전 세계 그린 이코노미와 이를 이끄는 사람들에 대한 광범위한 기록인 이 책을 펼치면 어느 페이지든 환경을 살리고, 윤리적 경영으로 모범을 보이며, 일자리를 만드는 '착한 기업'들을 만날 수 있다. 줄잡아 수백여 곳이 등장한다. 이는 저자의 부지런함 때문이기도 하겠지만 그만큼 많은 기업들이 하나의 트렌드를 이루고 있다는 것을 반증하는 것이기도 하다.

저자에 따르면 이런 흐름은 25년 이상 지속되었다. 저자가 이를 감지한 이후, 더 정확히는 '화석연료에 의존하는 산업주의에서 재생에너지와 지속 가능한 기술 시대로 전환될 것이라는 희망을 품고'『태양에너지 시대의 정치』(1981년, 1988년)라는 책을 쓴 이후 이런 트렌드는 더욱 분명히 헨더슨의 가시권에서 확대돼 왔다.

그럼에도 주류 경제학과 언론에서는 이런 트렌드를 최근에 와서야 인정하기 시작했다. 미국 정부도 2006년이 돼서야 자국이 석유에 중독되었다는 사실을 마침내 시인했다. 2008년 새해 벽두에 텍사스 중질유 가격이 1배럴에 100달러를 돌파했고, 석유 생산량이 정점을 이루는 '오일 피크oil peak'가 다가왔다는 위기감이 전세계에 퍼져 있다. 따라서 재생에너지에 대한 수요가 늘어나고 있고, 친환경적이며 윤리적인 기업 경영이 필요하다고 저마다 목소리를 높이기 시작했다. 이런 깨달음이 있기까지 너무 많은 시간이 흘렀지만 아직도 때는 늦지 않았다. 이 책은 그런 흐름에 눈을 뜨기 시작한 이들에게 하나의 지침이 될 만하다. 그래서 『비즈니스 윤리』 매거진 창립자인 마저리 켈리는 "헤이즐 헨더슨이 다시 일을 저질렀다. 이 세계가 나아가고 있는 곳의 좋은 소식을 원한다면, 이 책을 읽어라."라고 말했다.

헨더슨이 길어올린 내용들은 재생에너지, 기업 시민 의식, 공정무역, 지역

공동체 투자, 친환경 건축, 주주 행동주의, 클린 푸드, 사회 책임 투자 등 다양한 영역에 걸쳐 있으며, 흥미로운 사례들로 가득하다.

우선 저자는 국가의 발전과 성공의 의미를 새롭게 해석해야 한다고 주장한다. 사실 성공의 의미란 저마다 처한 상황에 따라 다를 수 있다. 노스웨스트의 포틀래치 인디언은 남을 돕는 데 돈을 얼마나 내놓을 수 있느냐를 두고 성공을 측정한다. 일반적으로 월스트리트 금융인들은 상승하고 있는 주가 포트폴리오, 큰 차, 화려한 아파트의 소유 여부로 성공 여부를 판단한다. 펜실베이니아에서 문명을 거부하며 살아가는 보수적 프로테스탄트교파의 아미시 농부들에게 성공이란 잘 지은 집, 비옥한 농토, 첨단 기술과 대도시 삶의 사악함에서 벗어난 독립성을 의미한다.

그런데 저자는 우리가 너무나 당연시해 온 주류 경제학의 개념들, 예컨대 국가의 발전을 측정하는 데 사용해온 지표인 국민총생산과 국내총생산의 의미도 새롭게 정의해야 한다고 말한다. 기존 GNP, GDP에는 우리 삶에서 정말 중요한 것들이 빠져 있다는 것이다. 즉 자연 환경, 무임금 노동과 사회정의 같은 중요한 가치들이 빠져 있다. 사회의 성장에 이런 가치들을 포함시켜야 한다는 것이 바로 헨더슨의 주장이다.

"모든 금융과 비즈니스 뉴스나, 국가 혹은 지방자치단체의 경제 정책이 생산과 서비스, 투자, 거래의 범위를 절반 정도만 반영하는 경제 통계에 근거하고 있다. 사회의 절반만이 화폐로 계산되는 것이다. 똑같이 중요한 비화폐 부문은 사실상 사회생활의 중심 기반을 이루고 있다. 이는 많은 나라에서 국민총생산이나 국내총생산 혹은 다른 거시경제학적 방법을 통해 화폐로 계산되는 공식적인 영역보다 더 크다. 이러한 비화폐적 기여는 이른바 '사랑의 경제학'을 형성하고 있다." ('여는 글' 중에서)

이렇듯 『그린 이코노미』는 새로운 눈으로 세상을 바라볼 수 있도록 독자들의 시각을 바로잡는다. 그리고 환경 친화적이며 사회적으로 책임 있는 경제 활동을 주도해 온 기업가와 환경운동가, 그리고 이 분야의 학자와 전문가들의 생생한 목소리를 구체적인 통계와 함께 제시하고 있어 설득력이 있다. 미국에서는 텔레비전 시리즈물 〈윤리적 시장〉이 방영돼 화제를 모으기도 했다. 『부의 미래』의 저자이자 세계적인 미래학자인 앨빈 토플러는 "우리가 그녀의 열광에 동의하든 않든 그것에 대해 알아야 한다."며 절박성을 토로하기도 했다. '미래의 최고'가 되기 위해 일찌감치 준비해 온 사람들의 기록인 이 책의 일독을 권한다.

2008년 2월
정현상